趙爾巽等撰

清史稿

第一二册

卷一〇六至卷一一九（志）

中華書局

清史稿卷一百六

志八十一

選舉一

古者取士之法，莫備於成周，而得人之盛，亦以成周爲最。自唐以後，廢選舉之制，改用科目，歷代相沿。而明則專取四子書及易、書、詩、春秋、禮記五經命題試士，謂之制義。有清一沿明制，二百餘年，雖有以他途進者，終不得與科第出身者相比。康、乾兩朝，特開制科。博學鴻詞，號稱得人。然所試者亦僅詩、賦、策論而已。洎乎末造，世變日亟。論者謂科目人才不足應時務，毅然罷科舉，興學校。採東、西各國教育之新制，變唐、宋以來選舉之成規。前後學制，判然兩事焉。今綜其章制沿革新舊異同之故著於篇。

學校一

有清學校，向沿明制。京師曰國學，並設八旗、宗室等官學。直省曰府、州、縣學。

世祖定鼎燕京，修明北監爲太學。順治元年，置祭酒、司業及監丞、博士、助教、學正、學錄、典籍、典簿等官。設六堂爲講肄之所，曰率性、修道、誠心、正義、崇志、廣業，一仍明舊。少詹事李若琳首爲祭酒，請仿明初制，廣收生徒，官生除恩廕外，七品以上官子弟勤敏好學者，民生除貢生外，廩、增、附生員文義優長者，並許提學考選送監。又言學以國子名，所謂國之貴遊子弟學焉。前朝公、侯、伯、駙馬初襲授者，皆入國學讀書。滿洲勳臣子弟有志向學者，並請送監肄業。詔允增設滿洲司業、助教等官，是爲八旗子弟入監之始。厥後定爲限制，條例屢更，益臻詳備。肄業生徒，有貢、有監。貢生凡六：曰歲貢、恩貢、拔貢、優貢、副貢、例貢。監生凡四：曰恩監、廕監、優監、例監。廕監有二：曰恩廕、難廕。通謂之國子監生。

六堂肄業，分內、外班。初，內班百五十名，堂各二十五名；外班百二十名，堂各二十名。戶部歲發帑銀，給膏火，獎勵有差，餘備賙恤。乾隆初，改內班堂各三十名，內、外共三百名。既而裁外班百二十名，加內班膏火，撥內班二十四名爲外班。嘉慶初，以八旗及大、宛兩縣肄業生距家近，不住舍，不許補內班。補班之始，赴監應試，曰考到。列一、二等者再試，曰考驗。貢生一、二等，監生一等，乃許肄業。假滿回監曰復班。內班生願依親處館，滿、蒙、漢軍恩監生習繙譯或騎射，不能竟月在學者，改外班。曠大課一次，無故離學至三次以上，例罰改外。置集愆册，治諸不帥教者。出入必記於簿，監丞掌之。省親、完姻、丁憂、告病及同居伯、叔、兄長喪而無子者，予假歸里，限期回監。遲誤懲罰，私歸黜革，冒替除名。

課士之法，月朔、望釋奠畢，博士廳集諸生，講解經書。上旬助教講義。既望，學正、學錄講書各一次。會講、覆講、上書、覆背，月三回，周而復始。所習四書、五經、性理、通鑑諸書，其兼通十三經、二十一史，博極羣書者，隨資學所詣。日摹晉、唐名帖數百字，立日課册，旬日呈助教等批晰，朔、望呈堂查驗。祭酒、司業月望輪課四書文一、詩一，曰大課。祭酒季考，司業月課，皆用四書、五經文，並詔、誥、表、策論、判。月朔，博士廳課經文、經解及策論。月三日，助教課，十八日，學正、學錄課，各試四書文一、詩一、經文或策一。

積分歷事之法，國初行之。監生坐監期滿，撥歷部院練習政體。三月考勤，一年期滿送廷試。其免坐監，或免歷一月二月者，恩詔有之，非常例也。順治三年，祭酒薛所蘊奏定漢監生積分法，常課外，月試經義、策論各一，合式者拔置一等。歲考一等十二次爲及格，免撥歷，送廷試超選。十五年，祭酒固爾嘉渾議：「令監生考到日，拔其尤者許積分；不與者，期滿咨部歷事。積分法一年爲限。常課外，月試一等與一分，二等半分，二等以下無分。有五經兼通，全史精熟，或善摹鍾、王諸帖，雖文不及格，亦與一分。積滿八分爲及格，歲不逾十餘人。恩、拔、歲、副，咨部歷滿考職，照教習貢生例，上上卷用通判，上卷用知縣。

例監歷滿考職，與不積分貢生一體廷試。每百名取正印八名，餘用州、縣佐貳。積分不滿數，願分部者，咨部不得優選。願再肄業滿分者聽。」從之。是年，科臣王命岳以貢途壅塞，請暫停恩、拔、歲貢。於是坐監人少，難較分數。十七年，固爾嘉渾奏停積分法，後遂不復行。康熙初，並停撥歷，期滿咨部考試，用州同、州判、縣丞、主簿、吏目。自是部院諸司無監生，惟考選通文理能楷書者，送修書各館，較年勞議敍，照應得職銜選用，優者或加等焉。

監生坐監期，恩貢六月，歲貢八月，副貢廩膳六月，增、附八月，拔貢廩膳十四月，增、附十六月，恩廕二十四月，難廕六月，例貢廩膳十四月，增、附十六月，俊秀二十四月。例監計捐監月分三十六月。雍正五年，定除監期計算。各監生肄業，率以連閏扣滿三年為期。告假、丁憂、考劣、記過，則扣除月日。告假依限到監，或逾限而本籍有司官具牘者，仍前後通算。

舊制，祭酒、司業總理監務。雍正三年，始設管理監事大臣。乾隆二年，孫嘉淦以刑部尚書管監事。初嘉淦在世宗朝官司業，奏言：「學校之教，宜先經術，請敕天下學臣，選拔諸生貢太學，九卿舉經明行修之士爲助教，一以經術造士。三年考成，舉以待用。」議未及行，遷祭酒，申前請，世宗韙之。先是太學生名爲坐監肄業，率假館散處。遇釋奠、堂期、季考、月課，暫一齊集。監內舊有號房五百餘間，修圮不時，且資斧不給，無以宿諸生。嘉淦言：

「各省拔貢雲集京師，需住監者三百餘人。六堂祗可誦讀，不能棲止。乞給監南官房，令助教等官及肄業生居住。歲給銀六千兩爲講課、桌飯、衣服、賑助之費。」允之。是爲南學。

至是，請仿宋儒胡瑗經義、治事分齋遺法。明經者，或治一經，或兼他經，務取御纂折中、傳說諸書，探其原本，講明人倫日用之理。治事者，如歷代典禮、賦役、律令、邊防、水利、天官、河渠、算法之類。或專治一事，或兼治數事，務窮究其源流利弊。考試時，必以經術湛深、通達事理、驗稽古愛民之識。三年期滿，分別等第，以示勸懲。從之。令諸生有心得或疑義，逐條劄記，呈助教批判，按期呈堂。季考月課，改四書題一，五經講義題各一，治事策問一。時高宗加意太學，嘉淦嚴立課程，獎誘備至，六堂講師，極一時之選。舉人吳鼎、梁錫璵，皆以薦舉經學授司業。進士莊亨陽，舉人潘永季、蔡德峻、秦蕙田、吳鼐，貢生官獻瑤、王文震，監生夏宗瀾，皆以潛心經學，先後被薦爲本監屬官。分長六堂，各占一經，時有「四賢五君子」之稱。師徒濟濟，皆奮自鏃礪，研求實學。而祭酒趙國麟又以經義、治事外，應講習時藝，請頒六堂欽定四書文資誦習。並報可。

清代臨雍視學典禮綦重。順治九年，世祖首視學。先期行取衍聖公、五經博士率孔氏暨先賢各氏族裔赴京觀禮。帝釋奠畢，詣彝倫堂御講幄。祭酒講四書，司業講經。宣制勉太學諸生。越日，賜衍聖公冠服，國子監官賞賚有差。各氏後裔送監讀書。嗣是歷代舉行以爲常。乾隆四十八年諭曰：「稽古國學之制，天子曰辟雍，所以行禮樂、宣德化、昭文明而流教澤，典至鉅也。國學爲人文薈萃之地，規制宜隆。辟雍之立，元、明以來，典尙闕如，應增建以臻美備。」命尙書德保，尙書兼管國子監事劉墉，侍郎德成，仿禮經舊制，於彝倫堂南營建。明年，落成。又明年，高宗駕臨辟雍行講學禮。命大學士、伯伍彌泰，大學士管監事蔡新，進講四書。祭酒覺羅吉善、鄒奕孝，進講周易。頒御論二篇，宣示義蘊。王、公、衍聖公、大學士以下官，暨肄業觀禮諸生，三千八十八人，圜橋聽講。禮成，賜燕禮部，恩賚有加。是時天子右文，羣臣躬遇休明，翊贊文化，彬彬稱極盛矣。嘉慶以後，視學典禮，率循不廢。咸豐初，猶一舉行焉。

道光末，詔整飭南學，住學者百餘人，監規頹廢已久，迄難振作。咸豐軍興，歲費折發，章程亦屢更。同治初元，以國學專課文藝，無裨實學，令兼課論、策。用經、史、性理諸書命題，獎勵留心時務者。明年，增發歲費三千兩。九年，迺復舊額。選文行優者四十人住南學，厚給廩餼，文風稍稍興起。光緒二年，增二十名。十一年，許各省舉人入監，曰舉監。其後無論舉人、貢監生，凡非正印官未投供，舉、貢未傳到教習，均得入監，以廣裁成。

貢監生諸色目多沿明制，歲貢，取府、州、縣學食廩年深者，挨次升貢。順治二年，命直省歲貢士京師。府學歲一人，州學三歲二人，縣學二歲一人，一正二陪。學政嚴加遴選，濫充發回原學。五名以上，學政罰俸。十五年，令到部時詳查，年力强壯者，乃許送監。康熙元年，減貢額，府三歲二人，州二歲一人，縣三歲一人。八年，復照順治二年例。二十六年，罷歲貢廷試。其後但由學政挨序考准咨部選授本省訓導。得缺後，巡撫一加考驗，願入監者益鮮矣。恩貢，因明制，國家有慶典或登極詔書，以當貢者充之。順治元年，詔直省府、州、縣學，以本年正貢作恩貢，次貢作歲貢。歷代恩詔皆如之。九年，五氏子孫觀禮生員十五人，送監讀書，准作恩貢。乾隆後，恩賜臨雍觀禮聖賢後裔廩、增、附生入監以爲常。至康、乾間，天子東巡，親詣闕里，拔取五氏、十三氏子孫生員貢成均，則加恩聖裔，非恆制也。拔貢，因明選貢遺制，順治元年舉行。順天六人，直省府學二人，州、縣學各一人。康熙十年，令學臣於考取一、二等生員內，遴選文行兼優者貢太學，從祭酒查祿請也。明年，始選拔八旗生員，滿洲、蒙古二人，漢軍一人。時各省選貢多冒濫，三十七八年間，祭酒特默德、孫岳頒面試山西選拔張漢翀等六名，陝西呂爾恆等四名，廣東陳其瑋等三名，均文理不堪，字畫舛謬，原卷駁回，學臣參處，遂停選拔。雍正元年，禮部尚書陳元龍疏請嚴成均肄業之規。部議，太學監生，皆由捐納，能文之士稀少，應令學臣照舊例選拔送監。從之。五年，世宗以歲貢較食廩淺深，多年力衰憊之人，欲得英才，必須選拔。命嗣後六年選拔一次。明年，又諭學政選拔不拘一、二等生員，酌試時務策論，果有識見才幹，再訪平日品行，即未列優等，亦許選拔。故雍、乾間充貢國學，以選拔爲最盛。三年期滿，祭酒等分別等第，覈實保薦，用知縣、教職。七年，帝以拔貢六年一舉，人多缺少，妨舉人銓選之路。且生員優者，應科舉時，自可脫穎而出，不專藉選拔爲進身。改十二年一舉。

乾隆初定朝考制，列一、二等者，揀選引見錄用。三等劄監肄業。尋停揀選例。三年遂爲永制。十六年，以天下教官多昏耄，濫竽戀棧。雖定例六年甄別，長官每以閒曹，多方寬假。諭詳加澄汰。廷臣議，督、撫三年澄汰教職員缺，以朝考揀選拔貢充補。未入揀選者，劄監肄業如舊。四十一年，定朝考優等兼用七品小京官。五十五年，朝考始用覆試。學政選拔分二場，試四書文、經文、策論。乾隆十七年，經文改經解。二十三年，增五言八韻詩。會同督、撫覆試。朝考試書藝一、詩一。副榜入監，順治二年，令順天鄉試中式副榜增、附，准作貢監。廩生及恩、拔、歲貢，免坐監，與廷試。十五年，他貢停，惟副榜照舊解送。康熙元年，停副貢額。十一年，以查祿奏復，舊制優貢之選，與拔貢並重。

順治二年，令直省不拘廩、增、附生，選文行兼優者，大學二人、小學一人送監。康熙二十四年，以監生止輸納一途，貧窶之士無由觀光，令照順治二年例選送。雍正間，始析貢監名色，廩、增准作優貢，附生准作優監。乾隆四年，限大省無過五、六名，中省三、四名，小省一、二名，任缺無濫。學政三年會同督、撫保題，分試兩場，略同選拔。試四書文、經解、經文、策論，後增詩。二十三年，定優生到部，如拔貢朝考例。試書藝一、詩一，文理明通者升太學；荒疏者發回，學政議處。二十九年，學臣有以拔貢年分暫停舉優爲請者，部議拔貢十二年一舉，而學臣三年任滿，宜舉優黜劣，通省不過數名，應仍舊例。嘉慶十九年，御史黃中傑條奏，請與拔貢一體廷試錄用。禮部議駁。請免來京朝考，示體恤。帝以優生經朝考准作貢生，斯合貢於王廷之義。停朝考，名實不符。弗許。然卒以無錄用之條，多不赴京報考。同治二年，議定甲子科始廷試優生，仿順天鄉試例，分南、北、中卷。八旗、奉天、直隸、山東、山西、河南、陝西、甘肅爲北卷，江蘇、江西、浙江、安徽、福建、湖北、湖南爲南卷，四川、廣東、廣西、雲南、貴州爲中卷。考列一、二等用知縣、教職，三等用訓導。恩、拔、副、歲、優，時稱「五貢」。科目之外，由此者謂之正途。所以別於雜流也。

恩監，由八旗漢文官學生、算學滿、漢肄業生考取。又臨雍觀禮聖賢後裔，由武生、奉祀生、俊秀入監者，皆爲恩監。例貢與例監相仿，由廩、增、附生或俊秀監生援例報捐貢生者，曰例貢；由俊秀報捐監生者，曰例監。凡捐納入官必由之。或在監肄業，或在籍，均爲監生。恩廕，凡滿、漢子弟奉敕送監讀書，恩詔分別內外文武品級，廕子入監。順治二年，定文官京四品、外三品以上，武官二品以上，俱送一子入監。十一年，覺羅廕生照各官廕生例，一體送監。包衣佐領下官子弟，向例不得爲廕監。康熙九年，例除。宗室給廕入監，自康熙五十二年始也。難廕始順治四年，以殉難陝西固原道副使呂鳴夏子入監讀書。九年，定內、外滿、漢三品以上官，三年任滿，勤事以死者，廕一子入監。後廣其例，凡三司首領，州、縣佐貳官死難者，亦得廕子矣。

外國肄業生，康熙二十七年，琉球國王始遣陪臣子弟梁成楫等隨貢使至，入貢肄業。雍正六年，鄂羅斯遣官生魯喀等留學中國，以滿、漢助教等敎之，月給銀米器物，學成遣歸，先後絡繹。至同治間，琉球官生猶有至者。

他如順治二年，於隨征入關奉天十五學，取三十人入監，爲天下勸。十一年，定隨征廩生准作貢監。生員有軍功二等，准作生監。更有軍功二等，准作貢生，謂之功貢。未幾例停，則開國時權宜之制也。

考送校錄，始於乾隆三年，令國子監選正途貢生，年力少壯、字畫端楷者十人，送武英殿備謄錄。年滿議敍。三十四年例停，歸吏部謄錄貢生內選取。嗣以吏部無合例者，仍由在監拔、副、優貢生考選。嘉慶間增十名，後不復行。

五貢就職，學政會同巡撫驗看，咨部依科分名次、年分先後，恩、拔、副貢以敎諭選用，歲貢以訓導選用。康熙中，捐納歲貢，並用訓導。雍正初，捐納貢生，敎諭改縣丞，訓導改主簿。旣仍許廩生捐歲貢者，用訓導；恩、拔、副貢年力富强者，得就職直隸州州判。嘉慶以後，凡朝考未錄之拔貢及恩、副、歲、優貢生，遇鄉試年，得具呈就職、就教。優貢就教，附歲貢末用訓導。道光初，許滿、蒙正途貢生就職，與漢員通較年分先後選用。貢監考職，定例必監期已滿，乃許送考。惟特恩考職，不論監期滿否。凡正途、捐納各項貢、監生，及候補謄錄、教習、校錄，一體送考。其已就教、就職及捐職、襲世職者不許。初制，考職歲一舉，貢、監一例以州同、州判、縣丞、主簿、吏目錄用。乾隆元年，定考職以鄉試年，恩科不考。恩、拔、副貢考列一等以州同、二等以州判、三等以縣丞選用。歲貢一等以主簿、二等以吏目選用。願就教者聽。捐納貢監考取如歲貢例。五十六年停考職。嘉慶五年，僅一行之。光緒三十一年，直隸總督袁世凱等奏停科舉摺寬籌舉貢生員出路一條，「請十年三科內優貢加額錄取。己酉選拔如舊，朝考用京官知縣。督、撫、學政三科內考選學貢通算學、地理、財政、兵事、交涉、鐵路、礦務、警察、外國政法之一者，三年一次，保送若干名，略視會試中額兩三倍。赴京試取者，用主事、中書、知縣」。詔議行。明年，政務處詳議，己酉拔貢，照向額倍取，本年丙午考優。以後三年一考，視例額加四倍。廩生出貢許倍額。部院考用謄錄，分舉人、五貢、生員三等。二年期滿獎敍。舉人、優、拔，擇尤改用七品小京官。又爲廣就職之例，五貢一體以直隸州州判，按察、鹽運經歷，散州州判、經歷，縣丞，分別註選，或分發試用。蓋五貢終清之世，未嘗廢棄也。

算學隸國子監，稱國子監算學。乾隆四年，額設學生滿、漢各十二，蒙古、漢軍各六。續設漢肄業生二十四。遵御製數理精蘊，分線、面、體三部。部限一年通曉。七政限二年。有季考、歲考。五年期滿考取者，滿、蒙、漢軍學生咨部，以本旗天文生序補。漢學生舉人用博士，貢監生童用天文生。

此外隸國學者，爲八旗官學。順治元年，若琳奏：「臣監僻在城東北隅，滿員子弟就學不便，議於滿洲八固山地方各立書院，以國學二廳、六堂教官分教之，以時赴監考課。」下部議行。於是八旗各建學舍。每佐領下取官學生一名，以十名習漢書，餘習滿書。二年，從所蘊言，合兩旗爲一學。每學教習十人，教習酌取京省生員。其後學額屢有增減，教習於國學肄業生考選，止用恩、拔、副、歲貢生。如無其人，准例監生亦得考取。舉人願就，一例考選。雍正元年，於八旗蒙古護軍、領催、驍騎內，選熟練國語、蒙古語者十六人，充蒙古教習。向例官學生分佐領選送。五年，定每旗額設百名。滿洲六十，習清、漢書各半。蒙古、漢軍各二十，通一旗選擇，不拘佐領。年幼者習清書，稍長者習漢文。撥八旗教養兵額滿洲三十，蒙古、漢軍各十名錢糧分給學生。定漢教習每旗五人。乾隆初，定官學生肄業以十年爲率，三年內講誦經書，監臣考驗，擇材資聰穎有志力學者，歸漢文班；年長願學繙譯者，歸滿文班。三年，欽派大臣考取漢文明通者，拔爲監生，升太學。與漢貢監究心明經治事，期滿，擇尤保薦，考選錄用。八年，定漢教習三年期滿，分等引見。一等用知縣，二等用知縣或教職銓選。一等再教習三年，果實心訓課者，知縣卽用。蒙古教習五年期滿實心訓課者，用護軍校、驍騎校。滿助教每旗二人，以八旗文進士、舉人，繙譯進士、舉人，恩、拔、副、歲貢生，文生員，繙譯生員，廢員，筆帖式考取。三十三年，下五旗包衣每旗增設學生十名。滿洲六，蒙古、漢軍各二，不給錢糧。五十四年，於每旗百名內裁十名，選取經書熟、文理優者二十人，加給膏火資鼓勵。嘉、道以後，官學積漸廢弛，八旗子弟僅恃此進身。教習停年期滿予錄用例，月課虛應故事。雖明諭屢督責，迄難振刷。光緒初，力籌整頓。每學以滿、漢科甲官一人爲管學官，專司考覈學生課程，教習勤惰。簡派滿、漢進士出身大員二人爲管理八旗官學大臣。每學添設翰林編、檢一員。月課季考，分司考校。春秋赴監會考如舊。同、光間，國學及官學造就科舉之才，亦頗稱盛。然囿於帖括，舊制鮮變通。三十一年，監臣奏於南學添設科學，未幾，裁國子監，併設學部。文廟祀典，設國子丞一人掌之。八旗官學改併學堂，算學亦改稱欽天監天文算學，隸欽天監。而太學遂與科舉並廢云。

宗學肇自虞廷，命夔典樂，教胄子。三代無宗學名，而義已備。唐、宋後，有其名而制弗詳。清順治十年，八旗各設宗學，選滿洲生員爲師。凡未封宗室子弟，十歲以上，俱入學習清書。雍正二年定制，左、右兩翼設滿、漢學各一，王、公、將軍及閒散宗室子弟十八歲以下，入學分習清、漢書，兼騎射。以王、公一人總其事。設總、副管，以宗室分尊齒長者充之。清書教習二人，選罷閒旗員及進士、舉人、貢生、生員善繙譯者充之。騎射教習二人，選罷閒旗員及護軍校善射者充之。每學生十人，設漢書教習一人，禮部考取舉、貢充之。三年期滿，分別等第錄用。十一年，兩學各以翰林官二人董率課程，分日講授經義、文法。乾隆初，以滿、漢京堂各一人總稽學課，月試經義、繙譯及射藝。九年，定每屆五年，簡大臣合試兩翼學生，欽定名次，以會試中式註册。俟會試年，習繙譯者，與八旗繙譯貢生同引見，賜進士，用府屬額外主事。習漢文者，與天下貢士同殿試，賜進士甲第，用翰林部屬等官。十年，考試漢文、繙譯無佳作。諭曰：「我朝崇尚本務，宗室子弟俱講究清文，精通騎射。誠恐學習漢文，流於漢人浮靡之習。世祖諭停習漢書，所以敦本實、黜浮華也。嗣後宗室子弟不能習漢文者，其各嫻習武藝，儲爲國家有用之器。」明年，定學額，左翼七十，右翼六十。二十一年，裁漢教習九人，改繙譯教習。增騎射教習，翼各一人。嘉慶初，畫一兩翼學額，增右翼十名。定每學教習滿三人，漢四人。十三年，兩翼各增學額三十，足百名，爲永制。

覺羅學，雍正七年，詔八旗於衙署旁設滿、漢學各一，覺羅子弟八歲至十八歲，入學讀書習射，規制略同宗學。總管王、公，春秋考驗。三年欽派大臣會同宗人府考試，分別獎懲。學成，與旗人同應歲、科試及鄉、會試，並考用中書、筆帖式。學額鑲黃旗六十一，正黃旗三十六，正白旗、正紅旗各四十，鑲白旗十五，鑲紅旗六十四，正藍旗三十九，鑲藍旗四十五。滿、漢教習，旗各二人。惟鑲白旗各一。

景山官學，康熙二十四年，令於北上門兩旁官房設官學，選內府三旗佐領、管領下幼童三百六十名。淸書三房，各設教習三人。漢書三房，各設教習四人。初，滿教習用內府官老成者，漢教習禮部考取生員文理優通者。尋改選內閣善書、射之中書充滿教習，新進士老成者充漢教習。雍正後，漢教習以舉人、貢生考取，三年期滿，咨部敍用。學生肄業三年，考列一等用筆帖式，二等用庫使、庫守。乾隆四十四年，許回子佐領下選補學生四名。嘉慶間，定額鑲黃旗、正白旗均百二十四，正黃旗百四十，回童四。

咸安宮官學，雍正六年，詔選內府三旗佐領、管領下幼童及八旗俊秀者九十名，以翰林官居住咸安宮教之。漢書十二房，淸書三房，各設教習一人，教射、敎國語，各三人，如景山官學考取例。五年欽派大臣考試，一、二等用七、八品筆帖式。漢教習三年、淸語騎射教習五年，分別議敍。乾隆初，定漢教習選取新進士，不足，於明通榜舉人考充。期滿，進士用主事、知縣，舉人用知縣、教職。二十三年以後，不論年分，許學生考繙譯中書、筆帖式、庫使。定教習漢九人，滿六人。

宗學、覺羅學隸宗人府，景山學、咸安宮學隸內務府。諸學總管、教習等，類乏通才，經費徒糜。甚者黌舍空虛，期滿時，例報成就學生若干名而已。光緒二十八年，翰林院侍讀寶熙奏請援同文館歸併大學堂例，將宗室、覺羅、八旗等官學改併中、小學堂，均歸管學大臣辦理。從之。

他如世職官學，八旗及禮部義學，健銳營、外火器營、圓明園、護軍營等學，皆清代特設，習滿、蒙語言文字。

府、州、縣、衞儒學，明制具備，清因之。世祖勘定天下，命賑助貧生，優免在學生員，官給廩餼。順治七年，改南京國子監爲江寧府學。尋頒臥碑文，刊石立直省學宮。諭禮部曰：「帝王敷治，文教爲先。臣子致君，經術爲本。自明末擾亂，日尋干戈，學問之道，闕焉未講。今天下漸定，朕將興文教，崇經術，以開太平。爾部傳諭直省學臣，訓督士子，凡理學、道德、經濟、典故諸書，務研求淹貫。明體則爲眞儒，達用則爲良吏。果有實學，朕必不次簡拔，重加任用。」初，各省設督學道，以各部郎中進士出身者充之。惟順天、江南、浙江爲提督學政，用翰林官。宣大、蘇松、江安、淮揚、肇高先皆分設，旣乃裁併。上下江、湖南北則裁併後仍分設。雍正中，一體改稱學院，省設一人。奉天以府丞、臺灣以臺灣道兼之。

甘肅自分闈後，始設學政。

各學教官，府設教授，州設學正，縣設教諭，各一，皆設訓導佐之。員額時有裁併。生員色目，曰廩膳生、增廣生、附生。初入學曰附學生員。廩、增有定額，以歲、科兩試等第高者補充。生員額初視人文多寡，分大、中、小學。大學四十名，中學三十名，小學二十名。嗣改府視大學，大州、縣視中學減半，小學四名或五名。康熙九年，大府、州、縣仍舊額，更定中學十二名，小學七名或八名。後屢有增廣。滿洲、蒙古、漢軍子弟，初歸順天考試取進，滿洲、漢軍各百二十名，蒙古六十名。康熙中減定滿、蒙四十名，漢軍二十名。旋復增爲滿、蒙六十，漢軍三十。學政三年任滿。歲、科兩試。順治十五年停直省科試，康熙十二年復之。

儒童入學考試，初用四書文、孝經論各一，孝經題少，又以性理、太極圖說、通書、西銘、正蒙命題。嗣定正試四書文二，覆試四書文、小學論各一。雍正初，科試加經文。冬月晷短，書一、經一。尋定科試四書、經文外，增策論題，仍用孝經。乾隆初，覆試兼用小學論。中葉以後，試書藝、經藝各一。增五言六韻詩。聖祖先後頒聖諭廣訓及訓飭士子文於直省儒學。雍正間，學士張照奏令儒童縣、府覆試，背錄聖諭廣訓一條，著爲令。凡新進生員，如國子監坐監例，令在學肄業，以次期新生入學爲滿。

教官考校之法，有月課、季考，四書文外，兼試策論。翌日講大清律刑名、錢穀要者若干條。月集諸生明倫堂，誦訓飭士子文及臥碑諸條，諸生環聽。除丁憂、患病、游學、有事故外，不應月課三次者戒飭，無故終年不應者黜革。試卷申送學政查覆。訖於嘉慶，月課漸不舉行。御史辛從益以爲言，詔令整頓。嗣是教官多闒茸不稱職，有師生之名，無訓誨之實矣。

學政考覈教官，按其文行及訓士勤惰，隨時薦黜。康熙中，令撫臣考試。嗣教職部選後，赴撫院試。四等以上，給憑赴任；五等學習三年再試，六等褫職。雍正初，定四、五等俱解任學習。六年考成俸滿，盡心訓導，士無過犯者，督、撫、學政保題，擢用知縣。

學臣按臨，謁先師，升明倫堂，官生以次揖見。生員掣籤講書，各講大清律三條，西嚮立；講畢，東嚮立；俟行賞罰。

考試生員，舊例歲、科試俱四書文二、經文一。自有給燭之禁，例不出經題。雍正元年，科試增經文，冬月一書、一經。六年，更定歲試兩書、一經，冬月一書、一經。科試書一、經一、策一，冬月減經文。乾隆二十三年，改歲試書一、經一，科試書一、策一、詩一，冬月亦如之。欠考，勒限補行。三次，黜革。後寬其例，五次以上乃黜。

駐防考試，清初定制，各省駐防弁兵子弟能讀書者，詣京應試。乾隆時，參領金珩請許歲、科試將軍先試騎射，就近送府院取進。嚴旨切責。嘉慶四年，湖南布政使通恩奏如金珩言，詔議行。應試童生，五六名取進一名，佐領約束之。訓習清語、騎射，府學課文藝。明年諭曰：「我滿洲根本，騎射爲先。若八旗子弟專以讀書應試爲能，輕視弓馬，怠荒武備，殊失國家設立駐防之意。嗣後各省駐防官弁子弟，不得因有就近考試之例，遂荒本業。」

漢軍設廩、增，自順治九年始。康熙十年，滿、蒙亦設廩、增。初制各二十名，嗣減漢軍十名。雍正間定額，滿、蒙六十，漢軍三十。直省廩、增額，府四十，州三十，縣二十，衞十。其新設者，府學視州學，州學視縣學。其一學分兩學，則均分其額，或差分之。

六等黜陟法，視明爲繁密。考列一等，增、附、青、社俱補廩。無廩缺，附、青、社補增。無增缺，青、社復附，各候廩。原廩、增停降者收復。二等，增補廩，附、青、社補增。無增缺，青、社復附。停廩降增者復廩。增降附者復增，不許補廩。三等，停廩者收復候廩。丁憂起復，病痊考復，緣事辨復，增降附者許收復，青衣發社者復附，廩降增者不許復。四等，廩免責停餼，不作缺，限讀書六月送考。停降者不許限考。增、附、青、社俱扑責。五等，廩停作缺。原停廩者降增，增降附，附降青衣，青衣發社，原發社者黜爲民。六等，廩膳十年以上發社，六年以上與增十年以上者，發本處充吏，餘黜爲民。入學未及六年者發社。科試一、二等送鄉試，幫補廩、增，如歲試大率祇列三等，八旗生員給錢糧，考列四等以下停給，次屆列一、二、三等給還。優等補廩、增，劣等降青、社，如漢生員。八旗故重騎射，往往不苛求文藝，但置後等。

凡優恤諸生，例免差徭。廩生貧生給學租養贍。違犯禁令，小者府、州、縣行教官責懲，大者申學政，黜革後治罪，地方官不得擅責。學政校文外，賞黜優劣，以爲勸懲。如教官徇庇劣生不揭報，或經揭報，學政不嚴加懲處，分別罰俸、鐫級、褫職。其大較也。

光緒末，科舉廢，丙午並停歲、科試。天下生員無所託業，迺議廣用途，許考各部院謄錄。並於考優年，令州縣官、教官會保申送督、撫、學政，考取文理暢達、事理明晰者，大省百名，中省七十名，小省五十名，咨部以巡檢、典史分別註選，或分發試用。各省學政改司，考校學堂。未幾學政裁，教官停選。在職者，凡生員考職、孝廉方正各事屬之，俸滿用知縣，或以直州同、鹽庫大使用。儒學雖不廢，名存實亡，非一日矣。

武生附儒學，通稱武生。順治初，京衞武生童考試隸兵部。康熙三年，改隸學院，直省府、州、縣、衞武生，儒學教官兼轄之。騎射外，教以武經七書、百將傳及孝經、四書。學政三年一考。順天舊設武學，自八旗設儒學教官，兼轄滿洲、蒙古、漢軍武生，裁武學官。大、宛兩縣武生，順天教官轄之，學額如文生童例，分大、中、小學。自二十名遞減至七八名。考試分內、外場，先外場騎射，次內場策論。歲試列一、二等，准作科舉。故武生有歲試無科試。

各省書院之設，輔學校所不及，初於省會設之。世祖頒給帑金，風勵天下。厥後府、州、縣次第建立，延聘經明行修之士爲之長，秀異多出其中。高宗明詔獎勸，比於古者侯國之學。儒學寖衰，教官不舉其職，所賴以造士者，獨在書院。其裨益育才，非淺尠也。

又有義學，社學。社學，鄉置一區，擇文行優者充社師，免其差徭，量給廩餼。凡近鄉子弟十二歲以上令入學。義學，初由京師五城各立一所，後各省府、州、縣多設立，教孤寒生童，或苗、蠻、黎、瑤子弟秀異者。規制簡略，可無述也。

清史稿卷一百七

志八十二

選舉二

學校二

學校新制之沿革，略分二期。同治初迄光緒辛丑以前，爲無系統教育時期；辛丑以後迄宣統末，爲有系統教育時期。自五口通商，英法聯軍入京後，朝廷鑒於外交挫衄，非興學不足以圖强。先是交涉重任，率假手無識牟利之通事，往往以小嫌釀大釁，至是始悟通事之不可恃。又震於列强之船堅礮利，急須養成繙譯與製造船械及海陸軍之人才。故其時首先設置之學校，曰京師同文館，曰上海廣方言館，曰福建船政學堂及南北洋水師、武備等學堂。

京師同文館之設，從總理各國事務衙門之請，始於同治元年。初止教授各國語言文字。六年，議於同文館內添設算學館。時京僚曹於時務，謗讟繁興，原疏排斥衆議，言之剴切。謂：「西人製器之法，無不由度數而生。中國欲講求製造輪船、機器諸法，苟不藉西士爲先導，師心自用，無裨實際。疆臣如左宗棠、李鴻章等，皆深明其理，堅持其說，詳於奏牘。且西人之術，聖祖深韙之矣，當時列在臺官，垂爲時憲，本朝掌故，不宜數典而忘。若以師法西人爲恥，其說尤謬。中國狃於因循，不思振作，恥孰甚焉。今不以不如人爲恥，獨以學其人爲恥，將安於不如而終不學，遂可雪恥乎？學期適用，事貴因時，物議雖多，權衡宜定。原議招取滿、漢舉人，恩、拔、副、歲、優貢生，並由此出身之正途人員。又擬推廣，凡翰林院庶吉士、編修、檢討，與五品以下進士出身之京、外各官，年在三十歲以內者，均可送考。三年考列高等者，按升階優保班次，以示鼓勵。」詔從其議。

上海廣方言館，創設於同治二年。江蘇巡撫李鴻章言：「京師同文館之設，實爲良法。惟洋人總匯地，以上海、廣東兩口爲最。擬仿照同文館例，於上海添設外國語言文字學館，選近郡年十四歲以下資禀穎悟、根器端靜之文童，聘西人敎習，並聘內地品學兼優之舉、貢生員，課以經、史、文藝。學成送本省督、撫考驗，作爲該縣附學生。其候補、佐雜等官，年少聰慧者，許入館一體學習，學成酌給升途。三五年後，有此一種讀書明理之人，精通番語，凡通商、督、撫衙署及海關監督，應設繙譯官承辦洋務者，卽於館中遴選派充。庶關稅、軍需可期核實；無賴通事，亦稍斂迹。且能盡閱西人未譯專書，探賾索隱，一切輪船、火器等巧技，由漸通曉，於自强之道，不無裨助。」上諭廣州將軍查照辦理。

福建船廠，同治五年，左宗棠督閩時奏設，並設隨廠學堂。分前、後二堂。前堂習法文，練習造船之術；後堂習英文，練習駕駛之術。課程除造船、駕駛應習常課外，兼習策論，令讀聖諭廣訓、孝經以明義理。首總船政者爲沈葆楨，規畫閎遠，尤重視學堂。十二年，奏陳船工善後事宜：「請選派前、後堂生分赴英、法，學習製造駕駛之方，及推陳出新、練兵制勝之理。學生有天資傑出，能習礦學、化學及交涉、公法等事，均可隨宜肄業。」尋葆楨任南洋大臣。光緒二年，奏派華、洋監督，訂定章程。船政學堂成就之人材，實爲中國海軍人材之嚆矢。學堂設於馬尾，故淸季海軍將領，亦以閩人爲最多。

天津水師學堂，光緒八年，北洋大臣李鴻章奏設。次年招取學生，入堂肄業。分駕駛、管輪兩科。教授用英文，兼習操法，及讀經、國文等科。優者遣派出洋留學，以資深造。厥後海軍諸將帥由此畢業者甚夥。

鴻章又於光緒十一年奏設天津武備學堂，規制略仿西國陸軍學堂。挑選營中精健聰穎、略通文義之弁目，入堂肄業。文員願習武事者，一併錄取。其課程一面硏究西洋行軍新法，如後膛各種鎗礮，土木營壘及布陣分合攻守各術。一面赴營實習，演試鎗礮陣勢及造築臺壘。惟學生係挑選弁目，雖聘用德國教員，不能直接聽講，仍用繙譯，展轉教授，與水師學堂注重外國文者不同。初制，學習一年後，考試及格學生，發回各營，由統領量材授事。其後逐漸延長年限，選募良家年幼子弟肄業。迨庚子之變，學堂適當戰區，全校淪爲灰燼矣。

此外廣東水陸師學堂，則粵督張之洞於光緒十三年奏設。之洞調任鄂督，二十一年又奏設湖北武備學堂，其辦法課程，水師分管輪、駕駛兩項，陸師分馬、步、鎗、礮，營造等項，大略參照北洋成法。洎海軍成立，新軍改建，此類學堂，南洋及各省增設日盛，不具述。

至湖北自強學堂，亦之洞創設。初分方言、格致、算學、商務四門。惟方言一齋，住堂肄業，餘三齋按月考課。其後算學改歸兩湖書院教授，格致、商務停課，本堂專課方言，以爲西學梯階。方言分英、法、德、俄四門，亦類似同文館之學堂也。

光緒丙申、丁酉間，各省學堂未能普設，中外臣工多以變通整頓書院爲請。詔飭裁改，禮部議准章程，併課天算、格致等學。陝西等省創設格致實學書院，以補學堂之不逮焉。

大抵此期設學之宗旨，專注重實用。蓋其動機緣於對外，故外國語及海陸軍得此期教育之主要，無學制系統之足言。惟南洋公學雖亦承襲此期教育之宗旨，而學制分爲三等，已寓普通學校及豫備教育之意旨。

先是光緒二十一年，津海關道盛宣懷於天津創設頭、二等學堂。頭等學堂課程四年，第一年習竣，欲專習一門者，得察學生資質酌定。專門凡五：一工程學，二電學，三鑛務學，四機器學，五律例學。二等學堂課程四年，按班次遞升，習滿升入頭等。意謂二等擬外國小學，頭等擬外國大學。因初設，採通融求速辦法。教員既苦乏才，學生亦難精擇，無甚成效。

二十三年，宣懷又於上海創設南洋公學，如津學制而損益之，經費取給招商、電報兩局捐助。奏明辦理，因名公學。分四院：曰師範院，曰外院，曰中院，曰上院。外院卽附屬小學，爲師範生練習之所。中、上院卽二等、頭等學堂，寓中學堂、高等學堂之意。課程大體分中文、英文兩部，而注重法政、經濟。上院畢業生，擇尤異者咨送出洋，就學於各國大學。意謂內國大學猝難設置，以公學爲豫備學校，而以外國大學爲最高學府。論者謂中國教育有系統之組織，此其見端焉。後改歸郵傳部管轄，定名高等實業學堂。其課程性質，非復設立之初旨。此第一期無系統教育之大略也。

自甲午一役，喪師辱國，列强羣起，攘奪權利，國勢岌岌。朝野志士，恍然於嚮者變法之不得其本。侍郎李端棻、主事康有爲等，均條議推廣學堂。光緒二十四年，德宗諭曰：

「邇者詔書數下，開特科，改武科制度，立大、小學堂。惟風氣尚未大開，論說莫衷一是。國是不定，則號令不行。特明白宣示中外，自王公至士庶，各宜努力發憤，以聖賢義理之學植其根本，博採西學切於時務者，實力講求，以救空疏迂謬之弊。京師大學爲各省倡，應首先舉辦。凡翰林編、檢，部、院司員，各門侍衞，候補、候選道，府、州、縣以下各官，大員子弟，八旗世職，各省武職後裔，均准入學肄業，以期人材輩出，共濟時艱。」下軍機大臣、總理各國事務王、大臣，妥議奏聞。尋議覆籌辦京師大學堂。擬定章程，要端凡四：一寬籌經費，二宏建學舍，三愼選管學大臣，四簡派總教習。詔如所擬。命孫家鼐管理大學堂事務，經費由戶部籌撥。

五月，又諭各直省督、撫，將各省府、廳、州、縣大、小書院，一律改爲兼習中、西學之學校，其階級，以省會之大書院爲高等學，郡城之書院爲中學，州、縣之書院爲小學。頒給京師大學章程，令仿照辦理。各書院經費，儘數提作學堂經費。紳民如能捐建學堂，或廣爲勸募，准奏請給獎。有獨立措捐鉅款者，予以破格之賞。民間祠廟不在祀典者，一律改爲學堂，以節糜費而隆教育。是時管學大臣之權限，不專管理京師大學堂，並節制各省所設之學堂。實以大學校長兼全國教育部長之職權。

又以同文館及北洋學堂多以西人爲總教習，於中學不免偏枯。且外國文不止一國，學科各有專門，非一西人所能勝任。必擇學貫中、西，能見其大之中國學者，爲總敎習，破格錄用，有選派分教習之權。蓋以管學大臣必大學士或尙書充任，而總教習則不拘資格，可延攬新進之人才也。學生分兩班，已治普通學卒業者爲頭班，現治普通學者爲二班，猶是南洋公學之舊法。課程分普通、專門兩類。普通學，學生必須通習；專門學，人各占一門或二門。普通學科目爲經學，理學，掌故學，諸子學，初級算學，初級格致學，初級政治學，初級地理學，文學，體操學，語言文字學。專門學科目爲高等算學，高等格致學，高等政治學、法律屬之，高等地理學、測繪屬之，農學，礦學，工程學，商學，兵學，衞生學、醫學屬之。考驗學生，用積分法。學生月給膏火銀兩有差。上海設編譯局，各學科除外國文外，均讀編譯課本。籌辦大學章程之槪要如此。

未幾，八月政變，由舊黨把持朝局，卒釀成庚子之禍。逮二十七年，學校漸有復興之議。其首倡者，則山東巡撫袁世凱也。初，世凱奏陳東省開辦大學堂章程，有旨飭下各省仿辦，令政務處會同禮部妥議選舉鼓勵章程。尋議言：「東西各國學堂，皆係小學、中學、大學以次遞升，畢業後始予出身，擬請按照辦理。小學畢業生考試合格，選入中學堂。畢業考試合格，再選入大學堂。畢業考試合格，發給憑照。督、撫、學政，按其功課，嚴密扃試。優者分別等第，咨送京師大學堂覆試，作爲舉人、貢生。其貢生留下屆應考，願應鄉試者聽。

舉人積有成數，由京師大學堂嚴加考試，優者分別等第，咨送禮部。簡派大臣考試，候旨欽定，作爲進士，一體殿試，酌加擢用，優予官階。查世凱辦法，以通省學堂一時未能徧舉，先於省城建立學堂，分齋督課，其備齋、正齋，卽隱寓小學、中學之規制。旣經諭令各省仿辦，應酌照將來選舉章程，用資鼓勵。」報可。所議混合科舉、學制爲一事，謂之學堂選舉鼓勵章程，各省多未及實行而罷。

辛丑，兩宮回鑾。以創痛鉅深，力求改革。十二月，諭曰：「興學育才，實爲當今急務。京師首善之區，尤宜加意作育，以樹風聲。前建大學，應切實舉辦。派張百熙爲管學大臣，責成經理，務期端正趨嚮，造就通才。其裁定章程，妥議具奏。」旋諭將同文館併入大學堂，毋庸隸外務部。二十八年正月，百熙奏籌辦大學堂情形豫定辦法一條，言：「各國學制，幼童於蒙學卒業後入小學，三年卒業升中學，又三年升高等學，又三年升大學。以中國準之，小學卽縣學堂，中學卽府學堂，高等學卽省學堂。目前無應入大學肄業之學生，通融辦法，惟有暫時不設專門，先設立一高等學爲大學豫備科。分政、藝二科，以經史、政治、法律、通商、理財等事隸政科，以聲、光、電、化、農、工、醫、算等事隸藝科。查京外學堂，辦有成效者，以湖北自强學堂、上海南洋公學爲最。此外如京師同文館，上海廣方言館，廣東時敏、浙江求是等學堂，開辦皆在數年以上，不乏合格之才。更由各省督、撫、學政考取府、州、縣高材生，咨送來京，覆試如格，入堂肄業。三年卒業，及格者升大學正科。不及格者，分別留學、撤退。大學豫科與各省省學堂卒業生程度相同，由管學大臣考驗合格，請旨賞給舉人。正科卒業，考驗合格，請旨賞給進士。惟國家需材孔亟，欲收急效而少棄才，則有速成教員一法。於預備科外設速成科，分二門：曰仕學館，曰師範館。凡京員五品以下、八品以上，外官道員以下、教職以上，皆許考入仕學館。舉、貢、生、監，皆許考入師範館。仕學三年卒業，擇尤保奬。師範三年卒業，擇優異者帶領引見。生准作貢生，貢生准作舉人，舉人准作進士，分別給予准作小學、中學教員文憑。蓋豫科生必取年歲最富、學術稍精者，再加練習，儲爲眞正合格之才。速成生則取更事較多、立志猛進者，取其聽從速化之效。至增建校舍，附設譯局，廣購書籍、儀器，尤以寬籌經費爲根原。經費分兩項：一，華俄道勝銀行存款之息金，全數撥歸大學堂；一，請飭各省籌助經費，每年大省二萬金，中省一萬金，小省五千金，常年撥解京師。」從之。

七月，百熙遵擬學堂章程，疏言：「古今中外，學術不同，其所以致用則一。歐、美、日本諸邦現行制度，頗與中國古昔盛時良法相同。禮記載家有塾，黨有庠，州有序，國有學。比之各國，則國學卽大學，家塾、黨庠、州序卽蒙學、小學、中學。等級蓋甚分明。周以前選舉、學校合而爲一，漢以後專重選舉，及隋設進士科以來，士皆殫精神於詩、賦、策、論，所謂學校，名存而已。今日而議振興教育，必以眞能復學校之舊爲第一要圖。雖中外政教風氣原本不同，然其條目秩序之至賾而不可亂，不必盡泥其迹，不能不兼取其長。謹上溯古制，參考列邦，擬定京師大學暨各省高等學、中學、小學、蒙學章程，候欽定頒行各省，核實興辦。凡名是實非之學堂及庸濫充數之教習，一律從嚴整頓。」詔下各省督撫，按照規條實力奉行。是爲欽定學堂章程。教育之有系統自此始。

京師大學堂分大學院、大學專門分科、大學豫備科。附設者，仕學、師範兩館。大學院主研究，不講授，不立課程。專門分科凡七：曰政治科，曰文學科，曰格致科，曰農業科，曰工藝科，曰商務科，曰醫術科。政治科分目二：政治，法律。文學科分目七：經學，史學，理學，諸子，掌故，詞章，外國語言文字。格致科分目六：天文，地質，高等算學，化學，物理，動植物。農業科分目四：農藝，農業化學，林學，獸醫。工藝科分目八：土木，機器，造船，造兵器，電氣，建築，應用化學，採礦冶金。商務科分目六：簿記，產業製造，商業語言，商法，商業史，商業地理。醫術科分目二：醫學，藥學。豫備科分政、藝兩科。政科課目：倫理，經學，諸子，詞章，算學，中外史，中外輿地，外國文，物理，名學，法學，理財，體操。藝科課目：倫理，中外史，外國文，算學，物理，化學，動植物，地質及礦產，圖畫，體操。爲入專理某科便利計，得增減若干科目。各三年卒業。仕學館課目：算學，博物，物理，外國文，輿地，史學，掌故，理財，交涉，法律，政治。師範館課目：倫理，經學，教育，習字，作文，算學，中外史，中外輿地，博物，物理，化學，外國文，圖畫，體操。

各省高等學堂爲中學卒業之升途，又爲入分科大學之豫備。分政、藝兩科。課程與大學豫科同。三年卒業。高等學外，得附設農、工、商、醫高等實業學堂，亦中學卒業生升入。教授用專科教員制，各任一門。中學堂，爲高等小學卒業之升途，卽爲入高等學之豫備。課目：修身，讀經，算學，詞章，中外史，中外輿地，外國文，圖畫，博物，物理，化學　體操。四年卒業。中學外，得設中等農、工、商實業學堂，高小卒業生不願治普通學者入之。又附設師範學堂，課目視中學，惟酌減外國文，加教育學、教授法。得合兩班或三班，以兩三教員各任數科目，分教之。小學堂分高等、尋常二級。兒童自六歲起，受蒙學四年。十歲入尋常小學，修業三年。此七年定爲義務教育。十三歲入高等小學，三年卒業。得附設簡易農、工、商實業學堂，尋常小學卒業者入之。尋常小學課目：修身、讀經、作文、習字、史學、輿地、算術、體操。高等小學課目，增讀古文辭、理科、圖畫，餘同尋常小學。教授採用級任制。正教習外，得置副教習。蒙學堂屬義務教育，府、廳、州、縣、城、鎭、鄉、集均應設立。凡義塾或家塾，應照蒙學課程，核實改辦。課目同尋常小學，惟作文易以字課。蒙學宗旨，在於改良私塾，故章程規定，頗注重教授法之改善，於兒童身心之體察，三致意焉。至學生出身獎勵，小學卒業，獎給附生；中學卒業，獎給貢生；高等學卒業，獎給舉人；大學分科卒業，獎給進士。各省師範卒業，照大學師範館例給獎。其大較也。欽定章程雖未臻完備，然已有系統之組織。頒布未及二年，旋又廢止。

先是百熙招致海內名流，任大學堂各職。吳汝綸爲總敎習，赴日本參觀學校。適留日學生迭起風潮，謠諑繁興，黨爭日甚。二十九年正月，命榮慶會同百熙管理大學堂事宜。二人學術思想，既各不同，用人行政，意見尤多歧異。時鄂督張之洞入覲。之洞負海內重望，於川、晉、粵、鄂，曾創設書院及學堂。著勸學篇，傳誦一時；尤抱整飭學務之素志。閏五月，榮慶約同百熙奏請添派之洞會商學務，詔飭之洞會同管學大臣釐定一切學堂章程，期推行無弊。

十一月，百熙、榮慶、之洞會奏重訂學堂章程，言：「各省初辦學堂，難得深通敎育理法之人。學生率取諸原業科舉之士，未經小學陶鎔而來，言論行爲，不免軼於範圍之外。此次奉諭會商釐定，詳細推求，倍加審愼。博考外國各項學堂課程門目，參酌變通，擇其宜者用之，其於中國不相宜者缺之，科目名稱不可解者改之，過涉繁重者減之。無論何等學堂，均以忠孝爲本，以中國經史之學爲基，俾學生心術壹歸於純正。而後以西學瀹其智識，練其藝能，務期他日成材，各適實用。擬成初等小學、高等小學、中學、高等學各章程，大學附通儒院章程。原章有蒙學名目，所列實卽外國初等小學之事。外國蒙養院，一名幼稚園，參酌其意，訂爲蒙養院章程及家庭教育法。此原章所有，而增補其缺略者也。辦理學堂，首重師範。原訂師範館章程，係僅就京城情形試辦，尙屬簡略。另擬初級、優級師範學堂章程，並任用教員章程，京城師範館改照優級師範辦理。此外仕學館屬暫設，不在各學堂統系之內，原章應暫仍舊。譯學館卽方言學堂；進士館係奉特旨，令新進士概入學堂肄業，課程與各學堂不同，併酌定章程課目。又國民生計，莫要於農、工、商實業，興辦實業學堂，有百益而無一弊，另擬初等、中等、高等農、工、商實業學堂章程，附實業補習普通學堂、藝徒學堂、實業教員講習所各章程。此原章未及，而別加編訂者也。又中國禮教政俗與各國不同，少年初學，胸無定識，哤雜浮囂，在所不免。規範不容不肅，稽察不容不嚴。特訂立規條，申明禁令，爲學堂管理通則。並將設學宗旨、立法要義，總括發明，爲學務綱要。果能按照現定章程認眞舉辦，民智可開，國力可富，人才可成，不致別生流弊。至學生畢業考試，升級、入學考試及獎勵錄用之法，亦經詳定專章，伏候裁定。」

又奏：「奉旨興辦學堂，兩年有餘。至今各省未能多設者，經費難籌也。經費所以不能捐集者，科舉未停，天下士林謂朝廷之意並未專重學堂也。科舉不變通裁減，人情不免觀望，紳富孰肯籌捐？經費斷不能籌，學堂斷不能多。入學堂者，恃有科舉一途爲退步，不肯專心嚮學，且不肯恪守學規。況科舉文字多剽竊，學堂功課務實修；科舉止憑一日之短長，學堂必盡累年之研究；科舉但取詞章，學堂並重行檢。彼此相衡，難易迥別。人情莫不避難就易，當此時勢阽危，除興學外，更無養才濟時之術。或慮停罷科舉，士人競談西學，而中學無人肯講。現擬章程，於中學尤爲注重。凡中國向有之經學、史學、文學、理學，無不包舉靡遺。科舉所講習者，學堂無不優爲；學堂所兼通者，科舉皆所未備。是取材於科舉，不如取材於學堂，彰彰明矣。或又慮學堂雖重積分法，分數定自教員，保無以愛憎而意爲增損。不知功課優絀，當堂考驗。教員卽欲違衆徇私，而公論可憑，萬難掩飾。臣等尙恐偶有此弊，故於中學考試，歸學政主持，督同道、府辦理。高等學畢業，請簡放主考，會同督、撫、學政考試。大學畢業，請簡放總裁，會同學務大臣考試。不專憑本學堂所定分數。凡科舉掄才之法，已括諸學堂獎勵之中，實將科舉、學堂合併爲一。就事理論，必須科舉立時停罷，學堂辦法方有起色，經費方可設籌。惟此時各省學堂，未能偏設，已設學堂，辦理未盡合法，不欲遽議停罷科舉。然使一無舉動，天下未見朝廷有遞減以至停罷之明文，實不足風示海內士民，收振興學堂之効。請查照臣之洞會同袁世凱原奏分科遞減之法，明降諭旨，從下屆丙午科起，每科遞減中額三分之一。一面照現定各學堂章程，從師範入手，責成各省實力舉行，至第三屆壬子科應減盡時，尙有十年。計京、外開辦學堂，已逾十年以外，人才應已輩出。天下士心專注學堂，籌措經費必立見踴躍。人人爭自濯磨，相率入學堂，求實在有用之學，氣象一新，人才自奮。轉弱爲强，實基於此。」詔悉如所請。是爲頒布奏定章程之期，時科舉未全廢止也。迨三十一年，世凱、之洞會奏：「科舉一日不停，士人有儌幸得第之心，以分其砥礪實修之志。民間相率觀望，私立學堂絶少。如再遲十年甫停科舉，學堂有遷延之勢，人才非急切可求。必須二十餘年後，始得多士之用。擬請宸衷獨斷，立罷科舉。飭下各省督、撫、學政，學堂未辦者，從速提倡；已辦者，極力擴充。學生之良莠，辦學人員之功過，認眞考察，不得稍辭其責。」遂詔自丙午科始，停止各省鄉、會試及歲、科試。尋諭各省學政專司考校學堂事務。於是沿襲千餘年之科舉制度，根本剗除。嗣後學校日漸推廣，學術思想因之變遷，此其大關鍵也。

是時學務之組織，尚有一重要之變更，則專設總理學務大臣也。二十九年，之洞言：「管學大臣既管京城大學堂，又管外省各學堂事務。當此經營創始，條緒萬端，專任猶虞不給，兼綜更恐難周。請於京師專設總理學務大臣，統轄全國學務。另設總監督一員，專管京師大學堂事務，受總理學務大臣節制考核，俾有專責。」詔允改管學大臣爲學務大臣，並加派孫家鼐爲學務大臣，命大理寺少卿張亨嘉充大學堂總監督。奏定章程，規定學校系統，足補欽定章程所未備。

其分科及課目，較舊章亦多有變更。大學設通儒院及大學本科。通儒院不講授，無規定課目。大學本科分科八。曰經學科，分十一門：周易、尚書、毛詩、春秋左傳、春秋三傳、周禮、儀禮、禮記、論語、孟子，附理學。曰政法科，分二門：政治、法律。曰文學科，分九門：中國史、萬國史、中外地理、中國文學、英國文學、法國文學、俄國文學、德國文學、日本國文學。曰醫科，分二門：醫學、藥學。曰格致科，分六門：算學、星學、物理、化學、動植物、地質。曰農科，分四門：農學、農藝化學、林學、獸醫。曰工科，分九門：土木、機器、造船、造兵器、電氣、建築、應用化學、火藥、採鑛冶金。曰商科，分三門：銀行及保險、貿易及販運、關稅。各專一門。經學願兼習一兩經者聽。各學科分主課、補助課。三年畢業。惟政治、醫學四年畢業。

高等學與大學豫備科性質相同。學科分三類：第一類爲豫備入經學、政法、文學、商科等大學者治之，第二類爲豫備入格致、農、工等科大學者治之，第三類爲豫備入醫科大學者治之。學科除人倫道德、經學大義、中國文學、外國語、體操各類共同外，第一類課歷史、地理、辨學、法學、理財，第二類課算學、物理、化學、地質、鑛物、圖畫，第三類課蠟丁語、算學、物理、化學、動物、植物。其有志入某科某門者，得缺科目或加課他科目，分通習、主課。三年畢業。中學科目：修身、讀經、講經、中國文學、外國語、歷史、地理、算學、博物、物理及化學、法制及理財、圖畫、體操。五年畢業。高等小學科目：修身、讀經、講經、中國文學、算術、中國歷史、地理、格致、圖畫、體操。視地方情形，可加授手工、農、商業等科目。四年畢業。初等小學科目：修身、讀經、講經、中國文學、算術、歷史、地理、格致、體操，爲完全科。視地方情形，可加授圖畫、手工之一二科目。其鄉民貧瘠、師儒缺少地方，得量從簡略，修身、讀經合爲一科，中國文學科，歷史、地理、格致合爲一科，算術、體操，爲簡易科。五年畢業。

中、小學科目，不外普通教育之學科。其特殊者，則讀經、講經一科也。學務綱要載中、小學宜注意讀經以存聖教一節，其言曰："外國學堂有宗教一門，中國之經書卽是中國之宗教。學堂不讀經，則是堯、舜、禹、湯、文、武、周公、孔子之道，所謂三綱五常，盡行廢絕，中國必不能立國。無論學生將來所執何業，卽由小學改業者，必須曾誦經書之要言，略聞聖教之要義，以定其心性，正其本源。惟學堂科學較繁，晷刻有限，概令全讀十三經，精力日力斷斷不給。茲擇切要各經，分配中、小學堂。若卷帙繁重之禮記、周禮，止選讀通儒節本，儀禮止選讀最要一篇。自初等小學第一年日讀約四十字起，至中學日讀約二百字爲止，大率小學每日以一點鐘讀經，一點鐘挑背淺解。中學每星期以六點鐘讀經，三點鐘挑背講解。溫經每日半點鐘，歸自習時督課。學生並不過勞，亦無礙講習西學之日力。計中學畢業，已讀過孝經、四書、易、書、詩、左傳及禮記、周禮、儀禮節本十經，並通大義。較之向來書塾、書院所讀所解，已爲加多。不惟聖經不至廢墜，且經學從此更可昌明。」其立論甚正，可考見當時之風氣焉。

蒙養院意在合蒙養、家敎爲一，輔助家庭敎育，兼包括女學。

直系學堂外，並詳訂師範及實業學堂專章。其大異於舊章者，爲優級師範學堂。學科分三節：一曰公共科，以補中學之不足，爲本科之豫備。科目：人倫道德、羣經源流、中國文學、東語、英語、辨學、算學、體操。一年畢業。二曰分類科，凡四類：第一類以中國文學、外國語爲主。第二類以地理、歷史爲主。第三類以算學、物理、化學爲主。第四類以動植物、鑛物、生理爲主。科目除人倫道德、經學大義、中國文學、敎育心理、體操各類共同外，第一類課周秦諸子、英語、德語或法語、辨學、生物、生理。第二類課地理、歷史、法制、理財、英語、生物。第三類課算學、物理、化學、英語、圖畫、手工。第四類課植物、動物、生理、鑛物、地學、農學、英語、圖畫。分通習、主課，均三年畢業。三曰加習科，於分類科畢業，擇敎育重要數門，加習一年，以資深造。科目：人倫道德、敎育學、敎育制度、敎育政令機關、美學、實驗心理、學校衞生、專科敎育、兒童研究、敎育演習，並增入敎授實事練習。優級師範附屬中學堂、小學堂。初級師範學科程度，與中學略同。完全科學科，於中學科目外，增敎育學、習字。視地方情形，可加外國語，手工，農、工業之一科目或數科目。五年畢業。初級師範附屬小學堂。

實業學堂之種類，曰實業教員講習所，曰高等農、工、商實業學堂，曰中等農、工、商實業學堂，曰初等農、工、商實業學堂，及高等、中等、初等商船學堂，曰實業補習普通學堂，曰藝徒學堂。實業教員講習所，以備教成各項實業學堂之教習。分農、商、工三種，農業、商業教員講習所，除人倫道德、英語、教育、教授法、體操爲共同學科外，農業課算學及測量氣象、農業汎論、農業化學、農具、土壤、肥料、耕種、畜產、園藝、昆蟲、獸醫、水產、森林、農產製造、農業理財實習；商業課應用化學、應用物理、商業作文、商業算術、商業地理、商業歷史、簿記、商品、商業理財、商業實踐。均二年畢業。工業教員講習所，置完全科及簡易科。完全科凡六：曰金工科、木工科、染織科、窰業科、應用化學科、工業圖樣科。除人倫道德、算學、物理、化學、圖畫、工業理財、工業衞生、機器製圖實習、英語、教育、教授法、體操爲共同學科外，金工科課無機化學、應用力學、工場用具及製造法、電氣工業大意、發動機。木工科課無機化學、應用力學、工場用具及製造法、構造用材料、家具及建築流派、房屋構造、衞生、建築製圖及意匠。染織科課一切器用化學、應用機器、定性分析、工業分析、染色配色、機織及意匠。窰業科課一切應用化學、應用機器、定性分析、工業分析、窰業品製造。應用化學科課一切應用化學、機器、電鑄及電鍍。工業圖樣科課圖樣、材料。均三年畢業。簡易科分金工、木工、染色、機織、陶器、漆工六科。課目較略。一年畢業。高等實業學堂程度視高等學堂，分豫科、本科。豫科授以各科普通基本功課。一年畢業。高等農業本科凡三：曰農學科，曰林學科，曰獸醫學科。高等工業分科十三：曰應用化學科，曰染色科，曰機織科，曰建築科，曰窰業科，曰機器科，曰電器科，曰電氣化學科，曰土木科，曰鑛業科，曰造船科，曰漆工科，曰圖稿繪畫科，各授以本科原理、原則、應用方法及補助科目，多者至三十餘門，得斟酌地方情形，擇合宜數科設之。均三年畢業。中等實業學堂程度視中學堂，亦分豫科、本科，課目較高等爲略。初等實業學堂程度視高等小學堂，分普通、實習兩種科目。均三年畢業。商船學堂亦分三等，以授航海機關之學術及駕運商船之知識技術。五年或三年畢業。實業補習普通學堂，以簡易教法授實業必須之知識技能，並補習小學科目。藝徒學堂，授平等程度之工業技術，俾成良善工匠，均可於中、小學堂便宜附設。

其不在學堂系統內者，曰譯學館，曰進士館。先是同文館併入大學堂，設英、法、俄、德、日本五國語文專科，後由大學分出，名譯學館。仍設英、法、俄、德、日本文各一科，無論習何國文，皆須習普通及專門學。普通科目：人倫道德、中國文學、歷史、地理、算學、博物、物理及化學、圖畫、體操。專門科目：交涉、理財、教育。五年畢業。進士館令新進士用翰林部屬、中書者，入館肄業，講求實用之學。課目：史學、地理、教育、法學、理財、交涉、兵政、農政、工政、商政、格致。得選習農、工、商、兵之一科或兩科。西文、東文、算學、體操爲隨意科。三年畢業。

各學堂管理通則之規定，與舊章大體相同。月朔，監督、教員集諸生禮堂，宣讀聖諭廣訓一條。皇太后、皇上萬壽節，至聖先師孔子誕日，春、秋上丁釋奠，爲慶祝日。堂中各員率學生至萬歲牌前或聖人位前行三跪九叩禮。畢，各員西嚮立，學生向各員行三揖禮，退。開學、散學或畢業，率學生至萬歲牌前、聖人位前行禮如儀。學生向監督、教員行一跪三叩禮。監督等施訓語，乃散。月朔，率學生至聖人位前行禮如儀。每日講堂授課，多者不得過六小時。房、虛、星、昴日爲休息例假，慶祝日、端午、中秋節各放假一日。每年以正月二十日開學，至小暑節散學，爲第一學期。立秋後六日開學，至十二月十五日散學，爲第二學期。學生賞罰，由教員、監學摘出，監督核定。賞分三種：曰語言獎勵，曰名譽獎勵，曰實物獎勵。罰分三種：曰記過，曰禁假，曰出堂。學生以端飭品行爲第一要義，監督、監學及教員隨時稽察，詳定分數，與科學分數合算。

學堂考試分五種：曰臨時考試，曰學期考試，曰年終考試，曰畢業考試，曰升學考試。臨時試無定期，學期、年終、畢業考試分數與平日分數平均計算。年考及格者升一級，不及格者留原級補習，下屆再試，仍不及格者退學。評定分數，以百分爲滿格，八十分以上爲最優等，六十分以上爲優等，四十分以上爲中等，二十分以上爲下等，謂之及格，二十分以下爲最下等，應出學。

畢業考試最重，視學堂程度，由所在地方官長會同監督、教員親蒞之，照鄉會試例。高等學畢業，簡放主考，會同督、撫、學政考試。大學分科畢業，簡放總裁，會同學務大臣考試。分內、外二場：外場試，就學堂舉行。擇各科講義精要一二條摘問，令諸生答述。內場試，擇地扃試。分兩場：首場以中學發題，經、史各一，經用論，史用策。二場以西學發題，政、藝各一，西政用考，西藝用說。通儒院畢業，不派員考試，以平日研究所得各種著述，評定等第，進呈，候欽定。其獎勵章程，比照獎勵出洋遊學日本學生例，通儒院畢業，予以翰林升階，或分用較優京、外官。大學分科畢業，最優等作爲進士出身，用翰林院編修、檢討。優等、中等均作爲進士出身，分別用翰林院庶吉士、各部主事。大學選科，比照分科大學降等給獎。大學豫備科及各省高等學畢業，最優等作爲舉人，以內閣中書、知州用。優等、中等均作爲舉人，以中書科中書、部司務、知縣、通判用。中學畢業，分別獎以拔貢、優貢、歲貢。高等小學畢業，分別獎以廩、增、附生。初等小學屬義務教育，不給獎。優級師範畢業，最優等、優等、中等均作爲舉人，分別以國子監博士、助教、學正用。初級師範畢業，分別奬以拔貢、優貢、歲貢，以教授、教諭、訓導用。高等實業學堂畢業，最優等、優等、中等均作爲舉人，分別以知州、知縣、州同用。中等實業學堂畢業，奬勵視中學。奏定章程規定之概要如此。

三十一年，詔以各省學堂次第興辦，必須有總匯之區，以資董率而專責成。特設學部，命榮慶爲尚書，熙瑛、嚴修爲侍郎。裁國子監，歸併學部。明年，學部奏請宣示教育宗旨，略言：「今中國振興學務，宜注重普通教育，令全國之民無人不學。尤以明定宗旨，宣示天下，爲握要之圖。中國政教所固有，亟宜發明以距異說者有二：曰忠君，曰尊孔。中國民質所最缺，亟宜箴砭以圖振起者有三：曰尚公，曰尚武，曰尚實。」上諭照所陳各節通飭遵行。尋奏定學部官制，於本部各司、科分掌教育行政事務外，設編譯圖書局、調查學制局、京師督學局。又擬設高等教育會議所，屬學部長官監督。其議員選派部員，及直轄學堂、各省中等以上學堂監督，暨京、外官紳，學識宏通，於教育素有經驗者充任。又擬設教育研究所，延聘精通教育之員，定期講演，以訓練本部員司焉。先是直督袁世凱奏陳學務未盡事宜，以裁撤學政爲言。雲南學政吳魯奏請裁撤學政。至是學部會同政務處復議，言：「各省教育行政及擴張興學之經費，督飭辦學之考成，與地方行政在在皆有關係。學政位分較尊，事權不屬，於督、撫爲敵體，諸事不便於禀承，於地方爲客官，一切不靈於呼應。且地方寥闊，官立、公立、私立學堂日新月盛，勢不能如歲、科試分棚調考之例。而循例按臨，更日不暇給。勞費供張，無裨實事。擬請裁撤學政，各省改設提學使司提學使一員，統轄全省學務，歸督、撫節制。於省會置學務公所，分曹隸事。選派官紳有學行者，別設學務議紳四人，延訪本省學望較崇之紳士充選。議長一人，學部愼選奏派。」從之。嗣是各省學務始有確定之執行機關矣。

勸學所之設，創始於直隸學務處。時嚴修任學務處督辦，提倡小學教育，設勸學所，爲廳、州、縣行政機關。仿警察分區辦法，採日本地方教育行政及學校管理法，訂定章程，頗著成效。三十二年，學部奏定勸學所章程，通行全國，卽修呈訂原章也。勸學所由地方官監督，設總董一員，以縣視學兼充，綜核各學區事務。區設勸學員一人，任一學區內勸學之責，以勸募學生多寡，定勸學員成績之優劣。其章程內推廣學務一條，規定辦法凡五：曰勸學，曰興學，曰籌款，曰開風氣，曰去阻力。又奏定各省教育會章程，省會設立者爲總會，府、州、縣設立者爲分會，以補助教育行政，與學務公所、勸學所相輔而行。皆普及教育切要之圖也。

學部設立後，於各項學堂章程多所更正。其要者，如改訂考試辦法，詳定師範獎勵義務，變通中、小學課程，中學分文科、實科之類，然大致不外修正科目，確定限制，其宏綱細目，不能出奏定章程之範圍。所增定者，則女學堂章程也。先是學部官制已將女學列入職掌。三十三年，奏定女子師範、女子小學章程，以裨補家計，有益家庭教育爲要旨。師範科目：修身、教育、國文、歷史、地理、算學、格致、圖畫、家事、裁縫、手藝、音樂、體操。四年畢業。音樂得隨意學習。小學分兩等，高等科目：修身、國文、算術、中國歷史、地理、格致、圖畫、女紅、體操，得酌加音樂，爲隨意科。初等科目：修身、國文、算術、女紅、體操，得酌加音樂、圖畫二隨意科。均四年畢業。其授業鐘點，較男子小學減少，與男子小學分別設立，不得混合。宣統三年，奏設中央教育會議，以討論教育應行改進事宜及推行方法。則根據學部原奏，擬設高等教育會議所之規定行之。此爲第二期有系統之教育制度也。

至考驗遊學畢業生，光緒二十九年，鄂督張之洞奏准鼓勵遊學章程。三十一年，學務大臣考驗北洋學生金邦平等，援照鄉、會試覆試例，奏請在保和殿考試，給予出身，分別錄用。迨三十二年，學部奏定，自本年始，每年八月舉行一次。並爲綜覈名實起見，妥議考驗章程。將學成試驗與入官試驗分爲兩事，酌照分科大學及高等學畢業章程，會同欽派大臣，按所習學科分門考試。酌擬等第，候欽定分別獎給進士、舉人等出身。仍將某科字樣加於進士等名目之上，以爲表識。考試分兩場：第一場就所習學科擇要命題；第二場試中國文、外國文，罷廷試。明年，學部憲政編查館會奏遊學畢業廷試錄用章程，仍暫照三十一年成案。於欽派大臣會同學部考試請予出身後，廷試一次，分別授職。廷試用經義、科學、論、說各一，其醫、工、格致、農等科大學及各項高等實業學堂畢業者，免試經義。時遊學日本、歐、美畢業回國者，絡繹不絕，歲舉行考驗以爲常，終清世不廢。

清史稿卷一百八

志八十三

選舉三

文科　武科

有清科目取士，承明制用八股文。取四子書及易、書、詩、春秋、禮記五經命題，謂之制義。三年大比，試諸生於直省，曰鄉試，中式者爲舉人。次年試舉人於京師，曰會試，中式者爲貢士。天子親策於廷，曰殿試，名第分一、二、三甲。一甲三人，曰狀元、榜眼、探花，賜進士及第。二甲若干人，賜進士出身。三甲若干人，賜同進士出身。鄉試第一曰解元，會試第一曰會元，二甲第一曰傳臚。悉仍明舊稱也。世祖統一區夏，順治元年，定以子午卯酉年鄉試，辰戌丑未年會試。鄉試以八月，會試以二月。均初九日首場，十二日二場，十五日三場。殿試以三月。

二年，頒科場條例。禮部議覆，給事中龔鼎孳疏言：「故明舊制，首場試時文七篇，二場論、表各一篇，判五條，三場策五道。應如各科臣請，減時文二篇，於論、表、判外增詩，去策改奏疏。」帝不允。命仍舊例。首場四書三題，五經各四題，士子各占一經。四書主朱子集註，易主程傳、朱子本義，書主蔡傳，詩主朱子集傳，春秋主胡安國傳，禮記主陳澔集說。其後春秋不用胡傳，以左傳本事爲文，參用公羊、穀梁。二場論一道，判五道，詔、誥、表內科一道，三場經史時務策五道。鄉、會試同。乾隆間，改會試三月，殿試四月，遂爲永制。

鄉試，先期提學考試精通三場生儒錄送，禁冒濫。在監肄業貢、監生，本監官考送。倡優、隸、阜之家，與居父母喪者，不得與試。卷首書姓名、籍貫、年貌、出身、三代、所習本經。試卷題字錯落，眞草不全，越幅、曳白，塗抹、污染太甚，及首場七藝起訖虛字相同，二場表失年號，三場策題訛寫，暨行文不避廟諱、御名、至聖諱，以違式論，貼出。士子用墨，曰墨卷。謄錄用硃，曰硃卷。主考墨筆，同考藍筆。乾隆間，同考改用紫筆。未幾，仍用藍。試士之所曰貢院，士子席舍曰號房，撥軍守之曰號軍。試官入闈封鑰，內外門隔以簾。在外提調、監試等曰外簾官，在內主考、同考曰內簾官。亦有內監試，司糾察，不與衡文事。以大員總攝場務，鄉試曰監臨。順天以府尹，各省初以巡按御史，巡按裁，巡撫爲之。會試曰知貢舉，禮部侍郎爲之。順天提調以府丞，監試以御史。初，各省提調以布政使，監試以按察使，各副以道員。雍正間，以藩、臬兩司爲一省錢穀、刑名之總匯，入闈月餘，恐致曠滯，提調監試，專責二道員。會試監試以御史。殿試臨軒發策，以朝臣進士出身者爲讀卷官，擬名第進呈，或如所擬，或有更定。一甲狀元授修撰，榜眼、探花授編修，二、三甲進士授庶吉士、主事、中書、行人、評事、博士、推官、知州、知縣等官有差。

有清以科舉爲掄才大典，雖初制多沿明舊，而慎重科名，嚴防弊竇，立法之周，得人之盛，遠軼前代。其間條例之損益，風會之變遷，繫乎人才之盛衰，朝政之得失。述其大者，不可闕也。

鄉、會試首場試八股文，康熙二年，廢制義，以三場策五道移第一場，二場增論一篇，表、判如故。行止兩科而罷。四年，禮部侍郎黃機言：「制科向係三場，先用經書，使闡發聖賢之微旨，以觀其心術。次用策論，使通達古今之事變，以察其才猷。今止用策論，減去一場，似太簡易。且不用經書爲文，人將置聖賢之學於不講，請復三場舊制。」報可。七年，復初制，仍用八股文。二十四年，用給事中楊爾淑請，禮闈及順天試四書題俱欽命。時詔、誥題士子例不作，文、論、表、判、策率多雷同勦襲，名爲三場並試，實則首場爲重。首場又四書藝爲重。二十六年廢詔、誥，旣而令五經卷兼作。論題舊出孝經，康熙二十九年，兼用性理、太極圖說、通書、西銘、正蒙。五十七年，論題專用性理。世宗初元，詔孝經與五經並重，爲化民成俗之本。宋儒書雖足羽翼經傳，未若聖言之廣大，論題仍用孝經。

乾隆三年，兵部侍郎舒赫德言：「科舉之制，憑文而取，按格而官，已非良法。況積弊日深，僥倖日衆。古人詢事考言，其所言者，卽其居官所當爲之職事也。時文徒空言，不適於用，墨卷房行，輾轉抄襲，膚詞詭說，蔓衍支離，苟可以取科第而止。士子各占一經，每經擬題，多者百餘，少者數十。古人畢生治之而不足，今則數月爲之而有餘。表、判可預擬而得，答策隨題敷衍，無所發明。實不足以得人。應將考試條欵改移更張，別思所以遴拔眞才實學之道。」章下禮部，覆奏：「取士之法，三代以上出於學，漢以後出於郡縣吏，魏、晉以後出於九品中正，隋、唐至今，出於科舉。科舉之法不同，自明至今，皆出於時藝。科舉之弊，詩、賦祇尙浮華，而全無實用。明經徒事記誦，而文義不通。唐趙匡所謂『習非所用，用非所習』是也。時藝之弊，今該侍郎所陳奏是也。聖人不能使立法之無弊，在因時而補救之。蘇軾有言：『得人之道，在於知人。知人之道，在於責實。』能責實，雖由今之道，而振作鼓舞，人才自可奮興。若惟務徇名，雖高言復古，法立弊生，於造士終無所益。今謂時文、經義及表、判、策論皆空言勦襲而無用者，此正不責實之過。凡宣之於口，筆之於書，皆空言也，何獨今之時藝爲然？時藝所論，皆孔、孟之緒言，精微之奧旨。參之經史子集，以發其光華；範之規矩準繩，以密其法律。雖曰小技，而文武幹濟、英偉特達之才，未嘗不出乎其中。不思力挽末流之失，而轉咎作法之涼，不已過乎？卽經義、表、判、論、策，苟求其實，亦豈易副？經文雖與四書並重，積習相沿，士子不專心學習。若著爲令甲，非工不錄。表、判、論、策，皆加覆覈。必淹洽詞章、通曉律令，而後可爲表、判。有論古之識，斷制之才，通達古今，明習時務，而後可爲論、策。何一不可見之施爲，切於實用？必變今之法，行古之制，將治宮室、養遊士，百里之內，置官立師，訟獄聽於是，軍旅謀於是。又將簡不率教者，屏之遠方，終身不齒。毋乃紛擾而不可行？況人心不古，上以實求，下以名應。興孝則有割股、廬墓以邀名者矣，興廉則有惡衣菲食、敝車羸馬以飾節者矣。相率爲僞，借虛名以干進取。及莅官後，盡反所爲，至庸人之不若。此尤近日所舉孝廉方正中所可指數，又何益乎？司文衡職課士者，誠能仰體諭旨，循名責實，力除積習，杜絕僥倖，文風日盛，眞才自出，無事更張定制爲也。」遂寢其議。時大學士鄂爾泰當國，力持議駁，科舉制義得以不廢。

二十二年，詔剔舊習、求實效，移經文於二場，罷論、表、判，增五言八韻律詩。明年，首場復增性理論。御史楊方立疏請鄉、會試增周禮、儀禮二經命題。帝以二禮義蘊已具於戴記，不從。四十七年，移置律詩於首場試藝後，性理論於二場經文後。五十二年，高宗以分經閱卷，易滋弊竇。且士子專治一經，於他經不旁通博涉，非敦崇實學之道。命自明歲戊申鄉試始，鄉、會五科內，分年輪試一經。畢，再於鄉、會二場廢論題，以五經出題並試。永著爲令。

科場擬題最重。康熙五十二年，以主司擬題，多取四書、五經冠冕吉祥語，致多宿搆倖獲。詔此後不拘忌諱。向例禁考官擬出本身中式題，至是弛其禁。歷科試官，多有以出題錯誤獲譴者。先是康熙五十六年，從詹事王奕清言，場中七藝，破、承、開講，虛字概不謄寫，以防關節。乾隆四十七年，令考官預擬破、承、開講虛字，隨題紙發給士子遵用。嘉慶四年，以無關弊竇，廢止。制藝篇末用大結，有明中葉，每以此爲關節。康熙末年，懸之禁令。乾隆十二年，編修楊述曾有復用大結之請，大學士張廷玉等以爲無益而弊竇愈起，奏駁之。初場文原定每篇限五百五十字，康熙二十年增百字。五十四年，會元尙居易以首藝字逾千二百，黜革。乾隆四十三年，始定鄉、會試每篇以七百字爲率，違者不錄。自是遵行不易。三場策題，原定不得逾三百字。乾隆元年，禁士子空舉名目，草率塞責。其後考官擬題，每問或多至五六百字，空疏者輒就題移易，點竄成篇。三十六年，左都御史張若溎以爲言，詔申明定例。五十一年，定答策不滿三百字，照紕繆例罰停科。然考官士子重首場，輕三場，相沿積習難移。制義體裁，以詞達理醇爲尙。順治九年壬辰，會試第一程可則以悖戾經旨除名。考官學士胡統虞等並治罪。

世宗屢以清眞雅正誥誡試官。乾隆元年，高宗詔曰：「國家以經義取士，將以覘士子學力之淺深，器識之淳薄。風會所趨，有關氣運。人心士習之端倪，呈露者甚微，而徵應者甚鉅。當明示以準的，使士子曉然知所別擇。」於是學士方苞奉敕選錄明、清諸大家時文四十一卷，曰欽定四書文，頒爲程式。行之旣久，攻制義者，或剽竊浮詞，罔知根柢，楊述曾至請廢制義以救其弊。四十五年，會試三名鄧朝縉首藝語意粗雜，江南解元顧問四書文全用排偶，考官並獲譴。嘉慶中，士子撏撦僻書字句，爲文競炫新奇，御史辛從益論其失。詔曰：「近日士子獵取詭異之詞，以艱深文其淺陋，大乖文體。考官務各別裁僞體。文離怪誕之文，不得錄取。」歷代輒以釐正文體責考官，而迄無實效。議者謂文風關乎氣運。清代名臣多由科目出身，無不工制義者。開國之初，若熊伯龍、劉子壯、張玉書，爲文雄渾博大，起衰式靡。康熙後益軌於正，李光地、韓菼爲之宗。桐城方苞以古文爲時文，允稱極則。雍、乾間，作者輩出，律日精而法益備。陵夷至嘉、道而後，國運漸替，士習日漓，而文體亦益衰薄。至末世而勦襲庸濫，制義遂爲人詬病矣。

光緒二十四年，湖廣總督張之洞有變通科舉之奏。二十七年，鄉、會試首場改試中國政治史事論五篇，二場各國政治藝學策五道，三場四書義二篇、五經義一篇，其他考試例此，用之洞議也。行之至廢科舉止。

鄉、會考官，初制，順天、江南正、副主考，浙江、江西、湖廣、福建正主考，差翰林官八員。他省用給事中、光祿寺少卿、六部司官、行人、中書、評事。某官差往某省，皆有一定。康熙三年除其例。順天初同各省，簡正、副二人。乾隆中葉增爲三，用協辦大學士、尚書以下，副都御史以上官，編、檢不復與矣。道光中，簡三四人。同治後，額簡四人。初，考官不限出身，康熙初，主事蔡騶、曹首望俱以拔貢典試。十年，從御史何元英請，考官專用進士出身人員。然舉人出身者間亦與焉。雍正三年，頒考試令，始限翰林及進士出身部、院官，仍參用保舉例。乾隆九年，御史李清芳言：「大臣保舉應差主考四十九人，滿洲四，各直省十六，餘均江、浙人。保薦者大都平日往來相知，饒於財而憑於勢。至守正不阿者，不肯伺候公卿之門，邊隅之士，聲氣不通，交游不廣，無人薦舉。請將合例人員通行考試。」帝疑清芳未列保薦，激爲是語，不允所請，仍考試、保舉並行。三十六年後，考試遂著爲令。初御試錄取名單皆發出，其後密定名次，不復揭曉。嘉慶以後，更別試侍郎、閣學及三品京堂等官，曰大考差。會試總裁，初用閣、部大員四人或六人，多至七人。嗣簡二三人或四五人。咸豐後，簡四人，以爲常。

同考官，初，順天試京員，推、知並用。各省用甲科屬官及隣省甲科推、知，或鄉科教官，房數無定。會試初用二十人，翰林官十二，六科四，吏、禮、兵部官各一，戶、刑、工部官每科輪用一。嗣額定十八人，順天試同。康熙五十四年，令不同省房官二人同閱，互相覺察，用三十六人。未幾卽罷。康、雍間，順天房考停用京員，止用直隸科甲知縣。各省停用本省現任知縣，專調用隣省在籍候選進士、舉人。大省十八，中省十四，小省十二至十，均分經校閱。厥後增減不一，小省減至八人。乾隆間，禮闈及順天同考，始欽簡京員，各省復用本省科甲屬官。四十二年，停五經分房之例。至順天房考，南、北省人廻避南、北皿卷，邊省人廻避中皿卷，會房則同省相迴避云。

考官綜司衡之責，房考膺分校之任，歷代極重其選。康熙間，順天同考官庶吉士鄭江以校閱允當，授職檢討。雍正元年，會試總裁朱軾、張廷玉持擇公允，帝嘉之，加太傅、太保有差。其衡鑒不公、草率將事者，罰不貸。而交通關節賄賂，厥辜尤重。順治十四年丁酉，順天同考官李振鄴、張我樸受科臣陸貽吉、博士蔡元禧、進士項紹芳賄，中田耜、鄔作霖舉人。給事中任克溥奏劾，鞫實。詔駢戮七人於市，家產籍沒，戍其父母兄弟妻子於邊。考官庶子曹本榮、中允宋之繩失察降官。江南主考侍講方猶、檢討錢開宗，賄通關節，江寧書肆刊萬金傳奇記詆之。言官交章論劾，刑部審實。世祖大怒，猶、開宗及同考葉楚槐等十七人俱棄市，妻子家產籍沒。一時人心大震，科場弊端爲之廓清者數十年。康熙五十年辛卯，江南士子吳泌、程光奎賂副考官編修趙晉獲中。二人素不能文，輿論譁然。事聞，命尚書張鵬翮會江南督、撫嚴鞫。蘇撫張伯行劾總督噶禮賄賣徇庇，噶禮亦劾伯行他罪，詔俱解任。令鵬翮會總漕赫壽確訊，覆奏請鐫噶禮級，罷伯行職。帝怒二人掩飾和解，復遣尚書穆和倫、張廷樞往鞫，奏略如鵬翮等指。部議，互訐乖大臣體，應並褫職。帝卒奪噶禮職。以伯行清名素著，褫職仍留任。處晉及同考王曰俞、方名大辟，以失察奪正考官左必蕃官。是年福建房考吳肇中亦以賄伏法，考官檢討介孝瑹、主事劉儼失察削職。咸豐八年戊午，順天舉人平齡硃、墨卷不符，物議沸騰，御史孟傳金揭之。王大臣載垣等訊得正考官大學士柏葰徇家人靳祥請，中同考編修浦安房羅鴻繹卷。比照交通囑託、賄買關節例，柏葰、浦安棄市，餘軍、流、降、革至數十人。副考官左副都御史程庭桂子郎中炳采，坐接收關節伏法，庭桂遣戍。蓋載垣、端華及會審尚書肅順素惡科目，與柏葰有隙，因搆興大獄，擬柏葰極刑。論者謂靳祥已死，未爲信讞也。然自嘉、道以來，公卿子弟視巍科爲故物。斯獄起，北闈積習爲之一變。光緒十九年，編修丁維禔典陝試，同年友饒士騰先期爲之輾轉囑託。事覺，俱逮問。士騰自殺，尋並削職。有無與關節賄賂而獲咎者，康熙三十八年己卯，御史鹿佑劾順天闈考試不公，正考官修撰李蟠遣戍，副主考編修姜宸英牽連下吏，未置對，死獄中。宸英浙江名士，善屬古文，舉朝知其無罪，莫不歎惜。四十四年乙酉，順天主考侍郎汪霦、贊善姚士藟校閱草率，落卷多不加圈點。下第者束草如人，至其門戮之。事聞，奪職。六十年辛丑，會試副總裁左副都御史李紱用唐人通榜法，拔取知名之士。下第者喧鬨於其門，被劾落職，發永定河効力。然是闈一時名宿，網羅殆盡，頗爲時論所許。其他賄通關節，未經敗露，與因微眚獲譴者，例尤不一。

鄉試解額，順治初定額從寬，順天、江南皆百六十餘名，浙江、江西、湖廣、福建皆逾百名，河南、山東、廣東、四川、山西、陜西、廣西、雲南自九十餘名遞殺，至貴州四十名爲最少。俱分經取中。順天試直隸生員貝字號約占額十之七，北監生皿字號十之三，宣化旦字、奉天夾字僅二三名。江南試南監生皿字號約十之二，餘爲江、安併闈生員額。南雍罷，南監中額併入北監。十四年，監生分南、北卷，直隸八府，延慶、保安二州，遼東、宣府、山東、山西、河南、陜西、四川、廣西爲北皿，江南、浙江、江西、福建、湖廣、廣東爲南皿，視人數多寡定中額。十七年，減各直省中額之半。康熙間，先後廣直省中額。五十年，又各增五之一。雍正元年，湖南北分闈，照舊額分中。各省略有增減。乾隆元年，順天皿字分南、北、中卷，奉天、直隸、山東、河南、山西、陜西爲北皿，江南、江西、福建、浙江、湖廣、廣東爲南皿，各中額三十九。四川、廣西、雲南、貴州另編中皿，十五取一。江南分上下江，取中下江江蘇十之六，上江安徽十之四。九年，嚴定搜檢之法。北闈以夾帶敗露者四十餘人，臨時散去者三千八百數十人，曳白與不終篇、文不切題者又數百人。帝既治學政、祭酒濫送之罪，詔減各直省中額十之一。於是定順天南、北皿各三十六，中皿改二十取一，貝字百二，夾、旦各四，江南上江四十五，下江六十九，浙江、江西皆九十四，福建八十五，廣東七十二，河南七十一，山東六十九，陝西六十一，山西、四川皆六十，雲南五十四，湖北四十八，湖南、廣西皆四十五，貴州三十六。自是率行罔越。光緒元年，陝、甘分闈，取中陝西四十一，甘肅三十。咸、同間，各省輸餉輒數百萬，先後廣中額。四川二十，江蘇十八，廣東十四，福建及臺灣十三，浙江、湖南、湖北、江西、山西、安徽、甘肅、雲南、貴州各十，陝西九，河南、廣西各八，直隸、山東各二。視初定中額尚或過之。

會試無定額，順治三年、九年俱四百名，分南、北、中卷。浙江、江西、福建、湖廣、廣東五省，江寧、蘇、松、常、鎭、淮、揚、徽、寧、池、太十一府，廣德一州爲南卷，中二百三十三名。山東、山西、河南、陝西四省，順天、永平、保定、河間、眞定、順德、廣平、大名八府，延慶、保安二州，奉天、遼東、大寧、萬全諸處爲北卷，中百五十三名。四川、廣西、雲南、貴州四省，安、廬、鳳、滁、徐、和等府、州爲中卷，中十四名。十二年，中卷併入南、北卷。厥後中卷屢分屢併，或更於南、北、中卷分爲左、右。或專取川、廣、雲、貴四省，各編字號，分別中一、二、三名。五十一年，以各省取中人數多少不均，邊省或致遺漏，因廢南、北官、民等字號，分省取中。按應試人數多寡，欽定中額。歷科大率三百數十名，少或百數十名，而以雍正庚戌四百六名爲最多，乾隆己酉九十六名爲最少。

五經中式，仿自明代。以初場試書藝三篇，經義四篇，其合作五經卷見長者，因有「二十三篇」之目。順治乙酉，山東鄉試，法若眞以全作五經文賜內閣中書，一體會試。康熙丁卯順天鄉試，浙江監生查士韓、福建貢生林文英，壬午順天南皿監生莊令輿、俞長策，皆以兼作四書、五經文二十三篇違式，奏聞，俱授舉人。詔嗣後不必禁止，旋著爲令。鄉、會試五經卷，於額外取中三名。二場添詔、誥各一，於是習者益衆。直隸、陝西等省，至有以五經卷掄元者。五十年，增各省鄉試一名，順天二名，會試三名。五十六年，停五經應試。雍正初，復其制。順天皿字號中四名，各省每額九名加中一名。大省人多文佳，額外量取副榜三四名。四年丙午，詔是科以五經中副榜者，准作舉人，一體會試，尤爲特異。乾隆十六年，始停五經中式之例。

至歷代臨雍，增北闈監生中額，恩詔廣鄉、會試中額，均屬於常額外也。鄉、會試正榜外取中副榜，會試副榜免廷試，咨吏部授職。康熙三年罷之。鄉試副榜原定順天二十名，江南十二，江西十一，浙江、福建、湖廣各十，山東、河南各九，山西、陝西、四川、廣東各八，廣西六。取文理優者，不拘經房。康熙元年停取。十一年，取中如舊例。增雲南五，貴州四。嗣是各直省率正榜五名中一名，惟恩科廣額不與焉。雍正四年，准是科由副榜復中副榜者作舉人，非常例也。

雍正五年，命各省督、撫、學政甄別衰老教職休致之缺，以是年會試落卷文理明順之舉人補授。乾隆間，屢行選取如例，大、中、小省各數十名。明通別爲一榜。二十六年，廷議於明通榜外選取中書四十名，其餘年力老成、宜課士者，另選用學正、學錄數名。報可。五十五年悉罷。此後下第者，於正榜外挑取謄錄，北闈數百名或百數十名。會試額定四十名，備各館繕寫，積資得邀議敍。此則旁搜博採，俾寒畯多獲進身之階也。

八旗以騎射爲本，右武左文。世祖御極，詔開科舉，八旗人士不與。順治八年，吏部疏言：「八旗子弟多英才，可備循良之選，宜遵成例開科，於鄉、會試拔其優者除官。」報可。八旗鄉、會試自是年始。其時八旗子弟，每牛彔下讀滿、漢書者有定額，應試及各衙門任用，悉於此取給，額外者不得習。往往不敷取中。故自十四年至康熙十五年，八旗考試，時舉時停。先是鄉、會試，殿試，均滿洲、蒙古爲一榜，漢軍、漢人爲一榜。康熙二十六年，詔同漢人一體應試。尋定制，鄉、會場先試馬步箭，騎射合格，乃應制舉。庶文事不妨武備，遂爲永制。初八旗鄉試，僅試清文或蒙古文一篇，會試倍之。漢軍試書藝二篇、經藝一篇，不通經者，增書藝一篇。二、三闈試論、策各一。逐科遞加，自與漢人合試，非復前之簡易矣。

鄉試中額，順治八年，定滿洲、漢軍各五十，蒙古二十，嗣減滿洲、漢軍各五之一，蒙古四之一。康熙八年，編滿、蒙爲滿字號，漢軍爲合字號，各取十名。二十六年，再減漢軍五名。後復遞增。乾隆九年，詔各減十之一，定爲滿、蒙二十七，漢軍十二。同治間，以輸餉增滿、蒙六名，漢軍四名。各省駐防，初亦應順天試，嘉慶十八年，始於駐防省分試之。十人中一，多不逾三名，副榜如例。會試初制，滿洲、漢軍進士各二十五，蒙古十。康熙九年，編滿、合字號，如鄉試例，各中四名。嗣亦臨時請旨，無定額。

宗室不應鄉、會試，聖祖、世宗降有明諭。乾隆八年，宗人府試宗學，拔其尤者玉鼎柱等爲進士，一體殿試，是爲宗室會試之始。未久卽停。嘉慶六年，宗室應鄉、會試始著爲令。先期宗人府或奉天宗學考試騎射如例，試期於文闈鄉、會試場前，或場後，或同日，試制藝、律詩各一，一日而畢。鄉試九人中一人。會試，考官酌取數卷候親裁，別爲一榜。殿試、朝考，滿、漢一體，除庶吉士等官有差。

順治十五年，帝以順天、江南考官俱以賄敗，親覆試兩闈舉人，是爲鄉試覆試之始。取順天米漢雯等百八十二名，准會試。江南汪溥勳等九十八名，准作舉人。罰停會試、除名者二十二名。惟吳珂鳴以三次試卷文理獨優，特許一體殿試，異數也。康熙三十八年，帝以北闈取士不公，命集內廷覆試。列三等以上者許會試，四等黜之。五十一年壬辰，順天解元查爲仁以傳遞事覺而逸，帝疑新進士有代倩中式者，親覆試暢春園，黜五人。會試覆試自是始。乾隆間，或命各省督、撫、學政於鄉試榜後覆試，或專覆試江蘇、安徽、江西、浙江、廣東、山西六省丙午前三科俊秀貢監中式者，或止覆試中式進士，或北闈舉人，臨期降旨，無定例。五十四年，貢士單可虹覆試詩失調訛舛，不符中卷，除名。詔旨嚴切，謂「禮闈非嚴行覆試，不足拔眞才、懲倖進」。至嘉慶初，遂著爲令。道光二十三年，定制，各省舉人，一體至京覆試，非經覆試，不許會試。以事延誤，於下三科補行。除丁憂展限外，託故不到，以規避論，永停會試與赴部銓選。覆試期以會試年二月。咸、同間，因軍興道路梗阻，光緒季年，以辛丑條約，京師停試，假闈河南，俱得先會試後覆試，非恆制也。覆試詩文疵謬，詩失粘，擡寫錯誤，不避御名、廟諱、至聖諱，罰停會試、殿試一科或一科以上。文理不通，或文理筆跡不符中卷者黜。乾隆五十八年，中式舉人鄧棻春等八名補覆試，停科者五，斥革者二，監臨俱獲譴。歷科因是黜罰者有之。洎末造益趨寬大，光緒十九年，北闈倩作、頂替中式者至數十人，言官劾舉人周學熙、湯寶霖、蔡學淵、陳步鑾、黃樹聲、萬航六人，下所司舉出錄科中卷不符者，學淵、樹聲、航三人俱斥革，餘覆試無一黜者，監臨各官均免議，而僥倖者接跡矣。

定例各省鄉試揭曉後，依程限解卷至部磨勘，遲延者罪之。蓋防考官闈後修改試卷避吏議也。磨勘首嚴弊倖，次檢瑕疵。字句偶疵者貸之。字句可疑，文體不正，舉人除名。若干卷以上，考官及同考革職或逮問。不及若干卷，奪俸或降調。其校閱草率，雷同濫惡，雜然並登，及試卷不諳禁例，字句疵蒙謬纇，題字錯落，眞草不全，謄錄錯誤，內、外簾官、舉子議罰有差。禁令之密，前所未有也。磨勘官初禮部及禮科主之，康熙間，始欽派大臣專司其事。解額漸廣，試卷日多，於是令九卿公同磨勘。六部官牽於職事，以其餘暇勘校，往往虛應故事。乾隆初，改任都察院科、道五品以上，科甲京堂、中、贊以上翰、詹官，集朝房磨勘。嗣復增編、檢。額定四十人，以專責成。先是磨勘試卷不署名，亦無功過之條。與斯役者，每託名寬厚，不欲窮究。乾隆二十一年，始令磨勘官塡註銜名。二十五年，復增大臣覆勘例，分別議敍、議處，功令始嚴。是年特派秦蕙田、觀保、錢汝誠爲覆勘大臣。事竟，原勘官御史朱丕烈劾其瞻徇，下軍機大臣覈覆。蕙田等實有誤駁及疏漏之處，丕烈亦以彈劾不實，俱下部議。其時磨勘諸臣愼重將事，不稍假借，一變因循敷衍之習。太僕寺卿宮煥文、御史閻循琦、朱稽、朱丕烈，嘉慶初御史辛從益，俱以抉摘精審聞於時。

歷科考官舉子因是譴黜者不乏人，而藉端報復，蓋亦有之。乾隆六十年乙卯，會元爲浙江王以鋙，第二名卽其弟以銜，帝心異之。正總裁侍郎竇光鼐素與和珅不協，且以詆訶後進忤同列，均欲藉以傾之。因摘兩人闈墨中並有「王道本乎人情」語，以爲關節。抑寘以鋙榜末，停其殿試，降光鼐四品休致，鐫副總裁侍郎劉躍雲、祭酒瑚圖禮四級。及廷試傳唱，以銜第一，上意釋然。諭廷臣曰：「此亦豈朕之關節耶？」以鋙後亦入詞館。嘉慶五年，磨勘官辛從益、戴璐於北闈策題、試卷指摘不遺餘力。從益江西籍，向以嚴於磨勘稱。是科江西僅中一人，璐子下第，人謂因是多所吹求。上聞，命二人退出磨勘班。同治間，鴻臚寺少卿梁僧寶復以磨勘過嚴爲人所憚。蓋自磨勘例行，足以糾正文體，抉剔弊竇，裨益科目，非淺鮮也。

庶吉士之選無定額。順治三年，世祖始策貢士於廷，賜一甲三人傅以漸等及第，簡梁清寬等四十六人爲庶吉士。四年、六年復選用。九年，以給事中高辛允言，按直省大小選庶吉士。直隸、江南、浙江各五人，江西、福建、湖廣、山東、河南各四人，山西、陝西各二人，廣東一人，漢軍四人。另榜授滿洲、蒙古修撰、編修、庶吉士九人。自是考選如例。惟滿、蒙、漢軍選否無常。康熙間，新進士得奏請讀書中秘。輒以家世多任館閣，或邊隅素少詞臣爲言。間邀俞允。故自四十五年至六十七年科中，各省皆有館選。世宗令大臣舉所知參用，廷對後，親試文藝。雍正元、二年間，漢軍、蒙古、山西、河南、陝西、湖南及諸邊省每不入選。三年，太常寺少卿李鍾峨疏請分省簡選，廣儲材之路。廷議駁之。五年，詔內閣會議簡選庶常之法，尋議照雍正癸卯科例，殿試後，集諸進士保和殿考試，仍令九卿確行保舉。考試用論、詔、奏議、詩四題。是爲朝考之始。乾隆元年，御史程盛修言：「翰林地居清要，欲得通材，務端始進。自保舉例行，而呈身識面，廣開請託之門；額手彈冠，最便空疏之輩。宜亟停止。」報可。高宗諭禁向來新進士請託奔競、呈送四六頌聯之陋習，旣愼校文藝，復令大臣察其儀止、年歲，分爲三等，欽加簡選。三年，罷大臣揀選例，依省分甲第引見，臨時甄別錄用。後世踵行其制。嘉慶以來，每科庶常率倍舊額，各省無不入選者矣。

凡用庶吉士曰館選。初制，分習清、漢書，隸內院，以學士或侍讀教習之。自康熙九年專設翰林院，歷科皆以掌院學士領其事，內閣學士間亦參用。三十三年，命選講、讀以下官資深學優者數人，分司訓課，曰小教習。六十年，以禮部尚書陳元龍領教習事。厥後尚書、侍郎、閣學之不兼掌院事者，並得爲教習大臣，滿、漢各一。雍正十一年，特設教習館，頒內府經、史、詩、文，戶部月給廩餼，工部供張什物，俾庶吉士肄業其中，尤爲優異。三年考試散館，優者留翰林爲編修、檢討，次者改給事中、御史、主事、中書、推官、知縣、教職。其例先後不一，間有未散館而授職編、檢者。或供奉內廷，或宣諭外省，或校書議敍，或召試詞科，皆得免其考試。凡留館者，遷調異他官。有清一代宰輔多由此選，其餘列卿尹膺疆寄者，不可勝數。士子咸以預選爲榮，而鼎甲尤所企望。康熙間，庶吉士張逸少散館改知縣，遷秦州知州，其父大學士玉書奏乞內用，復得授編修。三十年辛未，上以鼎甲久無北人，親擢黃叔琳一甲三名。叔琳，大興人。雍正間，大學士張廷玉子若靄，廷對列一甲第三，廷玉執不可，上爲抑寘二甲第一，誠重之也。

先是，順治九年，選庶常四十人，擇年青貌秀者二十人習清書，嗣每科派習十數人不等，散館試之。乾隆十三年，修撰錢維城考列清書三等，命再試漢書，始留館。其專精國書者，漢文或日就荒落。十六年，高宗以清書應用殊少，而邊省館選無多，命雲南、貴州、四川、廣東、廣西等省庶吉士不必派習清書，他省視人數酌派年力少壯者一二員或二三員，但循舉舊章，備國朝典制已足。其因告假、丁憂、年齒已長者，例准改習漢書。於是習者日少。道光間例停。穆宗初元，令以治經、治史、治事及濂、洛、關、閩諸儒之書課諸庶常。光緒季年，設進士館，課鼎甲庶吉士及閣部官以法政諸科學，或貲遣游學異國。業成而試，優者授職獎擢。俱未久卽罷。

達官世族子弟，初制一體應試，而中式獨多。其以交通關節敗者，順治十四年，少詹事方拱乾子章鉞應江南試，以與正主考方猶聯族獲中，事覺遣戍。康熙二十三年，都御史徐元文子樹聲、侍講學士徐乾學子樹屏同中順天試，上以是科南皿悉中江、浙籍，命嚴勘。斥革五人，樹聲、樹屏俱黜。三十九年，帝以搢紳之家多佔中額，有妨寒畯進身之路。殿試時，諭讀卷諸臣，是科大臣子弟置三甲，以裁抑之。尋詔定官、民分卷之法，鄉試滿、合字號二十卷中一，直省視舉額十分中一，副榜如之。會試除雲南、貴州、四川、廣西四省外，編官卷二十人中一。未幾罷會試官卷。乾隆十五年，廷臣有以官生過優爲言者，部議仍舊，詔責其迴護，並及吏、禮二部司官編官卷之不當，令再議。始議中額二十五中官卷一，吏、禮部司員及內閣侍讀子弟停編官卷。明年再議，以京官文四品、外官文三品、武二品以上及翰、詹、科、道等官爲限。並減中額，順天十四，浙江六，餘省五至一名。二十三年，大學士蔣溥、學士莊存與復以爲言。令官生大省二十卷中一，中省十五卷，小省十卷中一，滿、蒙、漢軍如小省例，南、北皿如中省例，中皿額中一名，不足一名入民卷。永以爲例。鄉、會試考官、房考、監臨、知貢舉、監試、提調之子孫及宗族，例應迴避。雍、乾間，或另試，或題由欽命，另簡大臣校閱。乾隆九年停其例，並受卷、彌封、謄錄、對讀等官子弟、戚族亦一體迴避矣。

有清重科目，不容倖獲。惟恩遇大臣，嘉惠儒臣耆年，邊方士子，不惜逾格。歷代優禮予告或在職大臣，與夫獎敍飾終之典，賜其子孫舉人、進士，有成例者無論已。至如雍正七年，廷臣遵旨舉出入闈未中式之大學士蔣廷錫子溥、尚書嵇曾筠子璜等十二人，俱賜舉人。侍郎劉聲芳子俊邦以疾未與試，賜舉人，尤爲特典。康熙間，浙江舉人查慎行，江蘇舉人錢名世，監生何焯，安徽監生汪灝，以能文受上知。召試南書房，賜焯、灝舉人。四十二年，賜焯、灝、蔣廷錫進士。六十年，以內廷行走舉人王蘭生、留保學問素優，禮闈不第，俱賜進士。雍正八年，賜江南舉人顧天成、廣東舉人盧伯蕃殿試。乾隆十八年，賜內廷行走監生徐揚、楊瑞蓮舉人。四十三年，助教吳省蘭、助教銜張羲年以校四庫書賜殿試，俱非常例。乾隆以來，凡年七十以上會試落第者，予司業、編、檢、學正等銜。鄉試年老諸生，賜舉人副榜。雍正十一年，詔於雲、貴、廣東西、四川、福建會試落卷，擇文理可觀、人材可用者，拔取時餘等十人，一體殿試，趙繩其等四十人，揀選錄用。乾隆初，揀選如例，則邊省士子猶沐殊恩也。

歷科情形略異者，順治三年，從大學士剛林請，以天下初定，廣收人才，再舉鄉、會試。十六年，以雲、貴新附，綏輯需人，再舉禮部試，均不循子丑之舊。康熙十六年，鄉試順天專遣官，山東、山西、陝西併河南省，湖廣、江西併江南省，福建併浙江省考試。試期九月，十五人中一，不取副榜，亦無會試。江南榜江西無中式者。咸、同間軍興，各直省或數科不試。或數科併試，倍額取中。或一省止試數府、州、縣，減額取中。試期或遲至十月、十一月，不拘成例。順天正主考，初制均差翰林官。康熙初，沿明制，以前一科一甲一名爲之。士子希詭遇者，得預通聲氣。二十年，修撰歸允肅主順天闈，撰文自誓力除積弊，不通關節，榜後下第者譁然，冀興大獄。刑部尚書魏象樞暴其事，浮議始息。制亦尋廢。二年，順天春秋題「郲子」訛「郲人」，罷考官白乃貞等職。士子因書子字貼出者，弘文院官覆試，優者准作舉人，無中式者。雍正元年，順天榜後，命大學士王頊齡等同南書房翰林檢閱落卷，中二人。是年會試覆檢如前，中落卷七十八人。二年，中七十七人。乾隆元年，中三十八人。後不復行。雍正四年，以浙人查嗣庭、汪景祺著書悖逆，旣按治，因停浙江鄉、會試。未幾，以李衞等請，弛其禁。七年，廣東連州知州朱振基私祀呂留良，生員陳錫首告，上嘉之。令是科連州應試完場舉子，由學政遴取優通者四人賞舉人。乾隆四十六年辛丑會試，江南解元錢棨領是科會、狀。嘉慶二十五年庚辰會試，廣西解元陳繼昌亦領是科會、狀，士子豔稱「三元」。有清一代，二人而已。八旗與漢人一體考試，康、乾以來，無用鼎甲者。同治四年，蒙古崇綺以一甲一名及第，光緒九年，宗室壽耆以一甲二名及第，漢軍鼎甲尤多。至歷代捐輸軍饟、賑欵、園庭工程賞舉人，拏獲叛匪及殺賊立功，有貢監給舉人、舉人給進士之例，則又一時權宜之制也。

初，太宗於蒙古文字外，製爲清書。天聰八年，命禮部試士，取中剛林等二人，習蒙古書者俄博特等三人，俱賜舉人。嗣再試之。順治八年，舉行八旗鄉試，不能漢文者試清文一篇，再舉而罷。康熙初，復行繙譯鄉試，自滿、漢合試制舉文，罷繙譯科。雍正元年，詔八旗滿洲於考試漢字生員、舉人、進士外，另試繙譯。廷議三場並試，滿、漢正、副考官各二，滿同考官四。詔鄉試止試一場，或章奏一道，或四書、五經量出一題，省漢考官，增謄錄，餘如文場例。嗣後繙譯論旨，或於性理精義及小學，限三百字命題。乾隆三年，令於繙譯題外作清文一篇。七年，定會試首場試清字四書文，孝經、性理論各一篇。二場試繙譯。凡滿洲、漢軍滿、漢字貢、監生員、筆帖式，皆與鄉試。文舉人及武職能繙譯者，准與會試。先試騎射如例。蒙古繙譯科，雍正九年，詔試蒙古主考官一，同考倍之。初令鄉、會試題，俱以蒙字譯清字四書、章奏各一道。乾隆元年，改譯清文性理小學，與滿洲繙譯同場試，別爲一榜。時應清文鄉試者，率五六百人額中三十三名，應蒙文鄉試者，率五六十人額中六名。原定繙譯鄉、會試三年一次，然會試訖未舉行。乾隆四年，以鄉試已歷六科，八月始行會試。中滿洲二十名，蒙古二名。因人數無多，詔免殿試，俱賜進士出身，優者用六部主事。二十二年，以繙譯科大率尋章摘句，無關繙譯本義，詔停。四十三年，復行鄉試，罷謄錄對讀。明年會試，向例須滿六十人，是科僅四十七人，特准會試，免廷試，如四年例。自是每屆三年，試否請旨定奪。五十二年，更定鄉、會試五年一次，然會闈自五十三年訖嘉慶八年，僅一行之，猶不足定例六十名之數。且槍冒頂替，弊端不可究詰。蒙文嘗以不足七八人停試。雖詔旨諄諄勉以國語騎射爲旗人根本，而應試者終屬寥寥。八年，從侍郎賡音請，復舊制三年一舉以爲常。二十四年，定鄉、會覆試如文闈例。道光八年，罷繙譯同考官，末年始有用庶吉士者。各省八旗駐防，初但應漢文鄉、會試，道光二十三年，改試繙譯，十人中一，三名爲額。宗室應繙譯試，自乾隆時始。別爲一題，中額欽定。

武科，自世祖初元下詔舉行，子午卯酉年鄉試，辰戌丑未年會試，如文科制。鄉試以十月，直隸、奉天於順天府，各省於布政司，中式者曰武舉人。次年九月會試於京師，中式者曰武進士。凡鄉、會試俱分試內、外三場。首場馬射，二場步射、技勇，爲外場。三場策二問、論一篇，爲內場。外場考官，順天及會闈以內大臣、大學士、都統四人爲之。內場考官，順天以翰林官二人，會闈以閣部、都察院、翰、詹堂官二人爲之。同考官順天以科甲出身京員四人，會闈以科甲出身閣、科、部員四人爲之。會試知武舉，兵部侍郎爲之。各直省以總督、巡撫爲監臨、主考官，科甲出身同知、知縣四人爲同考官。外場佐以提、鎭大員。其餘提調、監射、監試、受卷、彌封、監門、巡綽、搜檢、供給俱有定員，大率視文闈減殺。殿試簡朝臣四人爲讀卷官，欽閱騎射技勇，乃試策文。臨軒傳唱狀元、榜眼、探花之名，一如文科。

初制，一甲進士或授副將、參將、遊擊、都司，二、三甲進士授守備、署守備。其後一甲一名授一等侍衞，二、三名授二等侍衞。二、三甲進士授三等及藍翎侍衞，營、衞守備有差。凡各省武生、綠營兵丁皆得應鄉試，武舉及現任營千、把總，門、衞、所千總，年滿千總，通曉文義者，皆得應會試。惟年逾六十者，不許應試。其後武職會試，以武舉出身者爲限。康熙間，欲收文武兼備之材，嘗許文生員應武鄉試，文舉人應武會試，頗滋場屋之弊。乾隆七年，以御史陳大玠言，停文武互試例。

考試初制，首場馬箭射氈毬，二場步箭射布侯，均發九矢。馬射中二，步射中三爲合式，再開弓、舞刀、掇石試技勇。順治十七年，停試技勇，康熙十三年復之。更定馬射樹的距三十五步，中三矢爲合式，不合式不得試二場。步射距八十步，中二矢爲合式。再試以八力、十力、十二力之弓，八十斤、百斤、百二十斤之刀，二百斤、二百五十斤、三百斤之石。弓開滿，刀舞花，掇石去地尺，三項能一、二者爲合式，不合式不得試三場。合式者印記於頰，嗣改印小臂，以杜頂冒。三十二年，步射改樹的距五十步中二矢爲合式。乾隆間，復改三十步射六矢中二爲合式。馬射增地毬，而弓、刀、石三項技勇，必有一項係頭號、二號者，方准合式，遂爲永制。

內場論題，向用武經七書。聖祖以其文義駁雜，詔增論語、孟子。於是改論題二，首題用論語、孟子，次題用孫子、吳子、司馬法。

鄉試中額，康熙二十六年制定，略視各省文闈之半。雍正間小有增減，惟陝、甘以人材壯健，弓馬嫻熟，自康熙訖乾隆，先後各增中額三十名。咸、同間，各省輸餉廣額如文闈例。

綜計順天中額百十，漢軍四十，奉、錦三，江南八十一，福建六十三，浙江、四川各六十，陝西五十九，河南五十五，江西、廣東、甘肅各五十四，山西五十，山東四十八，雲南四十二，廣西三十六，湖北三十五，湖南三十四，貴州二十五。會試中額多或三百名，少亦百名。康熙間，內場分南、北卷，各中五十名。五十二年，始分省取中，臨期以外場合式人數請旨裁定。

嘉慶六年，仁宗以科目文武並重，文闈條例綦嚴，防弊周密，武闈考官面定去取，尤易滋弊，命比照文闈磨勘例，鄉試題名錄將中式武生馬步射、技勇一一詳註進呈。各省交兵部，順天另簡磨勘官覈對。濫中及浮報者懲不貸。覆試始乾隆時。初制從嚴，僅會闈行之。不符者罰停科，考官議處。三次覆試不合式，除名。道光十五年，始覆試順天武舉如會試例。咸豐七年，覆試各省武舉如順天例，然稍從寬典矣。

初制，外場但有合式一格，其中弓馬優劣，技勇强弱，無所軒輊。內場但憑文取中，致嫺騎射、習場藝者或遭遺棄。康熙五十二年，令會試外場擇馬步射、技勇人材可觀者，編「好」字號，密送內簾。內場試官先於好字卷內，擇文理通曉者取中。不足，始於合式卷內選取。雍正二年，從侍郎史貽直言，各省鄉試外場一體別編好字號，嗣於好字號再分雙好、單好。內場先中雙好，次中單好。而合式卷往往千餘人，僅中數人，因之內場槍冒頂替諸弊並作。乾隆二十四年，御史戈濤奏革其弊，於是外場嚴合式之格，內場罷四書論，文理但取粗通者，而文字漸輕。嘉慶十二年，鄉、會試內場策論改默寫武經百餘字，無錯誤者爲合式。罷同考官，遂專重騎射、技勇，內場爲虛設矣。歷代踵行，莫之或易。光緒二十四年，內外臣工請變更武科舊制，廢弓、矢、刀、石，試鎗礮，未許。二十七年，卒以武科所習硬弓、刀、石、馬步射無與兵事，廢之。

滿洲應武科始雍正元年，鄉試中二十名，會試中四名。十二年，詔停，數十年無復行者。嘉慶十八年，復舊制。滿、蒙鄉試中十三名，各省駐防就該省應試，率十人中一，多者十名，少或一名。會試無定額。凡驍騎校，城門吏，藍翎長，拜唐阿，恩騎尉，親軍前鋒，護軍，領催，馬甲，巡捕營千總、把總及文員中書，七、八品筆帖式，廕生，俱准與武生同應鄉試。鄉、會試內、外場與漢軍、漢人一例考試。

清史稿卷一百九

志八十四

選舉四

制科　薦擢

制科者，天子親詔以待異等之才。唐、宋設科最多，視爲優選。清代科目取士，垂爲定制。其特詔舉行者，曰博學鴻詞科、經濟特科、孝廉方正科。若經學，若巡幸召試，雖未設科，可附見也。聖祖敦崇實學，康熙甲辰、丁未兩科，改試策論。旣廷臣以古學不可猝辨，請仍舊制。

十七年，詔曰：「自古一代之興，必有博學鴻儒，備顧問著作之選。我朝定鼎以來，崇儒重道，培養人才。四海之廣，豈無奇才碩彥、學問淵通、文藻瑰麗、追蹤前哲者？凡有學行兼優、文詞卓越之人，不論已仕、未仕，在京三品以上及科、道官，在外督、撫、布、按，各舉所知，朕親試錄用。其內、外各官，果有眞知灼見，在內開送吏部，在外開報督、撫，代爲題薦。」嗣膺薦人員至京，詔戶部月給廩餼。明年三月，召試體仁閣。凡百四十三人，賜燕，試賦一、詩一，帝親覽試卷，取一等彭孫遹、倪燦、張烈、汪霦、喬萊、王頊齡、李因篤、秦松齡、周清原、陳維崧、徐嘉炎、陸棻、馮勗、錢中諧、汪楫、袁佑、朱彝尊、湯斌、汪琬、邱象隨等二十人。二等李來泰、潘耒、沈珩、施閏章、米漢雯、黃與堅、李鎧、徐釚、沈筠、周慶曾、尤侗、范必英、崔如岳、張鴻烈、方象瑛、李澄中、吳元龍、龐塏、毛奇齡、錢金甫、吳任臣、陳鴻績、曹宜溥、毛升芳、曹禾、黎騫、高詠、龍燮、邵吳遠、嚴繩孫等三十人。三、四等俱報罷。命閣臣取前代制科舊事，查議授職。尋議：「兩漢授無常職。晉上第授尙書郞。唐制策高等特授尊官，次等予出身，因有及第、出身之目。宋分五等：一、二等皆不次擢用；三等爲上等，恩數視廷試第一人；四等爲中等，視廷試第三人；皆賜制科出身。五等爲下等，賜進士出身。」得旨，俱授爲翰林官。以光祿少卿邵吳遠爲侍讀。道員、郞中湯斌等四人爲侍講。進士出身之主事，中、行、評、博，內閣典籍，知縣及未仕之進士彭孫遹等十八人爲編修。舉、貢出身之推、知，教職，革職之檢討、知縣及未仕之舉、貢、廕、監、布衣倪燦等二十七人爲檢討。俱入史館，纂修明史。時富平李因篤、長洲馮勗、秀水朱彝尊、吳江潘耒、無錫嚴繩孫，皆以布衣入選，海內榮之。其年老未與試之杜越、傅山、王方穀等，文學素著，俱授內閣中書，許回籍。

雍正十一年，詔曰：「博學鴻詞之科，所以待卓越淹通之士。康熙十七年，特詔薦舉，召試授職，得人極盛。數十年來，未嘗廣爲搜羅。朕延攬維殷，宜有枕經葄史、殫見洽聞、足稱鴻博之選者，當特修曠典，嘉予旁求。在京滿、漢三品以上，在外督、撫、學政，悉心體訪，保題送部。朕臨軒親試，優加錄用。」詔書初下，中外大吏，以事關曠典，相顧遲回。逾年，僅河東督臣舉一人，直隸督臣舉二人，他省未有應者。詔責諸臣觀望。高宗卽位，再詔督促。期以一年內齊集闕下，先至者月給廩餼。

乾隆元年，御史吳元安言：「薦舉博學鴻詞，原期得湛深經術、敦崇實學之儒，詩賦雖取兼長，經史尤爲根柢。若徒駢綴儷偶，推敲聲律，縱有文藻可觀，終覺名實未稱。」下吏部議，定爲兩場，賦、詩外增試論、策。九月，召試百七十六人於保和殿，賜燕如例。試題首場賦、詩、論各一，二場制策二。取一等五人，劉綸、潘安禮、諸錦、于振、杭世駿等，授編修。二等十人，陳兆崙、劉藻、夏之蓉、周長發、程恂等，授檢討；楊度汪、沈廷芳、汪士鍠、陳士璠、齊召南等，授庶吉士。二年，補試體仁閣，首場制策二，二場賦、詩、論各一。取一等萬松齡，授檢討。二等張漢，授檢討；朱荃、洪世澤，授庶吉士。

自康、乾兩朝，再舉詞科，與其選者，山林隱逸之數，多於縉紳，右文之盛，前古罕聞。時承平累葉，海內士夫多致力根柢之學，天子又振拔淹滯，以示風勵，爰有保薦經學之制。乾隆十四年，詔曰：「崇尙經術，有關世道人心。今海宇昇平，學士大夫精研本業，窮年矻矻，宗仰儒先者，當不乏人。大學士、九卿、督、撫，其公舉所知，不限進士、舉人、諸生及退休、閒廢人員，能潛心經學者，愼選毋濫。」尋中外疏薦者四十餘人。帝爲防倖進，下廷臣覆覈，得陳祖范、吳鼎、梁錫璵、顧棟高四人。命呈覽著述，派翰林、中書官在武英殿各繕一部。尋授鼎、錫璵國子監司業，召對勤政殿。祖范、棟高以年老不能供職，俱授司業銜。後不復舉行。

至屬車臨幸，宏獎士林，康熙四十二年、四十四年，聖祖巡幸江、浙，召試士子，中選者賜白金，赴京錄用有差。高宗六幸江、浙，三幸山東，四幸天津，凡士子進獻詩賦者，召試行在。優等予出身，授內閣中書；次者賜束帛。仁宗東巡津、淀，西幸五臺，召試之典，亦如前例。道光以後，科舉偏重時文。沿習旣久，庸濫浮僞，寖失精意。三十年，候補京堂張錫庚請復開博學鴻詞科，以儲人才。禮部議以非當務之急，遂止。

洎光緒中葉，外侮孔棘，海內皇皇，昌言變法。二十四年，貴州學政嚴修請設經濟特科，下總理各國事務衙門會禮部覈議。八月，慈禧皇太后臨朝訓政，以經濟特科易滋流弊，罷之。庚子，京師搆亂，乘輿播遷。兩宮怵於時局阽危，亟思破格求才，以資治理。

二十七年，皇太后詔舉經濟特科，命各部、院堂官及各省督、撫、學政保薦，有志慮忠純、規模閎遠、學問淹通、洞達中外時務者，悉心延攬。並下政務大臣擬定考試事宜。御史陳秉崧奏請力除夤緣積習，詔飭諸臣務矢至公。既三品以下京卿紛紛保送，帝覺其冗濫，適太僕少卿隆恩薦疏，上竟報寢，並命撤銷太常少卿李擢英前保諸人。二十九年，政務處議定考試之制，如廷試例，於保和殿天子親策之。凡試二日，首場入選者，始許應覆試，均試論一、策一。簡大臣考校，取一等袁家穀、張一麐、方履中、陶炯照、徐沅、胡玉縉、秦錫鎮、俞陛雲、袁勵準等九人，二等馮善徵、羅良鑑、秦樹聲、魏家驊、吳鍾善、錢鏻、蕭應椿、梁煥奎、蔡寶善、張孝謙、端緒、麥鴻鈞、許岳鍾、張通謨、楊道霖、張祖廉、吳烈、陳曾壽等十八人。迨授官命下，京職、外任，僅就原階略予陞敍，舉、貢用知縣、州佐，以視康、乾時詞科恩遇，寖不如矣。

三十四年，御史俾壽請特開制科，政務處大臣議以「孝廉方正、直言極諫兩科，皆無實際，惟博學鴻詞科，康熙、乾隆間兩次舉行，得人稱盛。際茲文學漸微，保存國粹，實爲今日急務。應下學部籌議」。時方詔各省徵召耆儒碩彥。湖南舉人王闓運被薦，授翰林檢討。兩江、安徽相繼薦舉王耕心、孫葆田、程朝儀、吳傳綺、姚永樸、姚永概、馮澂等。部議以諸人覃研經史，合於詞科之選，俟章程議定，陳請舉行。未幾，德宗崩，遂寢。

孝廉方正科，始於康熙六十一年，世宗登極，詔直省府、州、縣、衞各舉孝廉方正，賜六品章服，備召用。雍正元年，詔曰：「國家敦勵風俗，首重賢良。前詔舉孝廉方正，距今數月，未有疏聞。恐有司怠於採訪，雖有端方之品，無由上達。各督、撫速遵前詔，確訪舉奏。」尋浙江、直隸、福建、廣西各薦舉二員，用知縣；年五十五以上者，用知州。其後歷朝御極，皆恩詔薦舉以爲常。

乾隆元年，刑部侍郎勵宗萬言：「孝廉方正之舉，稍有冒濫，卽有屈抑。從前選舉各官，鮮克公當。非鄉井有力之富豪，卽宮牆有名之學霸。迨服官後，庸者或以劣黜，黠者或以贓敗。請愼選舉，以重名器。」吏部議准府、州、縣、衞保舉孝廉方正，應由地方紳士里黨合辭公舉，州、縣官採訪公評，詳稽事實。所舉或係生員，會學官考覈，申送大吏，覈實具題，給六品章服榮身。果有德行才識兼優者，督、撫逾格保薦赴部，九卿、翰、詹、科、道公同驗看，候旨擢用。濫舉者罪之。

五年，定考試例。除樸實拘謹、無他技能、不能應試者，例予頂戴，不送部外，其膺薦赴部者，驗看後，試以時務策、牋、奏各一於太和殿門內。道光間，改於保和殿，如考試御史例。

同治初元，明詔選舉，又以知縣黎庶昌條陳，諭令在京四品以上，在外督、撫、學政，各舉所知，不限紳士、布衣，以躬行實踐爲先，毋得專取文詞藻麗者，濫膺盛典。其有年登耄耋，或誠樸無華，足爲里閭矜式，不願來京者，州縣官歲時存問，賜以酒米。光緒六年，定自恩詔日起，予限八年，人文到部。每年二月、八月，各會驗奏考一次，逾限者止許章服榮身，不得與考。

初制授官用知州、知縣，厥後薦舉人衆，乃推廣用途，分別以知縣、直隸州州同、州判、佐雜等官及教職用。知縣得缺視拔貢，教職視大挑二等舉人，餘均分省試用序補。歷朝以來，有司奉行，第應故事。徇情冒濫之弊，臺諫屢以上聞。惟嘉慶朝湖南嚴如熤以對策第一，召見授知縣。咸豐朝湖南羅澤南以書生率湘勇越境勦賊，皆以勳績見稱於時。宣統初，各省所舉多至百數十人，少亦數十人，詔飭嚴行甄覈。選舉之風，於斯濫矣。

清代科目取士外，或徵之遺佚，或擢之廉能，或舉之文學，或拔之戎行，或辟之幕職，薦擢一途，得人稱盛，有足述焉。

太祖肇興東土，選拔英豪以輔大業，委輅杖策之士咸與擢用，或招直文館，或留預帷幄。乙卯十一月，諭羣臣曰：「國務殷繁，必得賢才衆多，量能授職。勇能攻戰者，宜治軍；才優經濟者，宜理國；博通典故者，宜諮得失；嫻習儀文者，宜襄典禮。當隨地旁求，俾列庶位。」時削平諸國，設八旗制，需才亟。太宗卽位，首任儒臣范文程領樞密重事。天聰八年，甲喇章京朱繼文子延慶上書，言：「我朝攻城破敵、斬將搴旗者不乏人，守境治民、安內攘外者亦多見。」因疏舉漢人陳極新、刑部啓心郎申朝紀，足備任使。帝召延慶等御前，溫諭褒獎。命延慶、極新，文館錄用；朝紀仍任部事。九年，諭滿、漢、蒙古各官，薦舉人才，不限已仕、未仕，牒送吏、禮二部，具名以聞。直文館寧完我言：「古者薦舉之條，功罪連坐，所以杜弊端、防冒濫。請自後所舉之人，或功或罪，舉者同之。若其人砥行於厥初，改節於末路，許舉者隨時檢舉，免連坐。」帝嘉納焉。

世祖定鼎中原，順治初元，遣官徵訪遺賢，車軺絡繹。吏部詳察履歷，確覈才品，促令來京。並行撫、按，境內隱逸、賢良，逐一啓薦，以憑徵擢。順天巡撫宋權陳治平三策，首廣羅賢才以佐上理，並薦故明薊遼總督王永吉等。詔廷臣各舉所知。一時明季故臣如謝陞、馮銓、党崇雅等，紛紛擢用。中外臣工啓薦除授得官者，不可勝數。嗣以廷臣所舉，類多明季舊吏廢員，未有肥遯隱逸逃名之士。詔自今嚴責舉主，得人者優加進賢之賞，舛謬者嚴行連坐之罰。薦章止以履歷上聞，才品所宜，聽朝廷裁奪。儻以貲郎雜流及黜革青衿、投閒武弁，妄充隱逸，咎有所歸。若畏避連坐，緘默不舉，治以蔽賢罪。二年，陝西、江南平，詔徵山林隱逸，並故明文、武進士、舉人。山東巡撫李之奇以保薦濫及貲郎，詔旨切責。十三年，江南巡撫張中元薦故明進士陸貽吉、于沚，帝親試之。是年復詔各省舉奏地方人才，給事中梁鋐言：「皇上寤寐求才，詔舉山林隱逸，應聘之士，自不乏人。然采訪未確，有負盛舉。如江南舉呂陽，授監司，未幾以贓敗；山東舉王運熙，授科員，未有建明，以計典去。呂陽等豈眞抱匡濟之才，不過爲梯榮之藉耳。山林者何？謂遠於朝市也。隱逸者何？謂異於趨競也。必得其人，乃當其位。請飭詳加采訪。」疏入，報聞。

順、康間，海內大師宿儒，以名節相高。或廷臣交章論薦，疆吏備禮敦促，堅臥不起。如孫奇逢、李顒、黃宗羲輩，天子知不可致，爲歎息不置，僅命督、撫抄錄著書送京師。康熙九年，孝康皇后升祔禮成，頒詔天下，命有司舉才品優長、山林隱逸之士。自後歷朝推恩之典，雖如例行，實應者寡。

初制，督、撫陞遷離任時，薦舉人才一次。嗣令歲一薦舉，部議大省限十人，小省限三四人，後復改二年薦舉一次。自順治十八年停差巡按，乃定各省巡撫應舉方面有司、佐貳、教官員額，總漕、總河應薦方面有司、佐貳額，亦著爲例。康熙二年，御史張吉午奏：「三年考滿之法，一、二等稱職者，卽係薦舉，請罷督、撫二年薦舉例。」從之。六年，停考滿。用給事中李宗孔言復薦舉，與卓異並行。先是漕、河薦舉例停。十二年，漕督帥顏保請復舊例，每年得舉劾屬吏示勸懲。部議行。因疏薦糧道范周、遲日巽、知縣吳興祚。詔擢興祚福建按察使。

聖祖親政，銳意整飭吏治，屢詔羣臣薦舉天下廉能官。十八年，左都御史魏象樞疏薦清廉，原任侍郎高珩、達哈塔、雷虎、班迪，大理卿瑚密色，侍讀蕭維豫，郎中宋文運，布政使畢振姬，知縣張沐、陸隴其等十人。得旨分別錄用。並諭陸隴其廉能之員，宜任繁劇，如直隸清苑、江蘇無錫等縣，庶可表見其才。十九年，福建巡撫吳興祚薦按察使于成龍天下廉能第一，遷布政使，尋擢直隸巡撫。二十年入覲，帝溫諭褒美。問屬吏中亦有清廉者否？成龍以知縣謝錫袞、同知何如玉、羅京對。未幾，調成龍兩江總督。瀕行，疏薦直隸守道董秉忠、通州知州于成龍、南路通判陳大棟、柏鄉知縣邵嗣堯、阜城知縣王燮、高陽知縣孫宏業、霸州州判衞濟賢，並堪大用。會江寧知府缺，詔即以通州知州于成龍擢補。不數年，擢直隸巡撫。同時兩于成龍，先後汲引，並以清操特邀帝眷，時論稱之。二十三年，諭部臣保舉應補闕差，僉以「有才及謹愼者不乏人，而操守實難知」對。帝曰：「清操如何可廢？如郝浴居官甚好，猶侵蝕錢糧，魏象樞曾薦郝浴，此事安能豫知！朕信部院堂官清操而委任之，堂官亦信司官而委任之。但將有守之人舉出，被舉者自能効力。」是年九卿、詹事、科、道遵旨疏舉清廉：直隸巡撫格爾古德，吏部郎中蘇赫、范承勳，江南學道趙崙，揚州知府崔華，兗州知府張鵬翮，靈壽知縣陸隴其等。二十六年，帝嘉直隸巡撫于成龍清廉，命九卿各舉廉吏如成龍者。大學士等薦雲貴總督范承勳、山西巡撫馬齊、四川巡撫姚締虞。帝謂承勳等居官皆優，但尚有勉强之意。成龍則出自誠心，毫無瞻顧。命加成龍太子少保銜，以勸廉能。四十年，敕總督郭琇、張鵬翮、桑額、華顯，巡撫彭鵬、李光地、徐潮薦道、府以下，知縣以上，淸廉愛民者，勿計罣誤降罰，勿拘本省隣屬，具以名聞。時天子廣厲風節，羣士慕效，吏治丕變。循吏被薦膺顯擢者，先後踵相接。

先是廷臣會推廣西按察使缺，吏部侍郎胡簡敬，淮安人，以推舉淮揚道高成美違例獲譴，至是申禁九卿毋得保舉同鄉及本省官，復限每人歲舉毋逾十人。五十三年，尚書趙申喬舉潮州知府張應詔能耐淸貧，可爲兩淮運使。帝曰：「淸官不係貧富，張伯行家道甚饒，任所日用皆取諸其家，以爲不淸可乎？一心爲國卽好官，或操守雖淸，不能辦事，亦何裨於國？」

六十一年，世宗嗣位。諭曰：「知人則哲，自古爲難。朕臨御之初，簡用人才，或品行端方，或操守淸廉，或才具敏練，諸大臣密奏所知。勿避嫌徇私，沽名市恩，有負諮詢。」又以道、府、州、縣，親民要職，敕總督舉三員，巡撫舉二員，布、按各舉一員，將軍、提督亦得舉一員，密封奏聞。雍正四年，以各省所舉未能稱旨，詔切責之。令各明舉一人，不得雷同。時薦賢詔屢下，帝綜覈名實，賞罰必行。七年，以督、撫、布、按，爲全省表率。命京官學士、侍郎以上，外官藩、臬以上，各密保一人，不拘滿、漢，不限資格，卽府、縣中有信其可任封疆大僚，亦許列薦剡。

高宗重視親民之官，乾隆二年，諭仿雍正時例，督、撫、布、按，各密舉一、二人。次年，復命大學士、九卿舉堪任道、府人員，露章啓奏。八年，詔大學士舉編、檢能任知府者。十四年，命侍郎以上舉能任三品京堂者，尙書以上舉能任侍郎者。其時明揚、密保，並行不廢。科、道行取，自康熙七年復舊制。詔督、撫舉親民之官，賢能夙著者，親加選用。二十九年，詔九卿各舉所知。尙書王騭舉淸苑知縣邵嗣堯，李天馥舉三河知縣彭鵬、靈壽知縣陸隴其，徐元文舉廝城知縣趙蒼璧。及廷推時，帝復問左都御史陳廷敬，廉者爲誰？廷敬亦以隴其、嗣堯天下淸官爲言。時同舉十二人，俱用科、道。得人爲最。乾隆四年，吏部奏請行取，高宗命尙書、都御史、侍郎於各部屬，州、縣內，秉公保舉，如康熙二十九年例。次年，諭「聖祖時如湯斌、陸隴其學問純正，言行相符，陳瓚、彭鵬操守淸廉，治行卓越。天下之大，人材之衆，豈無與數人頡頏者？大學士、九卿其公舉備采擇」。

七年，帝思骨鯁質樸之士，如古馬周、陽城起布衣爲御史者，詔大學士、九卿及督、撫，勿論資格，列名舉奏。嗣諸臣奏到，下吏部定期考試。明年二月，考選御史，試以時務策，帝親取中書胡寶瑔第一。引見，寶瑔、涂逢震等十人用御史，沈瀾發江南補用。既而從御史李清芳奏，選用御史，令吏部將合例人員奏請考試。於是保薦御史例罷。清代未設直言極諫之科，而選擇言官至爲愼重，裨益政治，非淺尠也。

自康、乾兩朝，敦尚實學，一時名儒碩彥，膺薦擢者，尤難悉數。康熙十七年，聖祖問閣臣，在廷中博學能詩文者孰爲最？李霨、馮溥、陳廷敬、張英交口薦戶部郎中王士禎，召對懋勤殿，賦詩稱旨，授翰林院侍講。部曹改詞臣，自士禎始。三十三年，詔大學士舉長於文學者，王熙、張玉書疏薦在籍尚書徐乾學、左都御史王鴻緒、少詹事高士奇。召來京修書。乾學未聞命卒，詔進呈遺書，並召其弟秉義來京。四十五年，大學士李光地薦直隸生員王蘭生入直內廷，尋賜舉人、進士，授編修，洊躋卿貳。歷康、雍、乾三朝，凡天祿秘書，靡不與校勘之役。同時江南何焯，亦以寒儒賜舉人、進士，直南書房，授編修。被劾解官，仍直書局。亦光地薦也。雍正中，侍郎兼祭酒孫嘉淦薦舉人雷鋐學行，爲國子監學正。乾隆初，尚書管監事楊名時薦進士莊亨陽、舉人潘永季、蔡德峻、秦蕙田、吳鼐，貢生官獻瑤、王文震，監生夏宗瀾等，潛心經學，並爲國子監屬官。三十八年，詔開四庫館。延置儒臣，以翰林官纂輯不敷，大學士劉統勳薦進士邵晉涵、周永年，尚書裘曰修薦進士余集、舉人戴震，尚書王際華薦舉人楊昌霖，同典秘籍。後皆改入翰林，時稱「五徵君」。此其著者也。

嘉慶初，和珅敗，仁宗下詔求賢。諭滿、漢大臣，密舉操守端潔、才猷幹濟、居官事蹟可據者，降敕褒擢廉吏劉清，風厲天下。十九年，御史卓秉恬請嚴禁濫保，帝是之。宣宗即位，尚書劉鐶之薦起名儒唐鑑，授廣西知府。四川總督蔣攸銛薦川東道陶澍治行第一，擢按察使。澍好臧否人物，開藩皖中，入覲論奏，侃侃多所舉劾。宣宗疑之。密諭巡撫孫爾準察其爲人，爾準條列善政，密疏保薦。遂獲大用，擢兩江總督。臨歿遺疏薦粵督林則徐繼己任。澍以知人稱，咸、同中興諸名臣，多爲所識拔。

文宗嗣位，詔求直言。侍郎曾國藩疏陳：「本原至計，尤在用人。人材有轉移之道，培養之方，考察之法。」帝嘉納之。詔中外大臣薦舉人才。大學士穆彰阿奏保宗室文彩，聶澐。特旨用京堂。大學士潘世恩疏薦前總督林則徐、按察使姚瑩、員外郎邵懿辰、中允馮桂芬。尚書杜受田首薦則徐及前漕督周天爵。詔起則徐督師，天爵巡撫廣西。侍郎曾國藩薦太常少卿李棠階、郎中吳廷棟、通政副使王慶雲、江蘇淮揚道嚴正基、浙江知縣江忠源。尚書周祖培亦薦棠階、廷棟及郎中易棠等，多蒙擢用。雲貴總督吳文鎔、貴州巡撫喬用遷薦知府胡林翼，擢道員。

咸豐五年，以各省用兵，詔采訪才兼文武、膽識出衆之士。御史宗稷辰疏薦湖南左宗棠，浙江姚承輿，江蘇周騰虎、管晏，廣西唐啓華。命各督、撫訪察，送京引見。是時海內多故，粵寇縱橫。文慶以大學士直樞廷，屢密請破除滿、漢畛域，用人不拘資地。謂漢人來自田間，知民疾苦，熟諳情僞，辦賊當重用漢人。國藩起鄉兵擊賊，戰失利，謗議紛起。文慶獨謂國藩忠誠負時望，終當建非常功，宜專任討賊。又嘗奇林翼才略，林翼以貴州道員留楚帶勇勦賊，國藩薦其才堪大用，勝己十倍。一歲間擢湖北巡撫，文慶實中主之。袁甲三督師淮上，駱秉章巡撫湖南，文慶薦其才，請勿他調，以觀厥成。時論稱之。七年，林翼奏興國處士萬斛泉及其弟子宋鼎、鄒金粟，砥礪廉隅，不求仕進，請予獎勵。詔賞斛泉等七品冠服有差。時軍事方殷，迭飭疆吏及各路統兵大臣奏舉將才。林翼舉左宗棠，予四品京堂，襄辦國藩軍務。沈葆楨、劉蓉、張運蘭，命國藩、林翼調遣。他如塔齊布、羅澤南、李續賓、李續宜、彭玉麟、楊岳斌等，俱以末弁或諸生，拔自戎行，聲績爛然。曾、胡知人善任，薦賢滿天下，卒奏中興之功。

穆宗踐阼，以軍興後吏治廢弛，特擢天津知府石贊清爲順天府尹，諭各省訪察循良，有伏處山林、德行醇備、學問淵通之士，督、撫、學政據實奏聞。尋國藩疏稱常州士民尙節義，城陷與賊相持。其士子多讀書稽古。如候選同知劉翰清，監生趙烈文、方駿謨、華蘅芳，從九品徐壽等，若使閱歷戎行，廓其聞見，有裨軍謀。詔譚廷襄、嚴樹森、左宗棠、薛煥訪求，遣送國藩軍營錄用。

同治元年，諭廷臣曰：「上年屢降旨令保舉人才，各督、撫已將政績卓著人員登諸薦牘。在京如大學士周祖培，大學士銜祁寯藻、翁心存，協辦大學士倭仁，侍郎宋晉、王茂蔭，科道高延祜、薛春藜、郭祥瑞等，各有薦舉。人臣以人事君，不必俟有明詔，始可敷陳。其各臚列事實，秉公保奏。」復屢諭國藩保薦督撫大員。國藩言：「封疆將帥，惟天子舉措之。四方多故，疆臣既有征伐之權，不當更分黜陟之柄，宜防外重內輕之漸，兼杜植私樹黨之端。」帝優詔褒答。

二年，河南學政景其濬奏副貢生蘇源生等學行，授本省訓導。命各學臣訪舉經明行修之士，酌保數人，不爲恆制。九年，浙江學政徐樹銘，以采訪儒修，疏薦已革編修俞樾，請賞還原銜，送部引見；秀水教諭譚廷獻、舉人趙銘、江西拔貢楊希閔等，比照召試博學鴻詞例，予廷試。帝以樹銘私心自用，下部嚴議，鐫四級。此因薦舉獲譴，乃其變也。光緒七年，兩廣督臣張樹聲、撫臣裕寬，薦在籍紳士山西襄陵知縣南海進士朱次琦，國子監典籍銜番禺舉人陳澧篤行。詔予五品卿銜，以勵績學。

十年，以外釁迭啓，時事日艱。諭大學士、六部、九卿、直省將軍、督、撫：「無論文武兩途，有體用賅備，謀勇俱優，或諳習吏治兵事，熟悉中外交涉，或善製船械，精通算術，或饒有機智，饒勇善戰，或諳諫水師及沿海情形者，廣爲訪求，具實陳奏。」二十一年，訪求奇才異能，精天文、地輿、算法、格致、製造學者。二十四年，翰林院侍讀學士徐致靖疏薦工部主事康有爲、刑部主事張元濟、湖南鹽法長寶道黄遵憲、江蘇知府譚嗣同、廣東舉人梁啓超，特予召見。徵遵憲、嗣同至京，賞啓超六品銜，任譯書局事。時德宗親政，激於外勢，亟圖自彊。詔求通達時務人才，中外紛紛薦舉。而草茅新進之臣，刻勵求新，昌言變法矣。未幾黨禍起，慈禧皇太后訓政，有爲竄海外，其弟廣仁及御史楊深秀、軍機章京譚嗣同、林旭、楊銳、劉光第棄市，致靖以黨附下獄禁錮，復追論原保諸臣罪。御史宋伯魯、湖南巡撫陳寶箴，開缺戶部尙書、協辦大學士翁同龢，俱削官永不敍用。禮部尙書李端棻謫戍邊，內閣學士張百熙下部議處。其他言新政者，斥逐殆盡。

迨庚子京師遘亂，越年和議成，兩宮西幸廻鑾，時事日棘。三十三年，詔中外大臣訪求人才，不拘官階大小，有無官職，確知才堪大用，及擅專長者，切實薦舉。派王大臣察驗詢問，出具考語，召見。於時被薦人員，分起赴京，除官錄用者，至宣統間猶未已。然自光緒之季，改訂官制，增衙署，置官缺，破格錄用人員輒以千數，薦擢亦太濫矣。宣統元年，御史謝遠涵言：「變法至今，長官但舉故舊，士夫不諱鑽營。請嚴定章程，以貪劣聞者，反坐薦主，加以懲處。」疏下所司而已。

薦舉不拘流品。清代才臣，以佐雜洊躋開府者，如雍正間之李衞、田文鏡，乾隆間之楊景素、李世傑，政績最著。厥後捐納日廣，起家雜流，膺顯擢者無算，其人大都饒有幹局，以視科目循資遷轉，以資格坐致高位，蓋不侔也。薦舉之尤異者，康熙初，陝西提督王進寶，薦其子用予材武可勝副將，後以功擢總兵，父子同建節鉞。雍正間，雲南總兵趙坤擢貴州提督，請以其子秉鐸爲貴州提標參將，帝允所請。孫嘉淦爲祭酒，舉其弟揚淦爲國子監學正，湖南衡永郴桂道汪樹，且薦其父原任刑部司官澐學問優裕，政事練達，授四川知府。此則舉不避親，其破除成例又如此。

徵辟幕僚，雍正元年詔吏部，嗣後督撫所延幕賓，將姓名具奏，稱職者題部議敘，授之職位，以示砥礪。乾隆元年，侍郎吳應棻以鼓勵賢才，請立勸懲之法。洎道光間，幕友濫邀甄敘，臺諫屢以爲言，詔督、撫、鹽政，一切議敘，不許保列幕友，並嚴禁本省屬員濫充，違者吏部查參議處。然康熙時，布衣陳潢佐靳輔治河，特賜僉事道銜。雍正時，方觀承爲定邊大將軍平郡王記室，以布衣召見，賜中書銜。乾、嘉間，名臣如王杰、嚴如熤、林則徐輩，皆先佐幕而後通籍。迨咸、同軍興，左宗棠、李鴻章、劉蓉等，多以幕僚佐績戎旃，成中興之業。曾國藩總制軍務，幕府號多才，賓從極一時人選，尤卓卓可紀者也。

清史稿卷一百十

志八十五

選舉五

封廕　推選

封贈之制，文職隸吏部，八旗、綠營武職隸兵部。順治間，覃恩及三年考滿，均給封贈。康熙初，廢文、武職考滿封贈。

文職封贈之階，初正一品、特進、光祿大夫，尋改光祿大夫。從一品光祿大夫，後改榮祿大夫。正二品資政大夫。從二品通奉大夫。正三品通議大夫。從三品中議大夫。正四品中憲大夫。從四品朝議大夫。正五品奉政大夫。從五品奉直大夫。正六品承德郎。從六品儒林郎，吏員出身者宣德郎。正七品文林郎，吏員出身者宣議郎。從七品徵仕郎。正八品修職郎。從八品修職佐郎。正九品登仕郎。從九品登仕佐郎。

武職封贈之階，初分三系。一曰滿、漢公、侯、伯封光祿大夫，後改建威將軍。二曰八旗。一品光祿大夫。二品資政大夫。三品通議大夫。四品中憲大夫。五品奉政大夫。六品承德郎，後改武信郎。七品文林郎，後改奮武郎。八品修職郎。九品登仕郎。乾隆三十二年，改同綠旗。三曰綠旗營。封贈官階屢變。初制正、從一品榮祿大夫。正二品驃騎將軍。從二品驍騎將軍。正三品昭勇將軍。從三品懷遠將軍。正四品明威將軍。從四品宣武將軍。正五品武德將軍。從五品武略將軍。正六品昭信校尉。從六品忠顯校尉。後增正七品奮勇校尉。乾隆二十年，改正二品武顯大夫。從二品武功大夫。正三品武義大夫。從三品武翼大夫。正四品昭武大夫。從四品宣武大夫。正五品武德郎。從五品武略郎。正六品武信郎。從六品武信佐郎。正七品奮武郎。三十二年，改正一品建威大夫。從一品振威大夫。增從七品奮武佐郎。正八品修武郎。從八品修武佐郎。八旗與綠營制度始畫一。五十一年，改正一品建威將軍。從一品振威將軍。正二品武顯將軍。從二品武功將軍。正三品武義都尉。從三品武翼都尉。正四品昭武都尉。從四品宣武都尉。正五品武德騎尉。從五品武德佐騎尉。正六品武略騎尉。從六品武略佐騎尉。正七品武信騎尉。從七品武信佐騎尉。正八品奮武校尉。從八品奮武佐校尉。增正九品修武校尉。從九品修武佐校尉。於是文、武官階等級相侔矣。

文、武正、從一品妻封一品夫人。滿、漢公妻爲公妻一品夫人。侯妻爲侯妻一品夫人。伯妻爲伯妻一品夫人。正、從二品夫人。正、從三品淑人。正、從四品恭人。正、從五品宜人。正、從六品安人。正、從七品孺人。正、從八品八品孺人。正、從九品九品孺人。武職八旗八品以下、綠旗營七品以下妻無封。後改綠旗營正七品妻封孺人。

順治五年，定制，凡遇恩詔，一品封贈三代，誥命四軸。二、三品封贈二代，誥命三軸。四、五品封贈一代，誥命二軸。六、七品封贈一代，敕命二軸。八、九品止封本身，敕命一軸。凡軸端一品用玉，二品用犀，三、四品用裹金，五品以下用角。

凡推封之例，順治初制，父祖現任者，不得受子孫封。致仕及已故者許給，願棄職就封者聽。兩子均仕，其父母受封，從其品大者。婦人因子封贈，而夫與子兩有官，亦從其品大者。父官高於子者，嫡母從父官，生母從子官。爲人後者，已封贈祖父母、父母，請以本身妻室封典貤封本生祖父母、父母者，許貤封。康熙五年，定父職高於子者，依父原品封贈。官卑於子者，從子官封贈。武職子現任文職，封贈依文官例。雍正三年，定四品至七品官願將本身妻室封典貤封祖父、母者，八、九品官願貤封父、母者，皆許貤封。三品以上貤封曾祖父、母者，請旨定奪。乾隆間，折中禮制，頗有更定。二十七年諭曰：「子孫官品不及祖、父之崇，則父爲大夫子爲士，記有明文。舊例依祖、父原階封贈，殊未允協，其議改之。」吏部議定文、武官子孫職大，祖、父職小，依子孫官階封贈。祖、父職大，子孫職小，不得依祖、父原品封贈。父官高於子者，生母從子官封贈，嫡母、繼母不得依父官請封，願依子官受封者聽。武職子任文職者亦如之。五十年，定一品至三品官不得貤封高祖父、母，四品至七品官不得貤封曾祖父、母，八品官以下不得貤封祖父、母。

道光以後，捐封例開。二十三年，許三品以上官欲捐請本生曾祖父、母封贈者，得依貤封曾祖父、母例報捐。二十八年，許四品至七品官捐請貤封曾祖父、母，八品官以下捐請貤封祖父、母，均依常例加倍報捐。而限制始廢矣。舊例八、九品官許封父、母，不封本身妻室。應封妻者，止封正妻一人。正妻未封已歿，繼室當封者，正妻亦得追贈。其再繼者不得給封。道光二十三年，許八品以下捐封人員欲捐請及妻室者，加倍報捐。咸豐二年，許京、外文職及捐職人員得先封本身及原配、繼配妻室，再依本身品級爲第三繼妻捐封。四年，並從部議，第三繼妻以後，誼同敵體，亦許依次遞捐矣。舊例仕宦至三品，幼爲外祖父、母撫養，其外祖父、母歿無嗣者，許依其官階貤贈，其餘外姻不許貤封。道光二十三年，許捐封人員爲其受恩撫養之母舅、舅母、姑夫、姑母、姨夫、姨母、妻父、妻母依貤封外祖父、母例，捐請貤封。咸豐三年，並許貤封曾祖父、母，伯叔祖父、母，伯叔父母，庶母，兄、嫂並嫡堂伯叔祖父、母，嫡堂伯叔父、母，嫡堂兄、嫂，從堂、再從堂尊長及外曾祖父、母，外祖父、母，妻祖父、母。按例定品級，一體捐請。又許爲人婦者，爲其已故夫之祖若父捐職請封。爲人後者，爲祖若父貤封其先人，展轉推衍，而經制蕩然矣。

加級請封之制，其初限制亦嚴。順治初，凡恩詔加級者，以新加之級給封。康熙五十二年，定例七品以下加級請封，不得逾五品，五、六品不得逾四品，三、四品不得逾二品，捐級不得計算。乾隆間，外官加級不論新舊，不得依加級請封。五十年，部議京官八品以下，得依加級請五品封，不惟逾分，亦覺太優。嗣後八品以下不得逾七品，在外未入流不得給封，願捐納榮親者，許其捐封。從之。嘉慶後，限制漸寬。京、外官恭遇覃恩，許報捐新級請封。議敍三、四品職銜人員，加級捐請二品封典，許加倍納銀，按現任及候補、候選例給封。咸豐初，推廣捐例，京、外各官及捐職人員，由加級及捐加之級捐封者，現任及候補、候選三、四品官，許捐至二品。其五、六品加等捐請三品封者，依常例加倍報捐。加等捐請至二品者，依四品職銜得捐二品封例，加倍半報捐。其七品加等捐請三、四品封，八品以下加等捐請五、六品封，均依常例，分別加倍報捐。十年，定三品人員加級捐封，按一品人員銀數加倍，許給從一品封。二、三品虛銜人員捐從一品封，應按二、三品實職銀數加成或加倍報捐。其有爲外姻捐從一品封者，許各按二、三品實職虛銜銀數，再行分別加成報捐。

陵夷至光緒中，御史李慈銘疏曰：「治國之要，惟賞與罰。罰固不可稍踰，賞亦豈可或濫！康熙、乾隆兩朝，享國久長，慶典武功，僂指難盡。其時內外臣工，屢逢恩詔，論功行賞，班序秩然，未有越等者。今則外官道員多至二品，其封皆至一品矣。知府、同知多加三品，其封皆至二品矣。牧、令大半四品，簿、尉大半五、六品，其封率至三、四品矣。夫爵賞者，人君所以進退賢愚，人臣所以奔走吏士。得之太易，則人不知恩，予之太驟，則士無由勸。尊卑不別，等級不明，長僞士之浮囂，惑小民之觀聽，非所以尊朝廷、清流品也。」奏上，亦未殺減。

厥後外患頻仍，人才缺乏。二十六年，詔停報捐實官，而虛銜封典報捐如故。宣統元年，吏部議定條例，京官依加級、外官依本任請封，頗欲規復舊制，格不得行。明年，改定京官依加級，外官依加銜，五品人員許請至三品封贈，八品人員許請至六品封贈。欲稍事補救，而積重難返矣。

廕敍之制，曰恩廕，曰難廕，曰特廕。恩廕始順治十八年，恩詔滿、漢文官在京四品、在外三品以上，武官在京、在外二品以上，各送一子入監。護軍統領、副都統、阿思哈尼哈番、侍郎、學士以上之子爲廕生，餘爲監生。初制，公、侯、伯予一品廕，子、男分別授廕。雍正二年改世職俱依三品予廕。乾隆三十四年，定公、侯、伯依一品，子依二品，男依三品予廕。

雍正初，定例廕生、廕監生通達文義者，交吏部分各部、院試驗行走。其十五歲以上送監讀書者，年滿學成，咨部奏聞，分部、院學習。又令文、武廕、監生通達文理者，遵例考試，以文職錄用。其幼習武藝，人材壯健，願改武職者，呈明吏部，移兵部改廕。

考試之法，雍正三年，令廕生到部年二十以上者，奏請考試引見。乾隆十一年，定考試以古論及時務策，欽派大臣閱卷，評定甲乙，進呈御覽。文理優通者，交部引見。荒謬者，發回原籍讀書，三年再試。歷代遵例行。光緒三十一年，免漢廕生考試如滿員例。

錄用之法，漢廕生有內用、外用、改武職用三途。內用者，雍正元年定制，尚書一品用員外郎，侍郎二品用主事，總督同尚書，巡撫同侍郎。七年，改定正一品用員外郎、治中，從一品用主事，正二品用主事、都察院經歷、京府通判，從二品用光祿寺署正、大理寺寺副，正三品用通政使司經歷、太常寺典簿、中、行、評、博，從三品用光祿寺典簿、鑾儀衞經歷、詹事府主簿、京府經歷，四品廕生與捐納貢監考職者一例，輪班選用。乾隆七年，定左都御史廕同尚書。同治十年，定河道總督廕用員外郎、主事。宣統間，改革官制，裁撤各官，以相當品級改用。外用者，乾隆間定制，正一品用府同知，從一品用知州，二品用通判，三品用知縣，漢世職子爵用知縣，終清世無變更。改武職用者，雍正間定制，在京一品尚書等官，在外總督、將軍，廕生用都司銜管都司。二品侍郎等官，巡撫、提督，用署都司銜管都司。三品副都御史等官，布政使、總兵官，用守備銜管守備。按察使、加一品銜副將，用署守備銜管守備。二品銜副將，用守禦所千總。乾隆間定漢子爵三品用千總，男爵四品用把總。

漢軍錄用，康熙十二年原定一品用員外郎，二品用大理寺寺正、知州。雍正七年，用知州者以主事改補。乾隆五年，定三品用七品筆帖式，四品用八品筆帖式。宣統元年，吏部奏言：「漢文、武官廕生，按品級正、從授職，滿廕生不分正、從。漢廕生引見，以內用、外用擬旨，滿廕生以文職侍衞旗員擬旨。惟光緒三十二年以後，漢員一體簡授，旗職若現任都統、副都統，廕生依滿例給廕，不無窒礙。擬請原係尚書、侍郎改授升授者，都統依漢尚書例，副都統依漢侍郎例，三品以下京堂、監司升授之副都統，依漢正二品例，仍以內用、外用擬旨。」允之。

初制，非現任官不得廕，內務府佐領以下官不給廕。康熙六年，定各官不論級銜，均依實俸廕子，是年始許內務府佐領以下官子弟給廕。十二年，並許原品解任食俸者給廕。先是康熙三年定廕、監生已得官及科目中式者，不得補廕。乾隆四十五年改定嫡長子孫有科名尚未選用，及有職銜願承廕者，許補廕。道光以後，捐例宏開，既得官職，仍許補廕。銓選混淆，倖進滋多。

光緒二十二年，御史熙麟奏言：「吏部銓選，以奉特旨人員統壓各班，然如廕生暨及歲引見之員，曾捐道府，引見奉諭仍以道府選用者，本係捐班，部章竟歸特旨班銓選。比年以來，率皆營私取巧，預捐道府，爲他日例邀特旨統壓各班之地。致使同一廕生暨及歲人員，而廉吏兒孫，輿嗟力薄，紈袴子弟，遑志貪緣，於世道人心，大有關係。請以此等人員加捐道、府者，與捐納人員同班銓選。」下部議行。

難廕，順治三年定制，官員歿於王事者，依應升品級贈銜，並廕一子入監讀書，期滿候銓。康熙十八年定殉難官依本銜廕子，不依贈銜。雍正十二年，奏定官員因公差委，在大洋、大江、黃河、洞庭、洪澤等湖，遭風漂歿者，依應升品級廕、贈，在內洋、內河漂歿者，減等廕、贈，八品以下，贈銜不給廕。乾隆六十年定官員隨營任事，催餉盡力，因病身故者，依內洋、內河漂歿例廕、贈。道光二十三年，許八品以下官因公漂歿及軍營病故者，贈銜，廕一子監生，許應試，不得銓選。光緒二年奏定現任官遇賊殉難及軍營病故，如係以何種官階升用、補用、卽用並捐保升銜者，依升階、升銜、贈銜，依實官給廕。候補、候選者，依現任官廕、贈。休致、告病者，依原官廕、贈。降調者，依所降官廕、贈。已揀選之舉人，就職、就教之恩、拔、副、歲、優貢生，並考有職銜之捐納貢監生，各按品級，依現任官廕、贈。未經揀選舉人，依七品例。恩、拔、副、歲、優貢生依八品例。廩、增、附文生員依九品例廕、贈。虛銜頂戴人員，止予贈銜，不給廕。

乾隆以前，旗員效力行間，懋著勞績，及臨陣捐軀者，其子孫例得世職。年未及歲，已承襲未任職者，給半俸。綠營員弁陣亡議卹，僅得難廕而已。乾隆四十九年詔曰：「旗員及綠營人員，效命疆埸，同一抒忠死事，何忍稍存歧視。嗣後綠營員弁軍功議敍卹賞，仍依舊例。陣亡人員，無論漢人及旗人，用於綠營者，一體給予世職。襲次完時，依例酌給恩騎尉，俾賞延於世。」自是漢員死難者，亦多得世職矣。

凡殉難贈銜，總督加尚書銜者，贈太子少保銜。巡撫加副都御史銜者，贈左都御史銜。布政使贈內閣學士銜。按察、鹽運使贈太常寺卿銜。道員贈光祿寺卿銜。知府贈太僕寺卿銜。同知、知州、通判贈道銜。知縣贈知府銜。教諭、訓導贈國子監助教、學錄銜。其餘各官，按品級比例加贈。光緒二年，定內洋、內河漂歿及軍營病故者，減等贈銜。惟總督、巡撫、布政使，無庸議減，仍減等給廕。

凡給廕，康熙間定制，三品以上廕知州，四品以下至通判廕知縣，布政、按察、都轉鹽運三司首領官及州、縣佐貳六品、七品官廕縣丞，八品、九品官廕縣主簿，未入流廕州吏目。光緒二年，定遇賊殉難官給廕如康熙舊制。惟知縣廕州判，軍營病故及因公漂歿者，減等廕子。武職難廕，有都司、守備、千總、把總，與恩廕改用武職同。凡給世職，陣亡提督，依參贊、都統例，給騎都尉兼一雲騎尉。總兵官依副都統例，給騎都尉。副將以下，把總、經制、外委以上，依參領以下及有頂戴官以上例，俱給雲騎尉。應襲人員年十八歲者，送部引見，發標學習。未及歲者給半俸，及歲補送引見。光緒間，部章恩廕許分發，難廕不得援例。二十二年，熙麟奏言：「恩廕旣分部並外用，待之已優，又予分發，難廕專外用，待之已絀，又不予分發，殊失其平。今時事多艱，需人孔亟。正賴鼓天下忠義之氣，俾臨難毋苟。顧於恩廕則爲顯宦兒孫擴功名之路，於難廕不爲忠臣後裔開一綫生機，是使國殤飮恨於重泉，忠義灰心於臨事。請飭部臣援恩廕外用例，一體分發補用。」下部議行。

特廕，乾隆三年詔曰：「皇考酬庸念舊，立賢良祠於京師。凡我朝宣勞輔治完全名節之臣，永享禋祀，垂譽無窮。其子孫登仕籍者固多，或有不能自振、漸就零落者，朕甚憫焉。其旁求賢良子孫無仕宦者，或品級卑微者，各都統、督、撫，擇其嫡裔，品行材質可造就者，送部引見加恩。」四十七年，原任廣西巡撫、滅寇將軍傅弘烈曾孫世海等，降旨錄用。嘉慶四年，追贈已故御史曹錫寶副都御史，依贈銜給予其子廕生。歷代眷念功臣後嗣，恩旨屢頒。光緒季年，海內多故，因思將帥有功之臣，詔曰：「咸、同以來，髮、捻、回匪，次第戡定。文武大員，勳績卓著。懋賞酬庸，閱時五十餘年。各勳臣子孫，名位顯達者，固不乏人；而浮沉下位，伏處鄉里者，亦復不少。」令各督、撫、都統詳察勳臣後裔，有無官職，彙列上聞。軍機大臣繕單呈覽。前西安將軍多隆阿次孫壽慶、曾孫奎弼，湖北提督向榮曾孫楷、迺全，安徽巡撫江忠源孫愼勳、曾孫勤培，布政使銜、浙江寧紹台道羅澤南孫長耿、曾孫延祚，協辦大學士、四川總督駱秉章孫懋勳、曾孫毓樞，江南提督張國樑孫繩祖、繼祖，巡撫銜、浙江布政使李續賓孫前普、曾孫正繩，兵部尚書彭玉麟次孫見綏、曾孫萬澂，陝甘總督楊岳斌子正儀、孫道澂，四川提督鮑超次子祖恩、孫世爵，署安徽巡撫、布政使李孟羣孫興仁、興孝，江西南贛鎭總兵程學啓嗣子建勳，廣東提督劉松山孫國安、曾孫家琨，貴州提督馮子材次子相華、孫承鳳等，命各按官級升用。湖南提督塔齊布，令訪明立嗣，奏請施恩。其明年，又詔開列勳績最著之臣，前雲貴總督劉長佑，臺灣巡撫、一等男劉銘傳，贈布政使、道員王鑫，綏遠城將軍福興，福建陸路提督、一等男蕭孚泗，記名提督、一等子、河南歸德鎭總兵李臣典，浙江提督鄧紹良，都統銜、廣東副都統烏蘭泰，署廣西提督、甘肅肅州鎭總兵張玉良，工部左侍郎呂賢基，漕運總督袁甲三，都察院副都御史、江西巡撫張芾，署貴州巡撫韓超，布政使銜、福建督糧道趙景賢，雲南鶴麗鎭總兵朱洪章，直隸提督郭松林，廣東等省巡撫蔣益澧，布政使銜、江南道員溫紹原，署安徽廬鳳潁道金光筯，護軍統領恆齡，新疆巡撫、一等男劉錦棠，記名提督、廣西右江鎭總兵張樹珊，贈布政使銜、升用知府、天津知縣謝子澄，令各都統、督、撫訪明有無後嗣，有何官職，請旨施恩。若夫乾隆四十八年錄用明臣經略熊廷弼五世孫世先，督師袁崇煥五世孫炳，則推恩特廕勝代忠臣後裔，尤曠典也。

任官之法，文選吏部主之，武選兵部主之。吏部四司，選司掌推選，職尤要。凡滿、漢入仕，有科甲、貢生、監生、廕生、議敍、雜流、捐納、官學生、俊秀。定制由科甲及恩、拔、副、歲、優貢生、廕生出身者爲正途，餘爲異途。異途經保舉，亦同正途，但不得考選科、道。非科甲正途，不爲翰、詹及吏、禮二部官。惟旗員不拘此例。官吏俱限身家清白，八旗戶下人，漢人家奴、長隨，不得濫入仕籍。其由各途入官者，內則修撰、編、檢、庶吉士、主事、中書、行人、評事、博士，外則知州、推官、州縣教授，由進士除授。內閣中書、國子監學正、學錄、知縣、學正，由舉人考授及大挑揀選。小京官、知縣、教職、州判，由優、拔貢生錄用。員外郎、主事、治中、知州、通判，由一、二品廕生考用。此外貢監生考職，用州判、州同、縣丞、主簿、吏目、京通倉書、內閣六部等衙門書吏、供事，五年役滿，用從九品未入流。禮部儒士食糧三年，用府檢校、典史。吏員考職，一等用正八品經歷，二等用正九品主簿，三、四等用從九品未入流。官學生考試，用從九品筆帖式、庫使、外郎。俊秀識滿、漢字者考繙譯，優者用八品筆帖式。厥後官制變更，略有出入。其由異途出身者，漢人非經保舉、漢軍非經考試，不授京官及正印官，所以別流品、嚴登進也。

凡內、外官分滿洲缺、蒙古缺、漢軍缺、漢缺。滿洲又有宗室、內務府包衣缺。其專屬者，奉天府府尹、奉錦、山海、吉林、熱河、口北、山西、歸綏等道缺。各直省駐防官、理事、同知、通判爲滿洲缺。唐古特司業、助教、中書、游牧員外郎、主事爲蒙古缺。欽天監從六品秋官正爲漢軍缺。宗人府官爲宗室缺。內務府官爲內務府包衣缺。此外京師各衙門、陵寢衙門、盛京五部、各直省地方俱設額缺。滿洲京堂以上缺，宗室漢軍得互補。漢司官以上缺，漢軍得互補。外官蒙古得補滿缺，滿、蒙包衣皆得補漢缺。惟順天府府尹、府丞，奉天府府丞，京府、京縣官，司、坊官不授滿洲。刑部司官不授漢軍。外官從六品首領，佐貳以下官不授滿洲、蒙古。道員以下不授宗室。其大凡也。

官吏論俸序遷曰推陞，不俟俸滿遷秩曰卽陞。內而大學士至京堂，外而督、撫、藩、臬，初因明制由廷臣會推。嗣停會推，開列題請。太常、鴻臚、滿洲少卿，開列引見。不開列，以應陞員擬正、陪引見授官曰揀授，論俸推取二十人引見授官曰推授。京司官、小京官、筆帖式，分留授、調授、揀授、考授，皆引見候旨，餘則選。外官布政使、按察使開列，運使請旨。道府缺有請旨、揀授、題授、調授、留授，餘則選。廳、州、縣缺同道、府，無請旨者。佐雜、教職、鹽官，要缺則留，餘或咨或選。初京司官缺，題、選無定例，長官以意爲進退。久之，員缺率由題補，而應陞、應補、應選者多致沈滯。乾隆九年，詔以各司題缺咨部註册，餘缺則選，不得混淆。於是定各部各司漢郎中、員外郎、主事各幾缺題授，餘若干缺則選。道光間，更定題補缺額，嗣各部時有增益。順治十二年，詔吏部詳察舊例，參酌時宜，析州、縣缺爲三等，選人考其身、言、書、判，亦分三等，授缺以是爲差。厥後以衝、繁、疲、難四者定員缺緊要與否。四項兼者爲最要，三項次之，二項、一項又次之。於是知府、同、通、州、縣等缺，有請旨調補、部選之不同。

凡選缺分卽選、正選、插選、併選、抵選、坐選，各辨其積缺不積缺，到班者選之。選班有服滿、假滿、俸滿、開復、應補、降補、散館庶吉士、進士、舉、貢、廕生、議敍、捐納、推陞。大選雙月，急選單月。滿、蒙、漢軍上旬，漢官下旬，筆帖式中旬。初制，選人均到部投供點卯，已而例停，令各回籍，部查年月先後掣選，寄憑赴任。康熙二年，給事中于可託言：「寄憑旣慮頂冒，遠省選人往返輒經年。遇有事故，繳憑更選，亦復需時。懸缺遲久，刻署員肆貪，催新任速赴者，連章見告。宜仍令人文到部，按次銓選。」八年，御史戈英復以爲言。議行。自是應選者悉赴部投供點卯，爲永制。聖祖念選人一時不能得官，往往飢寒旅邸，令吏部截留一年選人留京，餘聽回籍。御史田六善言：「半載以來，截留推官八十選一人，知縣三百選三十一人，餘須守候三、四年。陪掣空籤，選期難料。當按名挨掣實籤，臨選前兩月投供。」下部議，罷按月點卯及掣空籤，詔減半截留人數。選人投供，初於應選前月十五日，距選期近，出缺美惡易滋弊。後改每月初一日投供，間一選期銓補，著爲令。選人得缺，初試以八股時文，尋罷。改書履歷三百字，條列治民厚俗、催科撫字、讞獄聽訟諸方法，謂之條陳。補任、陞任，並須敷陳舊任地方利弊。然條陳多倩作，或但作頌聖語，其制未久亦廢。選人例由吏部會九卿驗看，後增科、道、詹事。康熙二十七年，從御史荆元實言，令州、縣、同、通等官掣缺後，俱隨本引見，後世踵行焉。故事，大臣驗看月官，查有行止不端、出身不正、祖父有錢糧虧空或人缺不相當者以聞。乾隆時，月官有人缺不稱，引見時帝輒爲移易，頗足劑銓法之窮。十年，引見月官，帝以知縣周仲等四人衰頹，特降教職。十二年，復親汰衰庸不勝知縣四人，而切責驗看諸臣之不糾舉。厥後分發、候補、試用之州、縣、同、通，且一體引見，不限實官。久之，州、縣、同、通在外補官，及雜職分發，並得援例捐免引見，驗看益視爲具文，無足輕重矣。

內、外官互用，本有成例。初行內陞、外轉制。在內翰、詹、科、道四衙門品望最淸，陞轉特異他官。編、檢遷中允、贊善曰開坊，他若翰、詹、坊、局、國子監堂官、京堂，俱得陞調，大考上第，擢尤不次。外轉例始順治十年，詔定少詹事以下二十一員用司、道，治行優者，內擢京堂。尋更定正、少詹事用布政，侍讀學士用按察，中允用參政，編、檢用副使。十八年，復定侍讀以下每年春秋外轉各一員，讀、講用參政，修撰用副使，編、檢用參議。未幾例停。康熙二十五年，甄別翰林官平常者，外用同知、運副、提舉通判。二十八年，編修李濤外簡知府，翰林官授知府自濤始。三十七年，左都御史吳涵言編、檢陞轉遲滯，請破格外用，照編修李濤、檢討汪楫例，補知府一、二人。若破格改授，請照少詹王士禎、徐潮，侍讀顧藻，編修王九齡例，用副都御史、通政使。帝納其言，爲授檢討劉涵知府。雍正初，以編、檢、庶吉士人多，內用科、道、吏部，外用道、府、州、縣，以疏通之。嗣是編、檢率內陞坊缺，用科、道，外授道、府，以爲常。吏部六官之長，初定司官內陞、外轉歲各一人。已，罷其制。康熙八年，用御史余縉言復之。四十年，例復停，與他部司員一體較俸。給事中陞轉歲一次，御史倍之，外簡道、府，內擢京堂。五十九年，詔定歷俸制，由編、檢、郎中授者限二年，員外郎或主事授者遞增一年。乾隆十六年，定科、道三年陞轉一次，五十五年停其例。內官外用，京察外有截取保送，皆俟俸滿保送。分發截取，則選繁簡，由長官定之。府、牧、令、丞、倅皆得以其班次改外。外官內陞，初定司、道歲三人，漢人以科目出身，且膺卓異、俸薦俱優者爲限。

知縣行取，蓋仿明制，初有薦推、知皆得考選科、道。康熙間屢詔部臣行取賢能，內用科、道。吳江知縣郭琇、清苑知縣邵嗣堯、三河知縣彭鵬、靈壽知縣陸隴其、麻城知縣趙蒼璧，皆以大臣薦舉，行取授御史，得人稱最。四十三年，川撫能泰請罷督、撫保題例，帝韙之。詔嗣後知縣無錢糧盜案者，省行取三、四員。明年，御史黃秉中言知縣考選科、道，殊覺太驟。廷議停止。尋定行取三年一次，直隸、江南、湖廣、陝西各五員，餘省三員、一員不等，以主事補用。雍正間，刑部尚書徐本請復行取御史舊制，格於部議。行取官用主事者，初選補猶易，後與捐納間補，遂病壅滯。乾隆元年，令視武官保舉註册例，仍留本任。已赴京者，許外補同知。時各省視行取爲具文，例以無參罰之次等州、縣應選，十六年罷之。洎光緒季年，令州、縣以上實官及曾署缺者，一體考試御史。非復行取遺意，亦行之未久而罷。

銓選按格擬註，憑籤掣缺，拘於成例，歷代間行保薦制，以補銓法之不逮。順治初，定保舉連坐之法。十二年，以直隸保定、河間，江南江寧、淮、揚、蘇、松、常、鎭，浙江杭、嘉、湖、紹等三十府，地方緊要，詔京、外堂官、督、撫各舉一人備簡，不次擢用。已，有以貪庸敗者，給事中任克溥言：「皇上對天下知府中權其繁劇難治者三十，許二品以上官薦舉，破格任用。爲時未久，以貪劣劾罷者數人。諸臣不能仰承聖意，秉公愼選，乞下吏議。」從之。康熙七年，詔部、院滿、漢官才能出衆者，許不計資補用。明年，吏部請罷保薦，仍循俸次陞轉，以杜鑽營賄賂。報可。四十年，令總督郭琇、張鵬翮，巡撫彭鵬、李光地等，各舉道、府、州、縣惠愛清廉者以聞。世宗御極，屢詔京、外大臣薦舉道、府、同、通、州、縣，所舉非人，輒遭嚴譴。戶部尚書史貽直言：「遷擢宜循資格，資格雖不足以致奇士，而可以造中材。捐棄階資，俾進者不以爲奬勵之公，而陰喜進取之獨巧；沈滯者不自咎才智之拙，而徒怨進身之無階。請照舊例，循階按級，以次銓除。果才猷出衆，治行卓越，仍許破格薦擢。」從之。乾隆間，厲行保薦之法，司、道、郡守，多由此選。宣宗初元，郎中鄭裕、知府阿麟、唐仲冕，皆以大臣推舉，陟方面、擢疆圻。歷代相沿，率以薦賢舉能責諸臣工，間亦破格任用。初京職簡道、府，疆吏察其才不勝任，疏請調京任用，多邀俞允。乾隆初，廷臣有以衰廢之人不宜復玷曹司爲言者，詔切止之。嗣是外官才力不及者，但有休致、降補，無內用矣。

官吏陞轉論俸，惟外官視年勞爲差，異於京秩。在外有邊俸，有腹俸。腹俸之道、府、州、縣佐貳、首領官，五年無過失，例得遷擢。邊俸異是。廣東崖州、感恩、昌化、陵水等縣，廣西百色、太平、寧明、明江、鎮安、泗城、凌雲、西隆、西林等府、廳、州、縣及忠州、河池等數十雜職，爲煙瘴缺。雲南元江、鶴慶、廣南、普洱、昭通、鎮邊等府通判、同知，鎮雄、恩樂、恩安、永善、寧洱、寶寧等州、縣，貴州古州兵備道，黎平、鎮遠、都勻、銅仁等府同知，清江、都江、丹江通判，永豐知州，荔波知縣，四川馬邊、越巂同知，爲苗疆缺。俱三年俸滿，有政績、無差忒者，例卽陞用。江蘇太倉、上海等十縣，浙江仁和、海寧等十七縣，山東諸城、膠州等七州、縣，廣東東莞、香山等十三縣，福建閩侯等九縣，爲沿海缺。直隸良鄉、通州等十二州、縣，河南祥符、鄭州等十一州、縣，山東德州、東平等十三州、縣，江南山陽、邳州等十三州、縣，爲沿河缺。歷俸陞擢，與邊俸同。邊疆水土惡毒，或不俟三年即陞。其水土非甚惡劣，苗疆非甚緊要者，陞遷或同腹俸。乾隆間，定邊缺、夷疆、海疆久任之制，陞用有須滿八年或六年者，則爲地擇人，不拘牽常例也。

選班首重科目正途。初制，進士知縣惟雙月銓五人，選官有遲至十餘年者。雍正二年，侍郎沈近思請單月復銓用四人。於是需次二、三年即可得官。舉、貢與進士雖並稱正途，而軒輊殊甚。順治間，貢生考取通判，終身無望得官。乾隆間，舉人知縣銓補，有遲至三十年者。廷臣屢言舉班壅滯，然每科中額千二百餘人，綜十年計之，且五千餘人，銓官不過十之一。謀疏通之法，始定大挑制。大挑六年一舉行，三科以上舉人與焉。欽派王大臣司其事，十取其五。一等二人用知縣，二等三人用學正、教諭。用知縣者，得借補府經歷、直隸州州同、州判、縣丞、鹽庫大使。用學正、教諭者，得借補訓導。視前爲疏通矣。異途人員，初與正途不相妨。康熙初，生員、例監、吏員出身官，須經堂官、督、撫保舉，始陞京官及正印官。無保舉者，郎中、員外郎、主事以運同、府同知分別補用。漢軍捐納官，朝考後方得授官。十八年，復令捐納官蒞任三年稱職者，題請陞轉，否則參劾，以示限制。自二十六年，以宣大運輸，許貢監指捐京官正印官者，捐免保舉。尋復許道、府以下納貲者，三年後免其具題，一例陞轉。於是正途、異途始無差異。乾、嘉以後，納貲之例大開，洎咸、同而冗濫始甚。捐納外復有勞績一途，捐納有遇缺儘先花樣，勞績有無論題選咨留遇缺卽補花樣，而正途轉相形見絀。甲榜到部，往往十餘年不能補官，知縣遲滯尤甚。光緒二年，御史張觀準條上疏通部員之法：一，捐納部員勿庸減成；一，主事俸滿卽准截取；一，散館主事儘數先選；一，進士主事准以知縣改歸原班銓選。報可。順天府府尹蔣琦齡亦言各省卽用知縣，不但無補缺之望，幾無委署之期，至有以得科名爲悔者。廷臣多以進士知縣壅滯，紛請變更成例，帝輒下所司覈議。十六年，御史劉綸襄言：「近日諸臣條奏選補章程，吏部議覈，日不暇給。朝廷設官，惟期任用得人，以資治理，非能胥天下仕者使盡償所願也。國家缺額有定，士子登進無窮。安得如許美官，以待縈情膴仕之人？徒滋紛擾，無濟於事。」帝爲下詔切止之。是時異途競進，疆吏多請停分發。吏部以仕途倖濫，申多用科甲之請。勢已積重，不能返也。

滿人入官，或以科目，或以任子，或以捐納、議敍，亦同漢人。其獨異者，惟筆帖式。京師各部、院，盛京五部，外省將軍、都統、副都統各署，俱設筆帖式額缺。其名目有繙譯、繕本、貼寫。其階級自七品至九品。其出身有任子、捐納、議敍、考試。凡文、武繙譯舉人、貢監生，文、武繙譯生員，官、義學生，驍騎閑散，親軍領催，庫使，皆得與試。入選者，舉、貢用七品，生、監用八品，官、義學生、驍騎閒散等用九品。六部主事，額設百四十缺，滿、蒙缺八十五，補官較易。筆帖式擢補主事，或不數年，輒致通顯。其由科甲進者，編、檢科僅數人，有甫釋褐即遷擢者。翰林坊缺，編、檢不敷補用，得以部院科甲司員充之，謂之外班翰林。外官東三省、新疆各城，各省駐防文、武大員，俱用滿人。甘肅、新疆等邊地道、府、同、通、州、縣，各省理事、同知、通判，皆設滿洲專缺。滿缺外，漢缺亦得補用。其有終養回旗，得授京秩。內、外文職選補，一時不能得官，及降調、咨回各員，許改授武職，尤特例也。

保舉爲國家酬庸之典，所以勵勞勩、待有功也。歷朝纂辦實錄，各館奉敕修書，及各省軍營、河工、徵賦、緝盜有功者獎敍。康熙十一年世祖實錄成，四十九年平定朔漠方略成，副總裁以下官但獎加級。六十一年算法成書，始議以三等敍功，獎應陞、加等、即用有差。康、雍兩朝實錄成，從總裁請，無議敍。嘉慶間，修書館臣請超一、二等優獎，帝不許。尋定非特旨專設之官，不得議敍、陞用，歷代踵行。其軍營、河工等獎案，始不過加級，或不俟俸滿即陞，名器非可倖邀。迨季世以保舉爲捷徑，京、外獎案，率冒濫不遵成例。光緒元年，御史王榮琯請下越階保陞之禁。帝韙之。三年，以纂修穆宗實錄過半，與事諸臣俱保陞並加銜，備極優異。十年，部議限制保舉，五、六品京堂、翰、詹坊缺，及遇缺題奏，俱不得擅保。未幾，仍有以候補郎中保京堂，編、檢保四、五品坊缺，及應陞缺並開列在前者。咸、同軍興，保案踵起。吏部於文選司設專處司稽核，事之繁重，與一司埒。同治十二年，閩撫王凱泰言：「軍興以來，保案層迭，開捐以後，花樣紛繁。軍營保案，藉花樣以爭先恐後，各項保舉，又襲軍營名目以紛至沓來。名器之濫，至今已極。盈千累百，徒形冗雜。請敕部察核京、外各班人員，酌留二、三成，餘令回籍候咨取。」下所司覈議。軍功外，號稱冗濫者，爲河工保。光緒二十年，御史張仲炘言：「山東河工保案，近年多至五、六百人。部定決口一處，獎異常、尋常者六人。該省所報決口多寡，輒以所保人數爲衡。圖保者以山東爲捷徑，捐一縣丞、佐雜，不數月卽正印矣。請飭所司嚴定章程。」帝俞其請。

三十二年，御史劉汝驥復言：「吏治之蠹，莫如保舉一途。其罔上營私者，一曰河工。國家歲糜數十萬帑金以愼重河防，封疆大吏乃以此爲調劑屬員之舉。幸而無事，丞、倅保州、縣矣，同、通保府、道矣。一曰軍功。工廠之鼓噪，飢民之嘯聚，輒浮夸其詞曰大張撻伐。耳未聞鼙鼓，足未履沙場，而謬稱殺敵致果、身經百戰者，比比然也。一曰勸捐。順天賑捐一案，保至千三百餘人，山東工賑，保至五百餘人，他省歲計亦不下千人。請嚴禁徇情濫保，以杜倖進。」下所司核議限制之法。其時吏部投供月多至四、五百人，分發亦三、四百人，選司原設派辦處，司其事者十餘人，猶虞不給。季年乃毅然廢捐納，停部選，爲疏通仕途，愼選州、縣之計。然捐例雖停，而舊捐移獎，層出不窮。加以科舉罷後，學堂卒業，立獎實官。舉、貢生員考職，大逾常額。且勳臣後裔，悉予官階，新署人員，虛銜奏調。紛然錯雜，益難紀極。宣統三年，裁吏部，設銓敍局，雖有刷新政治之機，而一代銓政，終不復能廓淸也。

武職隸兵部，八旗及營、衞官之選授，武選司掌之。內而驍騎、前鋒、護軍、步軍、火器、健銳、虎槍各營，外而陵寢、圍場、熱河、烏里雅蘇台、科布多、阿爾泰、烏梁海、西寧、西藏、塔爾巴哈台游牧、察哈爾、綏遠城、各省駐防，皆旗缺，屬八旗。門千總爲門缺，屬漢軍。河營、陸路、水師皆營缺，滿、漢分焉。漕運爲衞缺，漢軍、漢人得兼補。旗缺副都統以上開列，餘則揀選。五品以上題補，六品以下咨補。綠旗總兵以上，初用會推，嗣罷其例，開列具題。副將投供引見，亦有開列者。其次要缺則題，簡則推，把總拔補。其大略也。

凡滿、漢入仕，有世職、廕生、武科。八旗世職，公、侯、伯、子、男補副都統，輕車都尉、騎都尉補佐領，雲騎尉補防禦，恩騎尉補驍騎校。漢伯、子、男用副將，輕車都尉用參將，騎都尉用遊擊或都司，雲騎尉用守備。尙書至副都御史等官，總督、將軍至二品銜副將廕生改武者，用都司、守備、守禦所千總、衞千總。武科進士一甲一名授頭等侍衞，二、三名授二等侍衞，二、三甲揀選十名授三等侍衞，十六名授藍翎侍衞，餘以營、衞守備補用。漢軍、漢人武舉揀選一、二等用門千總及營千總，三等用衞千總。其以資勞進用者，營伍差官，提塘，隨幫，隨營差操，經制及外委，千、把總、無責任効用官，因功加都督至副將等銜者用遊擊。加參將、遊擊銜者用都司。加都司、守備銜者用守備。加千總銜者拔補把總。武進士、武舉充提塘差官滿三年，由部考驗弓馬，優者用營、衞守備，次者武舉用防禦所千總。武舉隨營差操滿三年，以營千總拔補。隨幫三運報滿，用衞千總。凡部推之缺，歲二月，參將、遊擊缺，用漢一、二等侍衞一人。四、六、八月遊擊、都司缺，用漢三等侍衞三人。正、三、五、七、九月都司缺，用藍翎侍衞五人。正月、七月營守衞缺，以門、衞千總陞用。其餘單月缺輪補之班七，雙月缺輪補之班十二，衞守備單月缺輪補之班十一，雙月缺輪補之班六，守禦所千總、衞千總缺，俱不論雙、單月推選，惟門千總專於雙月銓補焉。

滿人入官，以門閥進者，多自侍衞、拜唐阿始。故事，內、外滿大臣子弟，五年一次挑取侍衞、拜唐阿，以是閒散人員，勳舊世族，一經揀選，入侍宿衞，外膺簡擢，不數年輒致顯職者，比比也。綠旗武職，占缺尤多。向例山海關至殺虎口、保德州副、參、遊、都、守缺，綠旗補十之三，滿洲補十之七。馬蘭、泰寧二鎭，直隸、山西沿邊副、參、遊、都、守缺，滿、漢各補其一。雍正六年，副都統宗室滿珠錫禮言京營參將以下、千總以上，不宜專用漢人。得旨：「滿洲人數本少，補用中、外要缺已足，若京營參將以下悉用滿洲，則人數不敷，勢必有員缺而無補授之人。」乾隆間，揀發各省武職，率以滿人應選。帝曰：「綠營將領，滿、漢參用，必須員缺多寡適均，方合體制。若概將滿員揀發，行之日久，綠營盡成滿缺，非所以廣掄選而勵人材。」飭所司議滿、漢間用之法。兵部議上，凡行走滿二年之漢侍衞，與巡捕營八旗滿、蒙人員，由該管大臣保送記名。揀發時，與在部候補、候推者，按滿、漢分派引見。如所議行。三十八年，兵部復疏言：「直隸、山西、陝西、甘肅、四川五省，自副將至守備，滿缺六百四十七，各省自副將至守備，千一百七十九缺，向以綠營人員選補。現滿、蒙在綠營者逾原額兩倍，實緣各省請員時，多用滿員揀選。請嗣後除原用滿員省分外，其河南、山東、江南、江西、湖廣腹地及閩、浙、兩廣海濱煙瘴等省，需員請揀，應於綠營候補候選，及保卓薦人員，並行走年滿之頭、二、三等侍衞、藍翎侍衞，一併揀選。」從之。自是綠營滿、漢員缺始稍劑其平，非復從前漫無限制矣。

武職以行伍出身爲正途，科目次之。故事，考驗部推人員衰老病廢者，勒令休致。惟軍功帶傷者，雖年老仍行推用。副、參例以俸深參、遊題補。若有軍功保舉，雖俸淺亦得與焉。科目自康熙初即病壅滯。御史朱斐疏請定科目、行伍分缺選用之制，外委、効力等與武進士、武舉較人數多寡，倣二八分缺之例，先選科目人員。其外委各弁，須有戰功及捕盜實績，不得止憑咨送選補。下所司議行。雍正初，廷臣有請改併衞、所各州、縣者，部議：「科甲人員，專選衞、所守備、千總，若盡裁衞、所，必致選法壅滯，事不可行。」帝不許。爲定榜下進士增用營守備以調劑之。乾隆十五年，給事中楊二酉言：「各省、衞守備歸部選者三十九缺，現武進士以衞用者積至數百人，提塘差官、効力報滿歸班選用者亦數十人，加以新例飛班壓銓，缺少班多，選用無期。請照乾隆元年例，將三等武進士再行揀選，一、二等以營用，三等仍以衞用。」報可。向例揀選武進士以營用者，選缺猶易，衞用往往濡滯不能得官。洎道光間，衞用武進士得捐改營用，而裁缺衞守備、衞千總、守禦所千總，均准改歸綠營。營守備以上官，並得報捐分發。由是部推、外補，同一沈滯，不僅科目爲然矣。

凡不屬於部推之缺，皆題補豫保註册者最先授。定例邊疆、內河、外海水師員缺及陸路緊要者得豫保。康熙九年，兵部疏言：「總督、提、鎮遇標、營員缺，不論地方緩急，銜缺相當，輒將標員坐名題補，使俸深應補人員致多壅滯。請定副將以下、守備以上缺出，實係近海、沿邊、巖疆人地相宜者，酌量題補，餘不得率行題請。」從之。雍正五年，詔部推缺由各督、撫、提、鎮保題備用。乾隆初，罷陸路近省豫保例。十年，江督尹繼善言：「武職豫保，咨部註册，遇缺掣補，誠愼重要缺之良法。乃或豫保之初，年力本强，數年後漸已衰老，騎射生疏，營伍廢弛。請將豫保滿三年未得缺者，各提督再行甄別，果堪陞用，出具考語咨部，否則註銷。」報可。

其時保薦別以三等，限以五年，於副將堪勝總兵、參將堪勝副將者，尤愼選。一經保薦，輒予陞擢。洎咸、同軍興，十餘年保題舊例不復行，所恃以鼓勵人材者，惟軍功保舉。奬敍之案，層出不窮。以兵丁積功保至提、鎭記名者，殆難數計。同治五年，詔以記名提、鎭無標、營可歸者，發往各省各營差遣。各省投標候補者，提、鎭多至數十，副、參以下數百，本職補官，終身無望，於是定借補之法。提、鎭准借補副、參、遊缺，副、參、遊准借補都、守缺，都、守准借補千、把總缺。雖內停部推，外停儘先，仍不足疏通冗滯。

光緒季年，詔裁綠營，練新軍，罷武科，設武備學校。一時新軍將、弁，與學成授官者，特爲優異。歷朝武職尊重行伍之意，蕩無復存。雖綠營武職未盡廢除，然無銓法可言云。

清史稿卷一百十一

志八十六

選舉六

考績

三載考績之法，昉自唐、虞。清沿明制，而品式略殊。京官曰京察，外官曰大計，吏部考功司掌之。京察以子卯午酉歲，部院司員由長官考覈，校以四格，懸「才、守、政、年」爲鵠。分稱職、勤職、供職三等。列一等者，加級記名，則加考引見備外用。糾以六法，不謹、罷輭者革職，浮躁、才力不及者降調，年老、有疾者休致，註考送部。自翰、詹、科、道外，依次過堂。三品京堂由部開列事實，四、五品由王、大臣分別等第，具奏引見取上裁。大計以寅巳申亥歲，先期藩、臬、道、府遞察其屬賢否，申之督、撫，督、撫覈其事狀，註考繕册送部覆覈。

才守俱優者，舉以卓異。劣者，劾以六法。不入舉劾者爲平等。卓異官自知縣而上，皆引見候旨。六法處分如京察，貪酷者特參。

凡京察一等、大計卓異有定額，京官七而一，筆帖式八而一，道、府、廳、州、縣十五而一，佐雜、教官百三十而一，以是爲率。非歷俸滿者，未及年限者，革職留任或錢糧未完者，滿官不射布靶、不諳清語者，均不得膺上考。其大較也。順治八年，京察始著爲令，以六年爲期。十三年，吏部奏定則例，三品以上自陳，四品等官吏部、都察院考察議奏，親定去留。筆帖式照有職官例一體考察。遇京察時，各官暫停陞轉。尋復定考滿議敍例，三年考滿與六年察典並行。十七年，從左都御史魏裔介請，行糾拾之法，以補甄別所未及。康熙元年罷京察，專用三年考滿例。三品以上仍自陳。餘官分五等：一等稱職者紀錄，二等稱職者賞賚，平常者留任，不及者降調，不稱職者革職。三年，御史季振宜請停考滿三疏，極言徇情鑽營，章奏繁擾，無裨勸懲。因停考滿自陳例。六年，復行京察。明年，甄別不及官三十七員。嗣以各部、院甄別司員，類多末職，二十三年，嚴諭指名題參，復甄汰王三省等三十六人。明年，京察又停。雍正元年復舉行，改爲三年，自是爲定制。

初，京察一等無定額，康熙三年，御史張沖翼疏請以部、院員數之多寡定一、二等名數，以息奔競，從之。乾隆間，部、院保送一等，或浮濫溢舊額，詔停兼部行走，仍歸本衙門另班聲敍，暨到任未滿半年，仍由原衙門註考等例。又罷未授職庶吉士保列一等之例，以示限制。四十二年，命部、院保送一等人數，毋庸過泥上屆成例，遞行裁減，以防溢額。應將上兩次數目比較，酌中定制。既無慮濫膺保薦，亦不至屈抑人才。五十年，定例保送一等人數，以不溢四十八年原額爲準。後世踵行，間有增損，無甚懸殊也。向例部、院司官由吏部、都察院考覈，雍正四年，命內閣大學士同閱。乾隆九年，帝慮部、院堂官有瞻徇情面濫列一等者，敕大學士驗看，愼重甄別，不稱一等者裁去。十一年諭曰：「前命大學士分別去留，亦權宜辦理之道。察覈司員，惟堂官最爲親切。要在平日留心體察，臨時擧措公平。如上次定一等者，三年中行走平常，當改爲二、三等。上次原列二、三等者，三年中知所奮勉，卽改爲一等。庶察典肅而人知勸懲。」厥後考察權責，悉屬吏部，驗看特奉行故事而已。

大臣循例自陳求斥罷，候旨照舊供職，國初以來行之。乾隆八年，曾諭大臣自陳罷斥者擧賢自代。嗣以所擧不得其人，或樹黨營私，行不久卽罷。十七年，帝以「內、外大臣親自簡擢，隨時黜陟，奚待三年？自陳繁文，相率爲僞，甚無謂也」。詔罷其例。

先是京堂官無甄敍例，乾隆十五年，帝以三品以上堂官，具本自陳，部、院司員，皆令引見，而四、五品京堂不在自陳之列，亦無引見之例，吏部、都察院考語無實，龍鍾庸劣者得姑容，才具優長者無由見。特派王、大臣分別等第，奏聞引見。十八年，敕吏部開列三品京堂事實，親爲裁奪。四十八年，以三品京堂不便派大臣驗看，令吏部帶領引見。嘉慶十二年，以三、四品京堂，向來京察但有降黜無甄敍，旣與內、外大臣辦理兩歧，並不得與部、院司員同邀加級。於是予太常少卿色克精額等議敍，而予陳鍾琛等休致。自後三品以下京堂始有甄敍之例矣。

年老休致，例有明文。乾隆二十二年，定部、院屬官五十五歲以上，堂官詳加甄別。三十三年，改定京察二、三等留任各官，六十五歲以上引見。嘉慶三年，命京察二、三等官引見，以年逾七十爲限。尋復舊例。六法處分綦嚴，長官往往博寬大之名，每屆京察，祗黜退數人，虛應故事，餘概優容，而被劾者又不免屈抑。雍正中，汪景祺、查嗣庭輩論列時政，以部員壅滯爲言，有「十年不調、白首爲郎」等語。帝責以怨望誹謗，而事實不得謂誣。蓋部員冗濫，康、雍時已然矣。

乾隆三年，鴻臚少卿查斯海疏言：「京官被劾，不無以嫌隙入吏議者。京察六法官，應援大計例送部引見。」從之。乾隆末，士夫習爲諂諛，堂官拔識司員，率以逢迎巧捷爲曉事，察典懈弛。仁宗初，銳意求治，頗思以崇實黜華，獎勵氣節，風示天下。嘉慶五年，詔部、院堂官愼重選舉，猷守兼優者膺首薦，餘寧取資格較久、謹愿樸實之員，其少年浮薄、才華發越者，應令深其經練，下屆保列。尙書、侍郎各備册密識賢否，公議同覽。十一年，大學士、尙書等議奏京察事宜：「捐納人員，限以年資，軍機處司員能兼部務者，方列上考，不許濫保充數。」報可。

道光四年，侯際淸贖罪舞弊一案，刑部司員恩德等朋謀撞騙堂官，以謬登薦牘，保列一等，下部議處。諭嗣後京察有冒濫徇私者連坐。七年，給事中吳傑奏：「大計、軍政，皆有舉有劾。近年六部辦理京察，除保舉一等外，不問賢否，概列二等。間有三等數人，仍予留任。六法不施，有勸無懲。應申明舊章，舉劾並用。」帝韙其言，降諭飭行。十五年，令於京察外隨時糾參，以爲補救。咸豐十年，刑部堂官濫保不諳例案之員，朝廷務循寬大，輒以相習成風，不獨刑部爲然，多爲原宥。僅予大學士桂良等鐫級留任，出考堂官罰俸而已。穆宗卽位，大難未平，厲精澄敍。同治五年，詔部、院堂官謹遵嘉慶五年備册密識賢否、公議同覽之諭，並常川進署，與司員講求公事，藉覘其屬賢否。八年，又諭京察不得有舉無劾，冀湔滌舊習，一新庶政。然積重之勢，不能復返。光緒七年，禮部侍郎寶廷疏陳京察積弊，言之痛切，謂：「瞻徇情面之弊，不專在部、院堂官，當責樞臣考察，必公必嚴。樞臣果精白乃心，破除情面，不特能考察部、院司員之賢否，並能考察內、外大臣之賢否。而考察樞臣功過，在聖明獨斷。若朝廷先以京察爲故事具文，何責乎樞臣，更何責乎部、院堂官！」論雖切中而難實行，徒託空言而已。宣統二年，吏部設立憲政籌備處，改考功司爲考績科，主文職功過應行變通事宜。其時浮議紛紜，新舊雜糅，吏部等於贅疣矣。

大計始順治二年，御史張濩疏請有司殿最，宜以守己端潔、實心愛民爲上考。部覆如議。明年，定朝覲考察，頒五花册，令督、撫以四格註考。故事，計參外，臺、省例有拾遺。是歲計羣吏，止據撫、按所揭爲黜陟。臺、省擬循故事，內大臣不喜。大學士陳名夏力主之，給事中魏象樞亦以爲請。得旨，糾拾官照大計處分挾私妄糾者論。自後臺、省意存瞻顧，糾拾者尠。已，罷不行，而督、撫權乃日重矣。四年，定大計三年一舉，計處官不許還職。諭朝覲官曰：「貪酷重懲，闒茸罔貰。爾等姑許留任，當思祓濯前愆，勉圖後效。」嗣是每屆入覲之年，必嚴切誡飭以爲常。舊例朝覲計典，藩、臬、府、州、縣正官皆入覲。順治九年，止令藩、臬各一員，各府佐一員代覲。十八年，給事中雷一龍疏言：「三年大計，勿得遺大吏而摘微員，懲去位而寬現在。請令藩、臬赴部，面同指實，按册詳察。」下部議行。康熙元年，停藩、臬入覲，以參政、副使等官代。十二年，復令藩、臬入覲。二十五年，以朝覲藉端苛派，姦弊滋生，藩、臬、府佐入覲例悉罷。官吏賢否去留，憑督、撫文册，布、按二司册籍悉停止。國初大計與考滿並行，康熙元年，罷大計，止行考滿。司、道歷腹俸二年、邊俸一年半，有司歷邊俸二年、腹俸三年，錢糧全完者許考滿。分別地方荒殘、衝疲、充實、簡易四者開註，以政績多寡酌定等第。四年，考滿停，復行大計，爲永制。大計舉劾註考，例由州、縣正官申送本府、道考覈；教官由學道，鹽政官由該正官考覈；轉呈布、按覆考，督、撫覈定，咨達部、院。河官兼有刑名、錢糧之責者，總河、督、撫各行考覈。專管河務者，總河自行考覈具題。

康熙二十三年，以藩、臬與督、撫親近，停其卓異。凡卓異官紀錄卽陞，不次擢用。歷朝最重其選，徇私濫保者罪之。康熙初，御史張沖翼請申嚴卓異定額，以詳覈事蹟，使名實相副爲言。下部議。六年，從御史田六善請，卓異官以清廉爲本，司、道等官必註明不派節禮、索餽送，州、縣等官必註明不派雜差、重火耗、虧損行戶、强貸富民。以淸吏之有無，定督、撫之賢否。其時廉吏輩出，靈壽令陸隴其等擢隸憲府，吏治蒸蒸，稱極盛焉。四十四年，詔舉卓異，務期無加派，無濫刑，無盜案，無錢糧拖欠，倉庫虧空，民生得所，地方日有起色。其他虛文，不必開載。乾隆八年，命督、撫以務農本計察覈屬員，論者謂以勸農爲勸吏之要，深得治本，與漢詔同風。先是雍正六年，定卓異薦舉失實處分，自行奏參者免。卓異官有貪酷不法，或錢糧、盜案未清，發覺者，原薦督、撫處分較司、道、府爲輕。乾隆四十八年，改定卓異官犯贓，覈其年月在原薦上司離任前後，分別議處。臬司、道、府減督、撫一等，藩司照督、撫例，以道、府按例轉詳督、撫、藩司親爲覈定也。五十年，帝以保薦卓異，向分正附，未明定限制，易開徼倖之漸。敕部詳覈各省大小、缺分多寡，酌中定制，裁去附薦名目。於是各省卓異官有定額，終清世無大變更也。

八法處分，行之既久，長吏或視爲具文，每將微員細故，塡註塞責。歷朝訓諭諄諄，力戒瞻徇，猶防寃抑。雍正元年，詔大計降級罰俸官，例不許卓異，果有居官廉幹因公詿誤者，准與卓異。又以卓異八法舉劾不過數十人，其不列舉劾之平等官，自知縣以上，令督、撫註考，報部察核。四年，諭參劾人員或有寃抑及避重就輕等弊，除貪酷官無庸引見外，其不謹、浮躁、不及等被劾官，督、撫給咨送部引見。乾隆二十四年，帝以八法參本內不謹、浮躁官，未將何事不謹、何事浮躁、一一聲敍，或有公事無誤而節目闊疏，才具有爲而氣質粗率，上司以意見不洽，概登白簡，不無可惜。其或敗檢踰閑，僅與避重就輕，均非整飭官方之意。命詳註實迹，不得籠統參劾。嘉慶八年，定督、撫隨時參劾闒冗平庸等事，未列敍實迹，被劾官情願赴部引見者，得援大計六法例。此則考覈不厭詳密，冀搜求遺才，輔計典之不及也。嘉、道以後，計典一循舊例，督、撫奉行故事，鮮克振刷。道光八年，山東大計卓異，護撫賀長齡原註新城令容㬎悃愊慈祥等語，詔以寬厚難膺上考，令各省薦舉體用兼備、熟明治理者。咸、同軍興，或地方甫收復，有待撫綏，或疆圉偪寇氛，亟籌保衞，敕各督、撫留心存記廉能之員，列上考，備擢用。時督、撫權宜行事，用人不拘資格，隨時舉措，固不能以大計常例繩其後也。

光緒間，言者每條奏計典積弊，請飭疆臣認眞考察。屢詔戒飭。然人才既衰，吏治日壞，徒法終不能行。二十八年，詔各省設立課吏館，限半年具奏一次。三十一年，定考覈州、縣事實，分最優等、優等、平等、次等四級。顧課吏祇憑一日文字，考覈僅據一年事實，責以公當，蓋亦難矣。宣統二年，憲政編查館疏請考覈州、縣，分別學堂、巡警、工藝、種植、命盜、詞訟、監押、錢漕，以爲殿最。由主管衙門另訂考覈章程。名目繁多，表册虛僞，徒飾耳目，於勸懲無當也。至若舊例翰、詹大考，分別優劣，陞調降革有差，爲特別考績之法。外省司、道，年終有密考。州、縣一年期滿，教、佐六年俸滿，皆有甄別。則又隨時考核之法，不屬於察、計二典者。

武之軍政，猶文之考察，兵部職方司掌之。內、外衞、所，分屬於武選司。在京武職，由管旗及部、院覈奏；各省由統兵大員註考。京營千總以上，外省綠營守備以上，各由長官考覈，分操守、才能、騎射、年歲四格。舉劾與文職同。三品以上白陳，由部疏聞候旨。八旗世爵，則校其藝進退之。綠營舉劾，每於軍政後一年半舉行，題陞一二人入薦舉班陞用，劾者照軍政處分。此其大略也。

國初未立限制，順治九年，定六年一舉，是爲軍政考覈之始。十一年，改定五年爲期。

十三年，從給事中張文光請，軍政卓異，照文官賜服旌勸，後改爲加一級。康熙元年，停軍政，專行考滿。旣而兵部疏請直省武職應依文官例，按年限由總督、提督會同舉劾。御史季振宜疏言：「武職考滿，營謀優等，剋扣軍餉，貽誤封疆。請按歷俸功次陞轉。」於是六年定舉行軍政事宜，京、外武職長官，註以四格，並詳列履行、軍功，分別去留，咨部。必註明行止端方、弓馬嫻熟、管轄嚴肅、供職勤愼、不擾害地方等考語，方許薦舉。必有八法等款實迹，始行糾參。復令提督、總兵官自陳，提督由總督註考，總兵官由總督、提督註考。無總督省分，巡撫註考。嗣以滇省用兵，海內騷動，羽書倥傯，軍政曠不舉行者十年。至二十一年，滇逆蕩平，從給事中碩穆科請，舉行軍政大典，各官事實履行，自康熙十一年軍政後開起。九門千總等由九門提督註考。候補總兵官亦令自陳。副將以下候缺者，照舊例考察。六十一年，命在京武職領侍衞內大臣，八旗都統，前鋒、護軍、步軍統領，副都統等，毋庸自陳。考選軍政時，屬員註考，照外省舉劾例。各省駐防將軍、副都統等，照提、鎭例自陳。屬員照京城例。德州等處城守尉、協領，派大臣往考，會同察覈其屬，註考以聞。雍正元年，命平等官守備以上，督、撫、提、鎭註考。其冬，詔曰：「初次考選軍政，有出兵効力、年老俸深、尙能坐理者，留任。不宜留任者，另奏加恩。或雖未効力行間，而供職年久者，亦留心驗看。」此則垂念資勞，特頒寬典，非常例也。二年，諭各省所保副、參、游擊，輪流引見，察其人材弓馬，督、撫、提、鎮以其操守訓練，分別等第密陳。六年，山西太原總兵官袁立松疏陳平垣營守備梁玉廉潔敏練，以年老入參劾。帝以諳練才不可多得，命酌量以遊擊題補，尤殊恩也。是年定卓異官原任內有貪酷不法，或陞調他省，别犯贓罪，原舉長官，分别處分。

乾隆二年，部議出兵効力人員，年老休致，令子弟一人入伍食糧，無子弟亦給守糧養贍。從之。時直省保題員弁，類以明白勤敏、才堪辦事列上選。十一年，諭嗣後保題，務重弓馬漢仗。十五年，以各省所保總兵官鮮當意，諭曰：「年滿千總一項，類多猥瑣。國家擢用武職，營伍爲正途，拔補將弁，必選之若輩。緣次而升，皆自年滿千總始。折衝禦侮之用，豫籌於昇平無事之日，不可視爲緩圖。」二十四年，以大臣自陳例既罷，敕兵部於軍政年，將在京都統、副都統，在外駐防將軍、都統、副都統，各省提督、總兵官，分别三本，條舉事實候鑒裁，以重考績。四十二年，定衞、所綠營武職薦舉卓異尙未陞轉，再遇軍政列平等者，將上次卓異註銷。嘉慶四年，定侍衞軍政考試，向例軍政年不許告病乞休，以杜規避。八年，申諭查閱營伍年分，事關考覈，照軍政例，不得告病、乞休。咸、同軍興，百度稍弛，軍政大典，相沿不廢。咸豐二年，黑龍江將軍英隆以俄兵窺伺，派將弁扼守要隘，疏請本年軍政展限舉行。不允。嗣湖廣總督程矞采等以軍務未竣，疏請展限，令凱撤後再行補考。並諭年老力衰者，隨時參辦。沿及德宗，雖加意振飭，勢成弩末，展限之舉，史不絕書。光緒十四年，編定北洋海軍，由海軍衙門司黜陟。甲午以後，力鑒覆轍，裁綠營，練新軍，別訂考覈章程。三十二年，改兵部爲陸軍部，其考覈隸軍衡司。宣統二年，設海軍部，其考覈隸軍制司。朝廷銳意革新，軍紀宜可少振。無如積習已深，時艱日棘，卒歸罔濟云。

清史稿卷一百十二

志八十七

選舉七

捐納

清制，入官重正途。自捐例開，官吏乃以資進。其始固以蒐羅異途人才，補科目所不及，中葉而後，名器不尊，登進乃濫，仕途因之殽雜矣。捐例不外拯荒、河工、軍需三者，曰暫行事例，期滿或事竣卽停，而現行事例則否。捐途文職小京官至郎中，未入流至道員；武職千、把總至參將。而職官並得捐陞，改捐，降捐，捐選補各項班次、分發指省、翎銜、封典、加級、紀錄。此外降革留任、離任，原銜、原資、原翎得捐復，坐補原缺。試俸、歷俸、實授、保舉、試用、離任引見、投供、驗看、迴避得捐免。平民得捐貢監、封典、職銜。大抵貢監、銜封、加級、紀錄無關銓政者，屬現行事例，餘屬暫行事例。

歷代捐例，時有變更，惟捐納官不得分吏、禮部，道、府非由曾任實缺正印官，捐納僅授簡缺，則著爲令。銓補則新捐班次視舊班爲優，此通例也。捐事戶部捐納房主之，收捐或由外省，或由部庫，或省、部均得報捐。咸豐後，並由京銅局。

凡報捐者曰官生，部予以據，曰執照。貢監並給國子監照。俊秀納貢監或職銜，貢監納職銜，由原籍地方官查具身家清白册，季報或歲報。納職官者，查明有無違礙，取具族鄰甘結，依限造報。逾限或查報不實，罪之。其大略也。

文官捐始康熙十三年，以用兵三藩，軍需孔亟，暫開事例。十六年，左都御史宋德宜言：「開例三載，知縣捐至五百餘人。始因缺多易得，踴躍爭趨。今見非數年不克選授，徘徊觀望。宜限期停止，俾輸捐恐後。既有濟軍需，亦慎重名器。」帝納其言。滇南收復，捐例停。嗣以西安、大同饑，又永定河工，復開事例。五十一年，增置通州倉廒，科臣有請開捐者，廷議如所請。侍郎王掞抗疏言：「鄉里童騃，一旦捐資，儼然民上。或分一縣之符，或擁一道之節，不惟濫傷名器，抑且爲累地方。宜禁止，以塞僥倖之路，杜言利之門。」帝韙之，爲飭九卿再議。青海用兵，饋餉不繼，內大臣議停各途守選及遷補，專用捐資助餉者。刑部尚書張廷樞言：「惟捐納所分員缺可用捐員，正途及遷補者宜仍舊。」從之。

雍正二年，開阿爾台運米事例。五年，直隸水災，議興營田，從大學士朱軾請，開營田事例。雲貴總督鄂爾泰以滇、黔墾荒，經費無著，請開捐如營田例。帝曰：「墾田事例，於地方有裨益。向因各捐例人多，難於銓選，降旨停止。年來捐納應用之人，將次用完，越數年，必致無捐納之人，而專用科目矣。應酌添捐納事款。除道、府、同知不許捐納，其通判、知州、知縣及州同、縣丞等，酌議准捐。」下九卿議行。十二年，開豫籌糧運例。

先是俊秀准貢得輸貲爲教職。已，慮異途人員不勝訓迪表率之責，康熙三十三年，令俊秀准貢捐學正、教諭者改縣丞，訓導改主簿。雍正元年，諭「捐納教職，多不通文理少年，以之爲學問優長、年高齒長者之師可乎？」詔改用如前例。

高宗初元，詔停京、外捐例。乾隆七年，上下江水災，命刑部侍郎周學健、直督高斌往同督、撫辦理。尋合疏言賑務、水利需費浩繁，請仿樂善好施例，出資効力者，量多寡敍職官。詔以京官中、行、評、博以下，外官同知、通判以下，無礙正途，如所請行。嗣是上下江、直隸、山東、河南屢告災，輒徇臣工請，許開捐例。十三年，進勦大金川，四川巡撫紀山奏行運米事例，部議運米石抵捐銀二十五兩，納官以是爲差。川陝總督張廣泗言：「軍前口糧領折色，石發銀五、六兩。事例既開，各員以存米納捐，計貢監納卽用同知不過千餘金，卽用小京官不過數百金，請令如數交銀，以杜弊端。」報可。三十九年，再征金川，復開川運例。惟四庫館謄錄、議敍等職，多靳不令捐納，餘得一體報捐。貢監納道、府例，自雍正五年後，數十年無行者，至是復行。

五十八年，詔曰：「前因軍需、河工，支用浩繁，暫開事例，原屬一時權宜。迄今二十餘年，府庫充盈，並不因停捐稍形支絀。可見捐例竟當不必舉行。不特慎重名器，亦以嘉惠士林，我子孫當永以爲法。倘有以開捐請者，卽爲言利之臣，當斥而勿用。」

嘉慶三年，從戶部侍郎蔣賜棨請，開川楚善後事例，帝慮正途因之壅滯，飭妥議條欵。尋議：「京官郎中、員外郎，外官道、府，有理事親民之責，未便濫予登進。進士，舉人，恩、拔、副、優、歲貢，始許捐納。非正途候補、候選正印人員，亦得遞捐。現任、應補、候選小京官、佐貳，止准以應陞之項捐納。」從之。嗣以河屢決，續開衡工、豫東、武陟等例。十一年，定捐納道、府，係曾任知府、同知、直隸州知州並州、縣正印等官加捐，及現任京職，堪勝繁缺者，許以繁簡各缺選用。其貢監初捐，及現任京職僅堪簡缺，並外任佐雜等官遞捐者，專以簡缺選用。

宣宗、文宗御極之初，首停捐例，一時以爲美談。自道光七年開酌增常例，而籌備經費，豫工遵捐，順天、兩廣及三省新捐，次第議行。其時捐例多沿舊制，惟於推廣捐例中准貢生捐中書，豫工例中准增、附捐教職而已。咸豐元年，以給事中汪元方言，罷增、附捐教職，其已選補者，不許濫膺保薦。是年特開籌餉事例；明年，續頒寬籌軍餉章程。九年，復推廣捐例。時軍興餉絀，捐例繁多，無復限制，仕途蕪雜日益甚。同治元年，御史裘德俊請令商賈不得納正印實官，以虛銜雜職爲限。下部議行。尋部臣言捐生觀望，有礙餉需，詔仍舊制。四年，山東巡撫閻敬銘言：「各省捐輸減成，按之籌餉定例，不及十成之三。彼輩以官爲貿易，略一侵吞錢糧，已逾原捐之數。明效輸將，暗虧帑項。請將道、府、州、縣照籌餉例減二成，專於京銅局報捐。」從之。時內則京捐局，外則甘捐、皖捐、黔捐，設局徧各行省。侵蝕、勒派、私行減折，諸弊並作。

光緒初，議者謂乾隆間常例，每歲貢監封典、雜職捐收，約三百萬。今捐例折減，歲入轉不及百五十萬。名器重，雖虛銜亦覺其榮，多費而有所不惜。名器輕，則實職不難驟獲，減數而未必樂輸。所得無幾，所傷實多。停捐爲便。時復有言捐官宜考試，花翎及在任、候選等捐宜停者。輒下部議。五年，帝以捐例無補餉需，實傷吏道，明詔停止。未幾，海疆多故，十年，開海防捐，如籌餉例，減二成核收，常例捐數並核減。是時臺灣甫開實官捐。他如四川按糧津貼捐，順天直隸、河南、浙江、安徽、湖北各賑捐，戶部廣東軍火捐，福建洋藥、茶捐，雲南米捐，自海防例行，惟川捐如舊，餘或併或罷。十三年，河南武陟，鄭州沁、黃兩河漫決。御史周天霖、李士錕先後請開鄭工例，以濟要工。部議停海防捐，開鄭工捐。十五年，籌辦海軍，復罷鄭工，開海防新捐。新捐屢展限，行之十餘年。二十六、七年間，江寧籌餉，秦、晉實官捐，順直善後賑捐，次第舉辦。江寧順直捐視新海防例，秦、晉捐但獎五品以下實官。庚子變後，帝銳意圖治，言者多謂捐納非善政，詔即停止。然報効敍官，舊捐移獎，且繼續行之。但有停捐之名而已。

武職捐，雍正初惟納千、把總。乾隆九年，直賑捐有納衞守備者。三十九年，川運例，參、遊、都、守始得遞捐。但武生、監生捐止都司。嘉慶三年，川楚善後例，武營捐納，略如川運。同治五年，閩浙總督左宗棠言：「閩省武營捐班太多，應嚴加區別，以肅軍政。」並請罷武職捐，從之。光緒二十一年，新海防例展限，議增武職捐。於揀發外別立一班，俾捐輸踴躍。三十一年，兵部奏：「開捐十年，入欵僅十餘萬，無裨國帑，有礙營伍。請將實官、虛銜捐復翎銜、封典一切停罷。」報可。捐例初開，慮其弊也，嘗設爲限制，往往不久而其法壞。康熙十八年，定捐納官到任三年稱職者，具題陞轉，不稱職者題參。然疆吏罕有以不職上聞者。已，令道、府以下捐銀者免具題，照常陞轉。左都御史徐元文言：「國家大體所關，惟賢不肖之辨。三年具題，所以使賢者勸，不肖者懼。輸銀免具題，是金多者與稱職同科。此曹以現任之官營輸入之計，何所不至？急宜停止。」

順治間，准貢、例監出身官不得陞補正印。康熙六年，定爲保舉之法，各途出身官，經該堂官及督、撫保舉稱職者，陞京官及正印。無保舉者，陞佐貳、雜職。三十年，大軍征噶爾丹，戶部奏行輸送草豆例，准異途人員捐免保舉。御史陸隴其言：「捐納一事，不得已而暫開，許捐免保舉，則與正途無異。且督、撫保舉之人，必清廉方爲合例。保舉可捐免，是清廉可納資得也。」又言：「督、撫於捐納人員，有遲至數年不保舉亦不糾劾。乞敕部通稽捐納官到任三年無保舉者，開缺休致。」疏下九卿，議：「捐免保舉，無礙正途。若三年無保舉卽休致，則營求保舉益甚，應毋庸議」。隴其持之益堅，廷議隴其不計緩急輕重，浮詞粉飾，致捐生觀望，遲誤軍機，擬奪職。帝特宥之。自是吏員例監出身者，欲陞補或捐納京、外正印官，必先捐免保舉，惟准貢獨否。初，納歲貢者同正途，故捐免保舉例開，貢監雖同一捐納，而軒輊殊甚。乾隆二十六年，部議御史王啓緒奏豫工例內，捐貢納京、外正印官，捐免保舉，如例監例。先納官者，補行捐免。不願者，以佐貳改補。成例爲一變矣。漢軍捐納官，非經考試，不得銓選，如漢官保舉例。康熙間，並准捐免。六十一年，帝以捐納部員補主事未久卽陞員郎，外官道、府亦然，飭議試俸之法。尋議郎中、道、府以下，小京官、佐雜以上，於現任內試俸三年，題咨實授，方許陞轉，從之。乾隆間，試俸復得捐免。四十一年，戶部奏請保舉、考試、試俸、捐免例，列入常捐。限制之法，至是悉弛。

官吏緣事罷譴，降革留任，非數年無過，不得開復。康熙間，大同賑饑，部議京察、大計罷黜者，悉予捐復。徐元文力言不可。議遂寢。三十三年，河道總督于成龍以黃、運兩河，工費繁鉅，請仿陝西賑饑例開捐，革職、年老、患疾、休致人員得捐復。帝面諭捐納稱貸者多，非朘削無以償逋負，事不可行。尙書薩穆哈等議成龍懷私妄奏，擬褫職，得旨從寬留任。乾隆九年，直賑捐，部議捐復條款，京察、大計及犯私罪者，降調人員，無論是否因公，及比照六法條例，武職軍政糾參及貪婪者，不准捐復。因公詿誤無餘罪，悉得捐復。三十五年，帝念降革留任人員，因公處分，輒停陞轉，詔許捐復。三十九年，川運例增進士、舉人捐復原資例。四十八年，定革職、降調官，分段承修南運河工程捐復例。嘉慶三年，川楚善後，推廣其例，凡常捐不准捐復人員，酌核情節，得酌加報捐。奉旨，降革除犯六法外，因公情節尙輕人員，得加倍捐復。大計劾參，有疾休致，調治就痊，及特旨降革留任限年開復人員，加十分之五捐復。十年，部臣疏請於常例捐復外，增文、武大員捐復革職留任例。帝曰：「大員身罣吏議應罷斥，經改革職留任，開復有一定年限。若甫罹重譴，即可捐復，此例一開，毫無畏忌。有資者脫然爲無過之人，無資者日久不能開復。殊失政體。」不允行。咸豐二年，王、大臣等議寬籌軍餉。凡降革不准捐復人員，除實犯贓私外，餘准加倍半捐復。降革一、二品文、武官，向不在捐復之列者，許捐復原官頂帶，允行。但飭一、二品大員捐復原銜須請旨。嗣復推廣，文職京察、大計六法，武職軍政被劾，無奸贓情罪，亦許捐復原銜。終清世踵行，不復更也。

捐納官或非捐納官，於本班上輸資若干，俾班次較優，銓補加速，謂之花樣。康熙十三年，知縣得納先用、卽用班，工部侍郎田六善極言其弊，謂宜停止。三十三年，戶部議行輸送草豆例，臺臣請增應陞、先用捐。御史陸機言：「前此有納先用一例，正途爲之壅滯。皇上灼見其弊，久經停止。納先用者，大都奔兢躁進。多一先用之人，卽多一害民之人。不待辨而知其不可。」乾隆年事例屢開，惟雙月、單月，不論雙月選用及雙月先用，不論雙、單月卽用等尋常班次。蓋是時正途銓補，未病壅滯，無庸加捐花樣，納資者亦至是而止。七年，部議鼓勵江省賑捐，各班選用特優。道光年，增插班間選、抽班間選、遇缺、遇缺前等名目。咸豐元年，省遇缺、遇缺前，而增分缺先、本班儘先。三年，復增分缺間、不積班。九年，先後奏設新班遇缺、新班儘先、分缺先前、分缺間前、本班儘先前、不論班儘遇缺選補等班。推廣捐例，又有保舉捐入候補班、候補捐本班先用例。花樣繁多，至斯已極。

自籌餉例開，既多立班次以廣捐輸，復減折捐例以期踴躍。時納捐率以餉票，成數或不及定額之半。同治三年，另訂加成新章。於是有銀捐新班、儘先、遇缺等項，輸銀不過六成有奇，而選用之優，他途莫及。八年，吏部以銀班遇缺占缺太多，擬改分班輪用，刪不積班，於新班遇缺上，別設十成實銀一班，曰新班遇缺先，是謂大八成花樣。維時分缺先前、分缺間前、本班儘先前、新班遇缺、新班遇缺先，統曰銀捐。而新班遇缺先最稱優異，新班遇缺次之。序補五缺一週，先用新班遇缺先三人，然後新班遇缺及各項輪補班各得其一。光緒二年，江蘇巡撫吳元炳言：「新班遇缺先、新班遇缺等班，序補過速，有見缺指捐之弊。請停捐免試用例，以救其失。」格於部議。四年，實官及各項花樣一律停捐。七年，御史葉蔭昉復言：「近年大八成各項銀捐班次，無論選、補，得缺最易，統壓正途、勞績各班。今捐例已停，請改訂章程，銀捐人員，祇列捐班之前。」疏下部議。然積重難返，進士即用知縣，非加捐花樣，則補缺綦難，他無論已。十年，臺灣海防相繼例開，三班分先、分間、儘先，復得一體報捐，而知縣並增海防新班。十三年，鄭工新例增遇缺先班捐例等，大八成班次亦相埒，海防新例因之。至二十七年，各項花樣隨實官捐並停。

初捐納官但歸部選，乾隆間，爲疏通選途，許加捐分發。二十六年，豫工例，京職郎中以下，得捐分各部、院。外官道、府以下，得捐分各省。三十九年，川運例，知州、同知、通判捐分發如舊。知縣有礙正途補用，靳不與。四十年，兵部侍郎高樸言：「捐班知縣，不許分發，恐有礙舉班。查壬辰科會試後，揀選分發，已閱四年，湖北、福建均因差委乏人，奏請揀選，可見舉班漸已補完。請變通事例，川運捐不論雙單月即用者，許一體報捐分發。」部議如所奏行。惟大省分發不得逾十二人，中省不得逾十人，小省不得逾八人。雲、貴兩省需員解送銅鉛，雲南得分發二十人，貴州如大省額。從之。是年兵部奏請候補、候選衞守備、衞千總如文職例，加捐分發，隨漕學習。明年，浙江巡撫三寶奏請敎職捐不論雙單月卽用者，設加捐分發，到省委用。均報可。川運例停分發，歸入常例報捐，爲永例。四十二年，以山東布政使陸燿言東省分發佐雜漸多，停布政司經歷、理問、州同以下佐雜官分發例。四十六年，候補布政司經歷鄭肇芳等、候選州同張衍齡等具呈戶部，以投供日久，部選無期，各省佐雜班已疏通，請准報捐分發，爲奏行如舊例。嘉慶四年，給事中廣興請將俊秀附生報捐道、府、州、縣者，停銓實缺，准加捐分發。責成督、撫試看三年，酌量題補。帝以停選示人不信，令加捐分發，有礙政體，不允行。道、咸間，增加捐指省例。光緒四年，捐例停，而分發指省以常例得報捐如故。五年，御史孔憲瑴以指省分發，流弊不可勝言，請罷之。格部議，不果行。八年，復申前請，部覆如議。未幾，海防例開，仍准報捐。時分發人員擁擠殊甚，疆吏輒奏停分發，期滿復請展限，各直省比比然也。

定例，捐納官分發各部、院學習三年，外省試用一年。期滿，各堂官、督、撫實行甄別奏留，乃得補官。嘉慶十六年，諭：「捐納員籤分部、院學習行走年滿，當詳加甄別。近來該堂官於行走報滿人員，無不保留。市恩邀譽，不顧登進之濫，可爲寒心。」道光八年，諭：「酌增常例報捐，分發人員爲數更多，著各督、撫、鹽政留心察看，不必拘定年限，認眞甄覈。」然奉行日久，長官循例奏留，徒有甄別之名，不盡遵上指也。咸豐七年，從御史何兆瀛請，詔各部、院考試捐納司員，察其能否辦理案牘。尋兵部試以論題，御史朱文江以爲言，詔切責之。命嗣後毋得以考試虛文，徒飾觀聽。外官分發到省，例由督、撫考試，分別等第，黜陟有差。光緒初，各省遵例考試，顧雲南有咨回降調者。五年，詔各省考試捐納人員，府、廳、州、縣試論一，佐雜試告示判語。八年，閩浙總督何璟言：「閩省應試府、廳、州、縣百五十四員，鹽大使五十五員，佐雜五百九十六員，知府、直隸州知州、鹽大使取留十之五，同、通、佐雜留十之四。」報聞。三十三年，憲政編查館議覆御史趙炳麟疏，捐納道、府、同、通、州、縣佐雜未到省者，入吏部學治館肄業半年。已到省，入法政學堂肄業，長期三年，速成一年有半。尋議上考驗外官章程，各省遵章考試，間亦罷黜數人，以應明詔，而於澄清吏治之道無補也。

貢監捐清初已行。監捐沿明納粟例。順治十二年，開廩生捐銀准貢例，從御史楊義請也。十七年，禮部以亢旱日久，請暫開准貢，令士民納銀賑濟。允之。貢監例得考職，康熙六年，御史李棠言：「進士、舉人遲至十年始得一官，今例監考補中書，三年後即陞部屬，應停罷。」部覆如議。自是貢監考職，祇以州同、州判、縣丞、主簿、吏目用。初考職例行，各省監生或憚遠道跋涉，或因文理不通，多倩代頂冒者。世宗深知其弊，特遣大臣司考試。雍正五年，令與考者千一百餘人悉引見，時以頂冒避匿者九百餘人。帝於引見員中揀選七十餘人，授內、外官有差。乾隆元年，停考職。三年，令捐納貢監如歲貢例，分別等第，以主簿、吏目考取。捐監未滿三年者不與。道光後，考職例罷。

雍正間，帝以積貯宜裕，允廣東、江、浙、湖廣以本色納監。乾隆元年，罷一切捐例。廷議捐監爲士子應試之階，請於戶部收捐，備各省賑濟，從之。三年，詔復行常平捐監例，各省得一體納本色。原定各省捐穀三千餘萬石，數年僅得二百五十餘萬石，復令戶部兼收折色。十年，湖廣總督鄂彌達言：「捐監事例，穀不如銀。銀有定數，穀無成價。易捐穀爲捐銀，倘遇荒歉，亦可動支採買。」得旨：「各省收捐不必停，在部捐折色者聽。」允行。大學士等復言：「各省納本色，有名無實，請停止，專由部收折色。」允行。三十一年，以陝、甘監捐積弊最甚，詔停罷。尋並罷安徽、直隸、山西、河南、湖南北、雲南、福建、廣東收本色如舊。三十九年，陝西巡撫畢沅、陝甘總督勒爾謹請如例收納監糧，允之。是年甘省奏報六個月內捐監萬九千十七名，監糧八十餘萬石。帝疑之。布政使王亶望主其事，私收折色，減成包辦，更虛報賑災，侵冒鉅欵。繼任布政使王廷贊知其弊，不能革。事覺，置亶望、勒爾謹、廷贊於法，官吏緣是罷黜者數十人，報捐監生或加捐職官者，分別停科、罰俸、停選。其後監捐無復納粟遺意矣。貢捐屬常例，向於部庫報捐。嘉慶間，疆吏屢以爲請，輒阻部議。十二年，部臣言庫帑充裕，請變通常例，各省一體收捐。報可。

此外尚有捐馬百匹予紀錄、運丁三年多交米三百石給頂帶之例。其樂善好施例內，凡捐資修葺文廟、城垣、書院、義學、考棚、義倉、橋梁、道路，或捐輸穀米銀兩，分別議敍、頂帶、職銜、加級、紀錄有差。餘如各省鹽商、士紳，捐輸鉅欵，酌予奬敍。皆出自急公好義，與捐納相似，而實不同也。

清史稿卷一百十三

志八十八

選舉八

新選舉

新選舉制，別於歷代取士官人之法。清季豫備憲政，倣各國代議制度，選舉議員，博採輿論。議員選舉有二：曰資政院議員選舉，曰各省諮議局議員選舉。自辛丑回鑾，朝廷銳意求治，派大臣赴各國考察政治，設考察政治館。命甄擇各國政法，斟酌損益，候旨裁定。光緒三十二年七月，詔曰：「考察政治大臣載澤等回國陳奏，國勢不振，由於上下相暌，內外隔閡；而各國所以富强，在實行憲法，取決公論。今日惟有仿行憲政，大權統於朝廷，庶政公諸輿論，廓清積弊，明定責成，以豫備立憲基礎。俟規模初具，妥議立憲實行期限。各省將軍、督、撫曉諭士庶人等，各明忠君愛國之義，合羣進化之理，尊崇秩序，保守和平，豫備立憲國民之資格。」九月，慶親王奕劻等遵旨核議釐定官制，以「立憲國官制，立法、行政、司法三權並峙，各有專屬，相輔而行。立法當屬議院，今日尚難實行。請暫設資政院，以爲豫備」。詔如所議。

三十三年，改考察政治館爲憲政編查館。八月，諭曰：「立憲政體，取決公論，中國上、下議院未能成立，亟宜設資政院，以立議院基礎。派溥倫、孫家鼐爲資政院總裁，妥擬院章，請旨施行。」尋諭：「各省應有採取輿論之所，俾指陳通省利病，籌計地方治安，並爲資政院儲才之階。各省督、撫於省會速設諮議局，慎選公正明達官紳，創辦其事。由各屬合格紳民，公舉賢能爲議員。斷不可使品行悖謬、營私武斷之人濫厠其間。凡地方應興應革事宜，議員公同集議，候本省大吏裁奪施行。將來資政院選舉議員，由該局公推遞升。」

三十四年六月，資政院奏言：「立憲國之有議院，所以代表民情，議員多由人民公舉。凡立法及豫算、決算，必經議院協贊，方足啓國人信服之心。大學云：『民之所好好之，民之所惡惡之。』孟子云：『所欲與聚，所惡勿施。』又云：『樂以天下，憂以天下。』皆此理也。昔先哲王致萬民於外朝，而詢國危國遷，實開各國議院之先聲。日本豫備立憲，於明治四年設左、右院，七年開地方會議，八年立元老院，二十三年遂頒憲法而開國會。所以籌立議院之基者至詳且備。謹旁考各國成規，揆以中國情勢，酌擬院章目次，凡十章。先擬就總綱、選舉二章呈覽。」報可。

是月憲政編查館會同資政院擬訂各省諮議局章程，並議員選舉章程。奏言：「立憲政體之要義，在予人民以與聞政事之權，而使爲行政官吏之監察。東、西立憲各國，雖國體不同，法制各異，無不設立議院，使人民選舉議員，代表輿論。是以上下之情通，暌隔之弊少。中國向無議院之說，今議倡設，人多視爲創舉。不知虞廷之明目達聰，大禹之建鞀設鐸，洪範之謀及庶人，周官之詢於外朝，古昔盛時，無不廣採輿論，以爲行政之準則，特未有議院之制度耳。今將創設議院，若不嚴定規則，事爲之制，曲爲之防，流弊不可勝言。中國地大民衆，分省而治。各省之政，主於督、撫，與各國地方之治直接國都者不同。而郡縣之制，異於封建，督、撫事事受命於朝廷，亦與各國聯邦之各爲法制者不同。諮議局爲地方自治與中央集權之樞紐，必使下足裒集一省之輿論，上仍無妨國家統一之大權。此日各省諮議局辦法，必須與異日京師議院辦法有相成而無相悖。謹仰體聖訓，博考各國立法之意，兼採外省所擬章程，參伍折衷，擬訂各省諮議局章程，別爲選舉章程一百十五條，候欽定頒行。」詔飭各督、撫迅速舉辦，實力奉行，限一年內一律辦齊。並諭曰：「朝廷軫念民依，使國民與聞政事。先於各省設諮議局，以資歷練。凡我士庶，當共體時艱，同攄忠愛。於地方應與應革之利弊，切實指陳。於國民應盡之義務，應循之秩序，竭誠踐守。各督、撫當本集思廣益之懷，行好惡同民之政，虛衷審察，惟善是從。至選舉議員，尤宜督率有司，認眞監督，精擇愼選。憲政編查館、資政院迅將君主立憲大綱，暨議院選舉各法，擇要編輯。並將議院未開以前應籌備各事，分期擬議具奏。俟親裁後，卽將開設議院年限，欽定宣布。」

八月，憲政編查館、資政院會奏遵擬憲法議院選舉法綱要，暨議院未開以前逐年籌備事宜。自本年起，分九年籌備。其關於選舉議員者，第一年各省籌辦諮議局，第二年舉行諮議局選舉，各省一律成立，頒布資政院章程，舉行資政院選舉。第三年召集資政院議員舉行開院。第九年始宣布憲法，頒布議院法，暨上、下議院議員選舉法，舉行上、下議院議員選舉。諭令京、外各衙門依限舉辦。

先是資政院奏擬院章目次，第二章爲選舉。宣統元年七月，資政院奏續擬院章，改訂第二章目次爲議員，專詳議員資格、額數、分類、任期，而另定選舉詳細章程，以免混淆，從之。院章規定資政院議員資格，由下列各項人員年滿三十歲以上者選充。一，宗室王、公世爵；二，滿、漢世爵；三，外藩王、公世爵；四，宗室、覺羅；五，各部、院四品以下、七品以上官，惟審判、檢察、巡警官不與；六，碩學通儒；七，納稅多額人；八，各省諮議局議員。定額：宗室王、公世爵十六人，滿、漢世爵十二人，外藩王、公世爵十四人，宗室、覺羅六人，各部、院官三十二人，碩學通儒十人，納稅多額者十人。各省諮議局議員一百人。類別爲欽選、互選。宗室王、公世爵，滿、漢世爵，外藩王、公世爵，宗室、覺羅，各部、院官，碩學通儒，納稅多額者，欽選。各省諮議局議員互選。任期三年，任滿一律改選。

九月，資政院會奏資政院議員選舉章程，疏言：「資政院議員選任之法，大別爲欽選、互選二者，各有取義。而欽選議員名位有崇卑，人數有多寡，當因宜定制，取便推行。宗室王、公世爵，滿、漢世爵及外藩王、公世爵，階級既高，計數較少，應開列全單，恭候簡命。宗室、覺羅，各部、院官及納稅多額者，合格人數，與議員定額比例，多少懸殊。考外國上院制，敕任議員多經互選。擬略師其意，於欽選之前，舉行互選。各照定額，增列多名。好惡既卜諸輿情，用舍仍歸於宸斷。其碩學通儒，資格確定較難，人數調查不易，互選勢所難行。擬略仿從前保薦鴻博之例，寬取嚴用，以蒐訪之任，寄諸庶官。抉擇之權，授諸學部。仍寬定開列名數，冀不失欽選之本旨。以上各項，略採各國上院辦法，爲建設上議院之基礎。而資政院兼有下院性質，不能無民選議員，與欽選相對待。特以諮議局爲資政院半數議員之互選機關，諮議局議員本由各省合格紳民複選而來，則諮議局公推遞升之資政院議員，卽不啻人民間接所選舉。公推遞升之標準，不能不以得票多寡爲衡。但監督權屬於督、撫，非經覆定，不令遽膺是選。既與欽選大權示有區別，自與下院要義不相背馳。」詔如所議行。

資政院議員選舉章程之規定，宗室王、公世爵，列爵凡十二：一，和碩親王；二，多羅郡王；三，多羅貝勒；四，固山貝子；五，奉恩鎮國公；六，奉恩輔國公；七，不入八分鎮國公；八，不入八分輔國公；九，鎮國將軍；十，輔國將軍；十一，奉國將軍；十二，奉恩將軍。按院章定額分配，自和碩親王至奉恩輔國公十人，自不入八分鎮國公至奉恩將軍六人。滿、漢世爵，以滿洲、蒙古、漢軍旗員及漢員三等男以上之爵級爲限，按定額分配。三等侯以上八人；一等伯至三等男四人。外藩王、公世爵，凡下列蒙古、回部、西藏各爵：一，汗；二，親王；三，郡王；四，貝勒；五，貝子；六，鎮國公；七，輔國公。按定額分配。內蒙古六盟，盟各一人；外蒙古四盟，盟各一人；科布多及新疆所屬蒙古各旗一人；青海所屬蒙古各旗一人；回部一人；西藏一人。凡各項世爵年滿三十歲以上，未奉特旨停止差俸，及因疾病或事故自請開去一切差使者，均得選充資政院議員。每屆選舉，資政院於前一年九月行知宗人府、各該管衙門、理藩部，分別查明合格者，造具清册，於選舉年分二月以前，咨送資政院。由院分別開單，於三月以前，奏請按額欽選。其宗室王、公，滿、漢世爵，現任軍機大臣，參豫政務大臣，及資政院總裁、副總裁者，無庸選充。有缺額時，資政院隨時行知各該衙門，修正清册。按爵級或部落應選充者，奏請欽選補足之。

宗室、覺羅，凡男子年滿三十歲以上，無下列情事者，得選充資政院議員：一，曾處圈禁或發遺者；二，失財產上信用被人控實未清結者；三，吸食鴉片者；四，有心疾者；五，不識文義者。其現任三品以上職官，審判、檢察、巡警官，及現充海、陸軍軍人者，無庸選充。按定額分配，宗室四人，覺羅二人，由各該合格人先行互選。於選舉年分二月初一日，在京師及奉天府行之。京師以宗人府堂官爲監督，奉天以東三省總督爲監督。每屆互選，資政院於前一年九月行知互選監督，照章舉行。設互選管理員，掌調查互選人，管理投票、開票、檢票等事宜。由互選管理員查明合格人員，造具互選人名册，先期呈由互選監督宣示公衆。如本人認爲錯誤遺漏，得於宣示期內，呈請互選監督更正補入。經批駁者，不得瀆請。互選選舉人及被選舉人，均以列名互選人名册者爲限。屆期互選監督應親蒞投票所，或派員監察之。互選人應親赴投票所自行投票，用記名單記法。互選人有因職務或因疾病、事故不能親赴投票者，得就互選人內委託一人代行投票，應由本人親書密封署名畫押，連同委託憑證，送致受託人。該受託人應將密封及委託憑證臨時向互選監督呈驗，方許代投。以得票較多數者爲當選。互選當選人額數，各以議員定額之十倍爲準。互選告竣，互選監督即日將當選人名榜示投票所。不願應選者，得於三日內呈明互選監督撤銷，將得票次多數者補入。互選管理員造具當選人名册，連同票紙，呈由互選監督咨送資政院，由院將當選人名及得票數目，於選舉年分三月以前，奏請按額欽選。有缺額時，資政院隨時將本屆當選人開單奏請欽選補足之。本屆當選人數不足議員缺額之三倍時，應舉行臨時互選，一切照尋常互選辦理。

各部、院官，以下列各官爲限：一，內閣侍讀學士以下，中書以上；二，翰林院侍讀學士以下，庶吉士以上；三，各部左、右參議以下，七品小京官以上；四，掌印給事中、給事中及監察御史。各官以年滿三十歲以上，具下列資格之一，得選充資政院議員：一，現任實缺者；二，曾任實缺未休致、革職者；三，奉特旨署理或奏署者；四，奉特旨候補、補用、選用或學習行走者；五，其餘候補滿三年以上者。由合格人先行互選，於選舉年分二月初一日在京師行之，以都察院堂官爲監督。互選當選人額數，以議員定額之五倍爲率，各部、院官選充資政院議員者，於院內職權，本衙門長官不得干涉。其因升轉降調致失原定資格者，卽同時失資政院議員之資格。所有舉行互選、奏請欽選、補足缺額各辦法，與宗室、覺羅選舉同。

碩學通儒資格凡四：一，不由考試、特旨賞授淸秩者；二，著書有裨政治或學術者；三，有入通儒院之資格者；四，充高等及專門學堂主要科目教習五年以上著有成績者。凡年滿三十歲以上，具前列資格之一，均得選充資政院議員。每屆選舉，資政院於前一年九月行知學部，由部通行京堂以上官、翰林、給事中、御史、各省督、撫、提學使、出使各國大臣，各蒐訪一人或二人，開具事實，保送學部審查。擇定合格得保多者三十人，作爲碩學通儒議員之被選人。於選舉年分二月以前，咨送資政院。由院將被選人姓名及原保人姓名官職開單，於三月以前，奏請按額欽選。有缺額時，資政院隨時將本屆被選人照章奏請欽選補足之。本屆被選人數不足議員缺額之三倍時，應另行保送。

納稅多額人，以下列資格爲限：一，男子照地方自治章程有選民權者；二，年納正稅或地方公益捐，在所居省分占額較多者。凡具此資格，年滿三十歲以上，得選充資政院議員。由合格人先行互選，於選舉年分二月初一日在各省城行之，以布政使或民政使爲監督。每屆互選，資政院於前一年九月行知各省督、撫，照章舉行。互選監督會同商務總會總理、協理，遴派互選管理員。互選辦法與普通互選同。互選人額數，每省以二十人爲限。投票用記名連記法，以得票過互選人數三分之一者爲當選。互選當選人額數，以互選人額數十分之一爲率。如當選人不足定額，就得票較多者，令互選人再行投票，以足額爲止。其得票及格、額滿見遺者，作爲候補當選人。當選人不願應選，得呈明互選監督撤銷，以候補當選人依次遞補。互選管理員造具當選人及候補當選人名冊，連同票紙，呈由互選監督申送本省督、撫，各督、撫將當選人姓名及得票數目咨送資政院，由院開單，於三月以前，奏請按額欽選。有缺額時，資政院隨時將本屆當選人開單奏請欽選補足之。本屆當選人不足議員缺額之三倍時，以候補當選人遞補。候補當選人數不敷時，舉行臨時互選。

各省諮議局互選諮政院議員，按定額分配：奉天三人，吉林二人，黑龍江二人，順直九人，江蘇七人，安徽五人，江西六人，浙江七人，福建四人，湖北五人，湖南五人，山東六人，河南五人，山西五人，陝西四人，甘肅三人，新疆二人，四川六人，廣東五人，廣西三人，雲南四人，貴州二人。互選於選舉年分前一年十月十一日，在各省諮議局行之。以督、撫爲監督。每屆互選，資政院於前一年九月行知各互選監督，照章舉行。屆期互選監督親蒞監察之。投票、開票、檢票等事，由諮議局辦事處管理。適用普通互選規則，互選選舉人及被選舉人均以該省諮議局議員爲限。投票用記名連記法，以得票過互選人半數者爲當選。互選當選人額數，以各該省議員額數之二倍爲率。如當選人不足定額，就得票較多者，令互選人再行投票，以足額爲止。其投票及格、額滿見遺者，作爲候補當選人。諮議局辦事處造具當選人及候補當選人名册，連同票紙，呈送互選監督，覆加選定，爲資政院議員。不願應選者，得呈明互選監督辭退，依次將本屆當選人及候補當選人覆加選定補充。不敷選充者，舉行臨時互選。選定後，由互選監督造具名册，連同當選人及候補當選人原册，咨送資政院。凡選充資政院議員者，不得兼充本省諮議局議員，有缺額時，由院行知該省督、撫，覆加選定補充，或舉行臨時互選。此資政院議員欽選、互選辦法之概要也。

各省諮議局議員選舉章程之規定，議員之選任，用複選舉法。複選之別於單選者，單選巡由選舉人投票選出議員，複選則先由選舉人選出若干選舉議員人，更令選舉議員人投票選出議員是也。諮議局議員定額，因各省戶口尚無確實統計，參酌各省取進學額及漕糧多寡以定準則。奉天五十名，吉林三十名，黑龍江三十名，順直百四十名，江寧五十五名，江蘇六十六名，安徽八十三名，江西九十七名，浙江百十四名，福建七十二名，湖北八十名，湖南八十二名，山東百名，河南九十六名，山西八十六名，陝西六十三名，甘肅四十三名，新疆三十名，四川百零五名，廣東九十一名，廣西五十七名，雲南六十八名，貴州三十九名。京旗及各省駐防，以所住地方爲本籍。但旗制未改以前，京旗得於順直議員定額外，暫設專額十名；各省駐防得於該省議員定額外，每省暫設專額一名至三名。選舉權之規定，用限制選舉法。凡屬本省籍貫之男子，年滿二十五歲以上，具下列資格之一者，有選舉諮議局議員之權：一，在本省地方辦理學務及公益事務滿三年以上著有成績者；二，在本國或外國中學堂及與中學同等或中學以上之學堂畢業者；三，有舉、貢、生員以上之出身者；四，曾任實缺職官文七品、武五品以上未被參革者；五，在本省地方有五千元以上之營業資本或不動產者。凡非本籍之男子，年滿二十五歲，寄居本省滿十年以上，有萬元以上之營業資本或不動產者，亦得有選舉權。被選舉權之規定及其限制：凡屬本省籍貫或寄居本省滿十年以上之男子，年滿三十歲以上者，得被選舉爲諮議局議員。凡有下列情事之一者，不得有選舉權及被選舉權。一，品行悖謬、營私武斷者；二，曾處監禁以上之刑者；三，營業不正者；四，失財產上信用被人控實未清結者；五，吸食鴉片者；六，有心疾者；七，身家不清白者；八，不識文義者。其有所處地位不適於選舉議員及被選舉爲議員者：一，本省官吏或幕友；二，軍人；三，巡警官、吏；四，僧、道及宗教師；五，學堂肄業生：均停其選舉權及被選舉權。其現充小學教員者，停其被選舉權。諮議局設議長一，副議長二，用單記投票法，分次互選。設常駐議員，以議員額數十分之二爲額，用連記投票法，一次互選。凡議員三年一改選，議長、副議長任期同。常駐議員任期限一年。議長因事出缺，以副議長遞補。副議長出缺，由議員互選充補。議員出缺，以複選候補當選人依次遞補。議員改選，再被選者得連任，以一次爲限。議員非因下列事由，不得辭職：一，確有疾病，不能担任職務者；二，確有職業，不能常駐本省境內者；三，其餘事由，經諮議局允許者。

凡選舉區域，初選舉以廳、州、縣爲選舉區，複選舉以府、直隸廳、州爲選舉區。直隸廳、州及府之本管地方，均作爲初選區。直隸廳無屬縣者，以附近之府爲複選區。初選區，廳以同知、通判，州、縣以知州、知縣爲初選監督。複選區，府以知府，直隸廳、州以同知、通判、知州爲複選監督。府、直隸廳、州作爲初選區者，得遴派教佐員爲初選監督。初選、複選均設投票、開票、管理員、監察員若干名。管理員不拘官紳，監察員以本地紳士爲限。初選區選舉人名册及當選人姓名票數，由初選監督申報複選監督；複選當選人姓名票數，由複選監督申報督、撫，分別咨報資政院、民政部立案。

選舉年限，三年一次，以正月十五日爲初選日期，三月十五日爲複選日期。凡初選舉，初選監督按地方廣狹、人口多寡、分劃本管區域爲若干投票區，分設選舉調查員，按照選舉資格，詳細調查，將合格選舉人造具名册，於選舉期六個月以前，呈由複選監督申報督、撫，並宣示公衆。如本人認爲錯誤遺漏，得於宣示期內呈請初選監督更正。初選當選人額數，按照議員定額加多十倍。各初選區應出當選人若干名，由複選監督分配。投票用無名單記法，其有寫不依式者，夾寫他事者，字跡模糊者，不用頒發票紙者，選出之人不合被選資格者，作爲廢票。以本區應出當選人額數除選舉人總數，所得半數，爲當選票額。得票不滿當選票額以上者，不得爲初選當選人。複選由初選當選人齊集複選監督所在地行之。複選當選人，卽爲諮議局議員。各複選區應得議員若干名，由督、撫按全省議員定額分配，投票當選，一切與初選同。

關於選舉之變更，如選舉人名册有舞弊、作僞情事，或辦理不遵定章，被控判定確實者，初選、複選均無效。當選議員有辭任、或疾病不能應選，或身故，或被選資格不符，當選票數不實，被控判定確實者，其當選無效，各以候補當選人遞補。如選舉人確認辦理人員不遵定章，有舞弊、作僞證據，或當選人被選資格不符，當選票數不實，及落選人確信得票可當選而不與選，候補當選人名次錯誤、遺漏者，均得向該管衙門呈控。限自選舉日起三十日，凡選舉訴訟，初選向府、直隸廳、州衙門，複選向按察使衙門呈控。各省已設審判廳者，分別向地方高等審判廳呈控。不服判定者，初選得向按察使衙門，複選得向大理院上控。限判定日起三個月。已設審判廳者，照審判廳上控章程辦理。選舉人及辦理選舉人、選舉關係人，有違法行爲，分別輕重，處以監禁、罰金有差；二年以上、十年以下，不得爲選舉人及被選舉人。

專額議員選舉人及被選舉人，以京旗及駐防人員爲限，選舉及被選舉資格，與諮議局普通議員資格同。各省駐防專額議員之數，視該省駐防取進學額全數在十名以內者設議員一名，二十名以內設二名，二十名以外設三名。初選當選人額數，以議員定額十倍之數爲準。複選當選人額數，以議員定額爲準。調查選舉人名册，由督、撫會同將軍、都統，於京旗及駐防人員內，各酌派選舉調查員。當選、改選、補選及訴訟、罰則各事，均照諮議局選舉章程辦理。此各省諮議局議員初選、複選辦法之概略也。

各省諮議局選舉，宣統元年各督、撫次第奏報舉行。於九月初一日，召集開會，舉行互選資政、諮議員。二年四月，資政院奏請欽選各項議員，奉敕選定。以八月二十日爲召集期，九月初一日，資政院舉行第一次開院禮。監國攝政王代行蒞選，頒諭嘉勉議員。三年九月，遵章第二次召集開會。

資政院、諮議局議員選舉外，尚有地方自治團體之選舉。地方自治爲立憲基礎，列於籌備事宜清單。光緒三十四年、宣統元年，憲政編查館先後核議，民政部奏城、鎭、鄉、府、廳、州、縣及京師地方自治暨選舉各章程，各省次第籌辦。其選舉辦法，與諮議局議員選舉略有出入。以繁瑣，不備載。

清史稿卷一百十四

志八十九

職官一

太祖肇基東土，國俗淳壹，事簡職專，置八旗總管大臣、佐管大臣董統軍旅，置議政五大臣、理事十大臣釐治政刑，任用者止親貴數臣，官稱職立，人稱官置，興也勃焉。太宗厲精爲治，設三館，置八承政，論功料勤，翕斯郅治。世祖入關，因明遺制，內自閣、部以迄庶司，損益有物。藩部創建，名竝七卿，外臺督撫，杜其紛更，著爲令甲。綠營提鎮以下，悉易差遣爲官，旗營御前領衞，年宿位重，意任隆密。都統旗長，軍民合治，職視專圻駐防，分翰外畿，規撫京制。西北邊陲，守以重臣，綏靖蒙、番，方軌都護，斯皆因俗而治，得其宜已。世宗綜覈，罷尙寶、行人、僉都諸目。高宗明哲，損參政、參議、副使、僉事諸銜，沙汰虛冗，奉職肅然。嘉、道以降，整釐如舊。日久穨弛，精意浸失，日革月易，百職相侵。光緒變法，宣統議制，品目張皇，掌寄紛雜，將以靖國，不益囂乎！夫一國事權，操自樞垣，匯於六曹，分寄於疆吏。自改內三院為內閣，台輔拱袂。迨軍機設，題本廢，內閣益類閒曹，六部長官數四，各無專事。甚或朝握銓衡，夕兼支計，甫主戎政，復領容臺，一職數官，一官數職，曲存稟仰，建樹寧論。時軍機之權，獨峙於其上，國家興大兵役，特簡經略大臣、參贊大臣，親寄軍要。吏部助之用人，戶部協以巨饟，用能藉此雄職，奏厥膚功。自是權復移於經略，督撫儀品雖與相埒，然不過承號令、備策應而已。厥後海疆釁起，經略才望稍爽，權力漸微。粵難糾紛，首相督師，屢僨厥事。朝廷間用督撫董戎，多不辱命，猶復不制以文法，故能霈施魄力，自是權又移於督撫。同治中興，光緒還都，皆其力也。洎乎末造，親貴用事，權削四旁，厚集中央，疆事遂致不支焉。初制內外羣僚，滿、漢參用，蒙古、漢軍，次第分布。康、雍兩朝，西北督撫，權定滿缺，領隊、辦事大臣，專任滿員，累朝膺閫外重寄者，滿臣為多。逮文宗兼用漢人，勳業遂著。大抵中葉以前，開疆拓宇，功多成於滿人。中葉以後，撥劇整亂，功多成於漢人。季世釐定官制，始未嘗不欲混齊畛域，以固厥根本也。而弊風相仍，一物自為鴻乙，徒致疑駴，雖危亡之政，無關典要，亦必輯而列之，以著一時故實，治亂之跡，庶皎然若覽焉。

宗人府　師傅保　內閣（稽查欽奉上諭事件處　中書科）　軍機處（內繙書房　方略館）

吏部　戶部三庫　倉場　關稅各差　禮部會同四譯館　樂部　兵部

刑部　工部火藥局　河道溝渠　盛京五部

宗人府　宗令，左、右宗正，左、右宗人，俱各一人。宗室王、公爲之。府丞，漢一人。正三品。其屬：堂主事，漢主事，經歷司經歷，並正六品。左、右二司理事官，正五品。副理事官，從五品。主事，委署主事，俱各二人；筆帖式，效力筆帖式，各二十有四人。俱宗室爲之。

宗令掌皇族屬籍，顯祖宣皇帝本支爲宗室，繫金黃帶。旁支曰覺羅，繫紅帶。革字者，繫紫帶。以時修輯玉牒，奠昭穆，序爵祿，宗室封爵十有二：曰和碩親王，曰多羅郡王，曰多羅貝勒，曰固山貝子，曰奉恩鎮國公，曰奉恩輔國公，曰不入八分鎮國公，曰不入八分輔國公，曰鎮國將軍，曰輔國將軍，曰奉國將軍，曰奉恩將軍。嫡子受封者二等：曰世子，曰長子。福晉、夫人之號，各視夫爵以爲差。公主之等二：曰固倫公主，曰和碩公主。格格之等五：曰郡主，曰縣主，曰郡君，曰縣君，曰鄉君。不入五等曰宗女。額駙品級，各視公主、格格等級以爲差。麗派別，申教誡，議賞罰，承陵廟祀事。宗正、宗人佐之。府丞掌校漢文册籍。左、右二司分掌左、右翼宗室、覺羅譜牒，序錄子女嫡庶、生卒、婚嫁，官爵、名謚；並覈承襲次序，秩俸等差，及養給優卹諸事。堂主事掌清文奏稿。漢主事掌漢文典籍。經歷掌出納文移。筆帖式掌繙譯文書。各部同。筆帖式爲滿員進身之階。國初，大學士達海、額爾德尼、索尼諸人，並起家武臣，以諳練國書，特恩賜號「巴克什」，即後之筆帖式也。厥後各署候補者紛不可紀矣。其兼領者：左、右翼宗學，總理學務王二人，稽察京堂官三人，並請旨簡派。總管四人，食七品俸。副管十有六人，食八品俸。並以宗室中分尊年長者引見補授。清書教習、騎射教習各六人，漢書教習八人。所轄銀庫，以本府堂官及滿洲大臣各一人領之，請旨簡派。司官二人，由府引見補授。筆帖式四人。空房，司官、筆帖式亦如之。黃檔房，司官、筆帖式無員限。

初制，列署篤恭殿前，置八和碩貝勒共議國政，各置官屬。順治九年，設宗人府，置宗令一人；親王、郡王爲之。左、右宗正，貝勒、貝子兼攝。宗人，鎭國公、輔國公及將軍兼攝。後擇賢，不以爵限。俱各二人。啓心郎，覺羅一人，漢軍二人，初制，秩視理事官。九年，改視侍郎。始以滿臣不諳漢語，議事令坐其中。後多緣以爲奸，康熙十二年省。與府丞並爲正官。其郎中六人，康熙三十八年省二人。員外郎四人，主事三人，以覺羅爲之，嗣改覺羅、滿洲參用。堂主事二人，經歷三人，宗室、滿洲二人，漢一人。康熙三十八年省漢缺。乾隆二十九年改用宗室。筆帖式二十有四人。後增減無恆。初爲他赤哈哈番、筆帖式哈番，尋改六、七、八品及無頂戴筆帖式。各部同。康熙十二年，省啓心郎，增滿洲主事一人，分隸左、右二司。雍正元年，增漢主事二人。用進士出身者。明年，改郎中爲理事官，員外郎爲副理事官，並定爲宗室、滿洲參用。乾隆二十九年，允府丞儲麟趾奏，始專用宗室人員。五十三年，增置委署主事四人。筆帖式改。

太師、太傅、太保爲三公。正一品。少師、少傅、少保爲三孤。從一品。太子太師、太子太傅、太子太保，從一品。太子少師、太子少傅、太子少保，正二品。俱東宮大臣，無員限，無專授。初沿明制，大臣有授公、孤者。嗣定爲兼官、加官及贈官。

內閣　大學士，滿、漢各二人。初制，滿員一品，漢員二品。順治十五年，改與漢同。雍正八年，幷定正一品。協辦大學士，滿、漢各一人。尚書內特簡。正一品。學士，滿洲六人，漢四人。初制，滿員二品，漢員三品。順治十五年，並改正五品，兼禮部侍郎者正三品。雍正八年，定從二品。後皆兼禮部侍郎銜。典籍，滿、漢、漢軍各二人。正七品。侍讀學士，滿洲四人，蒙、漢各二人。初兼太常寺卿銜，尋罷。雍正三年，定從四品。中書，正七品。滿洲七十人，蒙古十有六人，漢軍八人。貼寫中書，滿洲四十人，蒙古六人。

大學士掌鈞國政，贊詔命，釐憲典，議大禮、大政，裁酌可否入告。協辦佐之。修實錄、史、志，充監修總裁官。經筵領講官。會試充考試官。殿試充讀卷官。春秋釋奠，攝行祭事。學士掌敷奏。侍讀學士掌典校。侍讀掌勘對。典籍掌出納文移。內閣爲典掌絲綸之地，自大學士以下，皆不置印，惟典籍置之，以鈐往來文牒。中書掌撰擬、繙譯。分辨本章處凡五：曰滿本房，漢本房，蒙古本房，滿籤票處，漢籤票處。又誥敕房，稽察房，收發紅本副本處，飯銀庫，俱由大學士委侍讀以下官司之。惟批本處額置滿洲翰林官一人，請旨簡派。中書七人。滿中書內補授。

初，天聰二年，建文館，命儒臣分直。十年，更名內三院。曰國史，曰秘書，曰弘文。始亦沿承政名，後各置大學士一人。順治元年，置滿、漢大學士，不備官，兼各部尚書銜。學士，滿洲、康熙九年改置二人，十年增四人，通舊爲六人。漢軍康熙十年改置二人，十二年併入漢缺。各三人，漢學士無員限。康熙十年改置二人，明年增二人，十二年省漢軍入漢缺，通舊爲四人。典籍，滿、漢、漢軍各三人。康熙九年改置二人。侍讀，滿洲十有一人，清文五人，清漢文六人。康熙三十八年省清文一人，清漢文二人。尋復增二人，通舊爲十人。蒙古、漢軍、康熙九年各置二人。漢康熙九年省。雍正四年置二人。各二人。中書，滿洲七十有五人，蒙古十有九人，漢軍十有三人，漢三十有六人。康熙三十八年省滿洲、漢軍各五人，蒙古三人，漢四人。乾隆十三年復省漢三人。二年，定爲正二品衙門，以翰林官分隸之。三院上並繫「內翰林」字。八年，置侍讀學士，滿、蒙、漢軍各三人。十八年增滿洲二人，蒙古三人。康熙九年增滿洲四人，餘改置二人。乾隆十七年省漢軍入漢缺。十年，置三院漢大學士各二人。十五年，更名內閣，別置翰林院官，以大學士分兼。殿閣曰中和殿、保和殿、文華殿、武英殿、文淵閣、東閣，諸大學士仍兼尚書，學士亦如之。十八年，復三院舊制。康熙九年，仍別置翰林院，改三院爲內閣，置滿、漢大學士四人。雍正九年，禮部尚書陳元龍、左都御史尹泰特授額外大學士。置協辦自此始。厥後多至六人，少或一二人。乾隆十三年，始定大學士、協辦大學士員限，省中和殿，增體仁閣，以三殿、三閣爲定制，唯保和殿不常置。嗣後授保和者止傅恆一人。凡遇歲時慶節朝會，漢員列滿員下。自光緒間李鴻章繫文華殿銜，而寶鋆時繫武英殿，班轉居其右。五十八年，停兼尙書銜。宣統三年，改組內閣，別令大學士序次翰林院。

先是世祖親政，日至票本房，大學士司票擬，意任隆密。康熙時，改內閣，分其職設翰林院。雍正時，青海告警，復分其職設軍機處，議者謂與內三院無異。顧南書房翰林雖典內廷書詔，而軍國機要綜歸內閣，猶爲重寄。至本章歸內閣，大政由樞臣承旨，權任漸輕矣。

稽察欽奉上諭事件處，兼理大臣無員限。滿、漢大學士、尙書、左都御史內特簡。掌察諸司諭旨特交事件，督以例限。委署主事，滿洲一人。行走司官，漢四人。並於吏、兵、刑、工四部選補。筆帖式四十人。額外筆帖式八人。

中書科，稽察科事內閣學士，滿、漢各一人，由內閣學士內特簡。掌稽頒册軸。掌印中書，滿洲一人。掌科中書，漢一人。中書，並從七品。滿洲一人，漢三人，掌繕書誥敕。筆帖式十人。

初制，置滿洲中書舍人一人，乾隆十四年增一人。漢中書舍人八人。雍正十三年派兼內閣行走。乾隆十三年省四人。順治九年，置滿洲記事官，同掌科事。康熙九年，改記事官爲中書舍人。乾隆三十六年，置管中書科事漢內閣學士一人。明年，改管科事爲稽察科事；增置滿洲內閣學士一人；改中書舍人爲中書科，置掌印中書，滿、漢各一人。宣統三年省。

軍機處　軍機大臣，無定員，由大學士、尚書、侍郎內特旨召入。區其名曰大臣，曰大臣上行走。其初入者加「學習」二字。掌軍國大政，以贊機務。常日侍直，應對獻替，巡幸亦如之。明降諭旨，述交內閣。諭本處行者，封寄所司。並册藏存記人員，届時題奏。其屬曰章京，滿洲十有六人，漢二十人，名曰行走，分頭班、二班。初無定額，嘉慶四年定每班八人。後增減無恆。光緒三十二年定三十有六人，復定領班秩三品，幫領班秩視四品，餘並以原官充補。三十四年，改領班爲從三品，幫領班爲從四品。分掌清文、漢字。

初設議政處，令羣阿岱等爲議政大臣，參畫軍要。雍正十年，用兵西北，慮儤直者洩機密，始設軍機房，後改軍機處，而滿洲大學士尚有兼議政銜者。乾隆五十六年停。高宗涖政，更名總理處，尋復如初。時入直者皆重臣。故事，親王不假事權。至嘉慶四年，始命成親王入直，旋出之。咸豐間，復命恭親王入直，歷三朝領班如故。嗣是醇賢親王、禮親王、慶親王等踵相躡。光緒二十七年，設政務處，以軍機大臣領督辦事。參預大臣無定員。提調、幫提調、總辦、幫總辦，俱各二人，章京八人，並以本處員司兼充。二十八年，附設財政處，尋罷。三十二年更名會議政務處，隸內閣。宣統三年省。三十一年，定署名制。越二年，設憲政編查館，復命軍機大臣領之。先是設考察政治館，命度支部尚書載澤等考察各國政治，至是更名。置提調四；總核、參議各二；庶務處總辦一；一、二等諮議官，無恆額。設編制、統計、官報三局，局長、副局長各一，科員視事酌置。又考核科總辦一，幫辦正科員各二，副科員八，調京、外官兼充。宣統三年省。宣統三年，改責任內閣，以軍機大臣爲總協理大臣。

內繙書房管理大臣，滿洲軍機大臣兼充，掌繙譯諭旨、御論、册祝文字。提調、協辦提調，各二人。收掌官、掌檔官，俱各四人。並於本房行走官內酌派。繙譯四十人。宣統初，改隸翰林院。

方略館總裁，軍機大臣兼充。掌修方略。提調、收掌，俱滿、漢二人。纂修，滿洲三人，漢六人。俱由軍機章京內派充。漢纂修缺內由翰林院咨送充補一人。校對，無員限。六部司員、內閣中書兼充。有事權置，畢迺省。

吏部　尚書，初制，滿洲一品，漢人二品。順治十六年改滿尚書二品。康熙六年復故，九年仍改正二品。雍正八年俱定從一品。各部同。左、右侍郎，初制，滿洲、漢軍二品，漢員三品。順治十六年改滿侍郎三品。康熙六年復故，九年仍改正三品。雍正八年俱定從二品。各部同。俱滿、漢一人。其屬：堂主事，初制四品。順治十六年改六品。康熙六年陞五品，九年定正六品。各部同。淸檔房滿洲二人，漢本房滿洲二人，漢軍一人。司務廳司務，初制從九品。乾隆三十年定正八品。各部同。滿、漢各一人。繙本筆帖式，十有二人。文選、考功、驗封、稽勳四清吏司：郎中，初制三品。順治十六年改五品，尋陞四品。康熙六年仍改三品，九年定正五品。各部同。滿洲九人，文選四人，考功三人，驗封、稽勳司各一人。蒙古一人，文選司置。漢五人。文選二人，餘各一人。員外郎，初制四品。順治十六年改五品。康熙六年復故，九年定從五品。各部同。宗室一人，稽勳司置。滿洲八人，文選三人，考功、驗封各二人，稽勳一人。蒙古一人，考功司置。漢六人。文選三人，餘各一人。主事，宗室一人，稽勳司置。滿洲四人，司各一人。蒙古一人，驗封司置。漢七人。文選三人，考功二人，餘各一人。筆帖式，宗室一人，滿洲五十有七人，蒙古四人，漢軍十有二人。學習行走者，有額外司員、七品小京官。各部同。

尙書掌銓綜衡軸，以布邦職。侍郎貳之。堂主事掌文案章奏。司務掌出納文移。以上二員各部同。文選掌班秩遷除，平均銓法。官分九品，各繫正從，級十有八，不及九品曰未入流。選人並登資簿，依流平進，踵故牒序遷之。考功掌考課，三載考績。京察、大計各聽察於長官，著跡計簿。凡論劾、釋免、引年、稱疾，並覈功過處分。交議者，辨公私輕重，條議以聞。稽勳掌勳級、名籍、喪養，兼稽京朝官廩祿，稽俸廳隸之。漢司官員數，八旗世職繼襲。驗封掌廕敍、正一品子正五品敍，從一品子從五品敍，其下以是爲差。封贈、階十有八：正一品授光祿大夫，從一品授榮祿大夫，正二品授資政大夫，從二品授奉政大夫，正三品授通議大夫，從三品授中議大夫，正四品授中憲大夫，從四品授朝議大夫，正五品授奉政大夫，從五品授奉直大夫，俱授誥命。正六品授承德郎，從六品授儒林郎，吏員出身者宣德郎，正七品授文林郎，吏員出身者宣義郎，從七品授徵仕郎，正八品授修職郎，從八品授修職佐郎，正九品授登仕郎，從九品授登仕佐郎，俱授敕命。命婦之號九：一曰一品夫人，二品亦曰夫人，三品曰淑人，四品曰恭人，五品曰宜人，六品曰安人，七品曰孺人，八品曰八品孺人，九品曰九品孺人，不分正從。因其子孫封者加「太」字，夫在則否。一品封贈三代，二、三品二代，四品至七品一代，以下止封本身。一品四軸用玉，二品三軸用犀，三品三軸、四品二軸用抹金，五品以下二軸用角。凡嫡母在，生母不得並封。又兩子當封，從其品大者。酬庸、獎忠。覈贈、廕死難官員，有贈、有廕。當否。襲封則辨分合，別宗支等。其世流降除，勘土官世職，移文選司注擬。推恩外戚，加榮聖裔，優卹勝國，並按典奏聞。別設督催所，趣各司交議事，督以例限。當月處，主受事、付事，兼監堂印。遴司員分司之。各部同。

初，天聰五年，詔羣僚議定官制，建六部，各以貝勒一人領之。順治元年罷。八年復以親王、郡王兼攝，九年罷。置承政四人，滿二人，蒙、漢各一人。唯工部滿一人，漢二人。參政八人，唯工部置蒙、漢各二人。共十有二人。啓心郎一人。工部置漢二人。順治九年定秩視侍郎。崇德三年，六部定承政一人，左參政二人，右參政三人，戶部四人。啓心郎三人，滿一人，漢二人。理事官四十有三人，吏、禮二部各四人，戶、兵二部各十人，刑部六人，工部九人。副理事官六十有五人，吏部六人，戶、兵二部各十有六人，禮部七人，刑部八人，工部十有二人。額哲庫二人。

順治元年，改承政爲尚書，參政爲侍郎，理事官爲郎中，副理事官爲員外郎，額哲庫爲主事。初置增減無恆。時滿洲尚書，滿、漢左、右侍郎，亦無員限。漢右侍郎兼翰林院學士銜。非翰林出身者不兼。尋罷。本部郎中，滿洲四人，十二年增四人。光緒十三年增文選一人。漢軍二人，雍正五年省。滿、蒙員外郎八人，十二年省蒙古缺。十八年復置蒙古八人，康熙元年省，五十七年復置一人。漢軍六人。康熙三十八年省四人。雍正五年並省。滿洲堂主事、清文、清漢文各二人。司主事光緒十三年增文選一人。各四人，漢軍一人，漢司務二人。四年省一人。十五年定滿、漢各一人。各部同。文選司，漢郎中、員外郎各一人，雍正五年增員外郎一人。光緒十三年各增一人。主事二人。光緒十三年增一人。考功、稽勳、驗封三司，漢郎中、員外郎、主事各一人。雍正五年增考功主事一人。並置筆帖式，分隸堂司。各部同。五年，定滿、漢尚書各一人。七年增滿洲一人，十年省。十五年，省啓心郎，定滿、漢左、右侍郎各一人。康熙五十七年，增置蒙古郎中、主事各一人。雍正元年，以大學士領部事。嘉慶四年，更命親王綜之，尋罷。改滿洲員外郎、主事各一人爲宗室員缺。六年，復以大學士管部，自是爲定制。光緒二十三年，澄汰書吏，增文選、考功二司郎中、員外郎、主事各一人。滿、漢參用。三十二年，定尚書，左、右侍郎，左、右丞、參各一人。丞、參品秩，詳新官制外務部。

初制，滿、蒙、漢軍司官，六部統爲員額，不置專曹，後始分司定秩如漢人。季世詔泯滿、漢畛域，各部復參用矣。吏部班次曩居六部上。各司郎官，非科甲出身者，不得注授。禮部、宗人府、起居注主事同。自外務部設，班位稍爽，改組內閣，設銓敍、制誥等局，吏部遂廢。

戶部　尚書，左、右侍郎，俱滿、漢一人。其屬：堂主事，南檔房滿洲二人，北檔房滿洲、漢軍各二人。司務廳司務，滿、漢各一人。繕本筆帖式二十人。江南、江西、浙江、湖廣、福建、山東、山西、河南、陝西、四川、廣東、廣西、雲南、貴州十四淸吏司：郎中，宗室一人，江西司置。滿洲十有七人，江南、浙江、河南、山西、陝西、四川、廣東、廣西、貴州司各一人，福建、湖廣、山東、雲南司各二人。蒙古一人，山西司置。漢十有四人。司各一人。員外郎，宗室二人，廣東、廣西司置。滿洲三十有六人，山西司一人，浙江、江西、河南、四川、廣東、湖廣司各二人，江南、陝西、廣西、山東、雲南、貴州司各三人，福建司五人。漢十有四人。主事，宗室一人，浙江司置。蒙古一人，福建司置。滿、漢各十有四人。筆帖式，宗室一人，滿洲百人，蒙古四人，漢軍十有六人。

尚書掌軍國支計，以足邦用。侍郎貳之。右侍郎兼掌寶泉局鼓鑄。十四司，各掌其分省民賦，及八旗諸司廩祿，軍士餉糈，各倉，鹽課，鈔關，雜稅。江南司兼稽江寧、蘇州織造支銷，江寧、京口駐防俸餉，各省平餘地丁踰限未結者。江西司兼稽各省協餉。浙江司兼稽杭州織造支銷，杭州、乍浦駐防俸餉，及各省民數、穀數。福建司兼稽直隸民賦，天津海稅，東西陵、熱河、密雲駐防俸餉，司乳牛牧馬政令，文武鄉會試支供，五城賑粟。湖廣司兼稽奉省廠課，荆州駐防俸餉，各省地丁耗羨之數。河南司兼稽開封駐防俸餉，察哈爾俸餉，及報銷未結者。山東司兼稽青州、德州駐防俸餉，東三省兵糈出納，蔆票畜稅，並察給八旗官養廉，長蘆等處鹽課。山西司兼稽游牧察哈爾地畝，土默特地糧，喀爾喀、回部定邊左副將軍辦事官屬，張家口、賽爾烏蘇臺站俸餉，烏里雅蘇臺、科布多屯田官兵番換，並各省歲入歲出之數。陝西司兼稽甘肅民賦，行銷鹽引，西安、寧夏、涼州、莊浪各駐防俸餉，並彙覈在京支款，新疆經費。四川司兼稽本省關稅，兩金川等處、新疆屯務，成都駐防俸餉，並京城草廠出納，各部院紙硃支費，入官戶口，贓罰銀兩，凡各省郡縣豐歉水旱，歲具其數以上。廣東司兼稽廣州駐防俸餉，八旗繼嗣戶產更代，凡壽民、孝子、節婦受旌者，給以坊直。廣西司兼稽本省礦政廠稅，及京省錢法，內倉出納。雲南司兼稽本省廠課，山東、河南、江南、江西、浙江、湖廣漕政，京、通倉儲，及江寧水次六倉考覈。貴州司兼稽各關稅課，並覈貂貢。所轄內倉監督，滿洲二人。司員內派委。寶泉局監督，各部司員內保送補用。主事，本部司員內派委。俱滿、漢各一人；局大使，東、西、南、北四廠大使，俱滿洲一人。筆帖式充。初置漢一人。雍正四年增四人，七年改滿洲員缺。各省錢局監鑄官，十有八人。外官兼充，並受法式法部。其別領者三：曰井田科，典八旗土田、內府莊戶；曰俸饟處，覈八旗俸饟丁册；曰現審處，平八旗戶口田房諍訟。又飯銀處、減平處、捐納房、監印處、則例館，俱派司屬分治其事。

初，天聰五年，設戶部。順治元年，置尚書、侍郎。右侍郎管錢法堂事。郎中，滿洲十有八人，蒙古四人，康熙三十八年省。五十七年復置一人。漢軍二人。康熙三十八年省。員外郎，滿洲三十有八人，蒙古五人，康熙三十八年省，五十七年復置一人。漢軍六人。康熙三十八年省。滿洲堂主事四人，主事十有四人，漢軍堂主事二人。十四司，漢郎中、員外郎各一人，主事各三人。六年，司各增一人。十一年省增額。康熙六年省江南、浙江、江西、湖廣、福建、河南、陝西、廣西、四川、貴州各一人。三十八年省山東、山西、廣東、雲南各一人。五年，定滿、漢尚書各一人。七年增滿洲一人，十年省。康熙六年復置，八年又省。康熙五十七年，增置福建司蒙古主事一人。雍正初，始令親王、大學士領部事。嘉慶四年，以川省用兵，銷算務劇，復令親王永瑆綜之。尋罷。並改滿洲郎中一人、員外郎二人爲宗室員缺。十一年，仍令大學士管部。光緒六年，增浙江司宗室主事一人。三十二年，更名度支部。初制，按省分職，十三司外，增設江南一司，凡銅、關、鹽、漕，及續建行省，別以司之事簡領之。

管理三庫大臣，滿、漢各一人，三年請旨更派。掌庫藏出納，月會歲要，覈實以聞。其屬：檔房主事一人，銀、緞疋、顏料三庫郎中各一人，員外郎各二人，司庫五人，正七品。銀庫一人，餘各二人。大使四人，銀庫二人，餘各一人。各部司員內補授。筆帖式四人，庫使十有一人。未入流。以上俱爲滿缺。

順治初，設後庫，在部署。置郎中四人，員外郎二人。康熙二十九年定三庫俱各一人。雍正二年增員外郎各一人。十三年，分建三庫，改後庫爲銀庫。緞疋庫在東華門外，卽舊裏新庫。顏料庫在西安門內，卽舊甲字庫。置理事官綜其事。雍正元年，改命王公大臣領之。明年，置大使各一人，乾隆三年增銀庫一人。並增主事一人，稽覈檔案。光緒二十八年省。

總督倉場侍郎，滿、漢各一人，分駐通州新城。掌倉穀委積，北河運務。其屬：筆帖式四人。所轄坐糧廳，滿、漢各一人，滿員由六部、理藩院郎員，漢員由六部郎員內簡用。掌轉運輸倉，及通濟庫出納。大通橋監督，滿、漢各一人，十一倉監督內補用。掌轉大通陸運。十一倉監督，曰祿米、曰南新、曰舊太、曰富新、曰興平、曰海運、曰北新、曰太平，俱清初建。曰本裕，康熙四十五年建。曰儲濟，雍正六年建。曰豐益，七年建。舊有萬安、裕豐，後省。其恩豐倉，乾隆二十六年建，隸內府。俱滿、漢各一人，各部院保送補用。掌分管京倉。中、西二倉監督，沿明制建。舊有南倉，後省。滿、漢各一人，十一倉監督內調補。掌分管通倉。

順治元年，置漢侍郎一人。康熙八年省，十八年復。京、通各倉，戶部員司分理之。通州坐糧廳，十二年設京糧廳。十五年併入大通橋。康熙二年置滿、漢監督各一人，尋省。四十七年復。以戶部官一人承其事。九年，置滿洲、漢軍侍郎各一人。尋省漢軍缺。十五年，定滿、漢各一人。康熙五十年，定京、通倉監督滿、漢各一人。雍正二年置副監督，尋省。其缺由內閣中書、部院監寺官番選。又初有總理，滿洲侍郎一人，與總漕並理漕務。順治八年省，十二年復，十八年又省。

京師崇文門，正監督、副監督，左翼、右翼各一人。內府大臣及尚書侍郎兼充。其各常關，或部臣題請特簡，或由京掣差部司官，或改令外官兼轄。天津關，長蘆鹽政兼管。通州，坐糧廳兼管。張家口、殺虎口，部院司員兼充。潘桃口，多倫諾爾同知兼理。龍泉、紫荆、喜峯、五虎、固關、白石、倒馬、茨溝、插箭嶺、馬水口，提督兼管，委參將、都司、守備、把總監收。三座塔、八溝、烏蘭哈達，理藩院司員兼充。奉天牛馬稅，部院司員兼充。中江，盛京將軍衙門章京及五部司員番選，後歸興鳳道兼理。臨清，巡撫兼管，委知州監收。歸化城，巡撫兼管，委道員監收。潼關，道員兼理。滸墅關，蘇州織造監理。淮安關兼廟灣口，內府司員兼充。揚關，巡撫兼管，委淮揚海道兼收。西新關，江寧織造兼理，後改歸巡撫。鳳陽關，皖北道兼理。贛關，巡撫兼管，委吉南贛寧道監收。閩安關，巡撫兼管，後改歸總督，委福州府同知監收。北新關，杭州織造兼管，後改歸巡撫。武昌廠、荆關，巡撫兼管，後改歸總督委員監收。夔關，總督兼管，委知府監收。打箭爐，同知兼理。太平關，巡撫兼管，委南韶連道監收。梧廠、潯廠，巡撫兼管，委梧、潯二知府監收。

初制，榷百貨者曰戶關，榷竹木船鈔者曰工關，爲戶、工二部分司，後改今制。宣統三年，工關多改稱常關，唯直隸等省名稱如故。並隸度支部。往例以內府官簡充。乾隆間，改令內務府大臣爲之。後部院大臣並得簡充，定爲滿洲員缺。

禮部　尚書，左、右侍郎，俱滿、漢一人。其屬：堂主事，淸檔房滿洲二人，漢本房滿洲、漢軍各一人。司務廳司務，滿、漢各一人。筆帖式，宗室一人，滿洲三十有四人，蒙古二人，漢軍四人。典制、祠祭、主客、精膳四淸吏司：郎中，滿洲六人，典制、祠祭，各二人，餘俱一人。蒙古一人，主客司置。漢四人。司各一人。員外郎，宗室一人，主客司置。滿洲八人，典制、祠祭司各三人。餘俱一人。蒙古一人，祠祭司置。漢二人。典制、祠祭司各一人。主事，宗室、蒙古各一人，精膳司置。滿洲三人，典制、祠祭、精膳司各一人。漢四人。司各一人。印鑄局，漢員外郎、滿洲署主事、漢大使，未入流。各一人。堂子尉，滿洲八人。七品二人，八品六人。

尙書掌五禮秩敍，典領學校貢舉，以布邦敎。侍郎貳之。典制掌嘉禮、軍禮。稽彝章，辨名數，頒式諸司。三歲大比，司其名籍。四方忠孝貞義，訪懋旌閭。祠祭掌吉禮、凶禮。凡大祀、中祀、羣祀，以歲時辨其序事與其用等。日月交食，內外諸司救護；有災異卽奏聞。凡喪葬、祭祀，貴賤有等，皆定程式而頒行之。勳戚、文武大臣請葬祭、贈謚，必移所司覈行。並籍領史祝、醫巫、音樂、僧道，司其禁令，有妖妄者罪無赦。主客掌賓禮。凡蕃使朝貢，館餼賜予，辨其貢道遠邇、貢使多寡、貢物豐約以定。頒實錄、玉牒告成褒賞。稽霍茶歲額。精膳掌五禮燕饗與其牲牷。賜百官禮食，視品秩以爲差，光祿供膳羞，會計其數而程其出納，彙覈各司。鑄印局題銷鑄印，掌鑄寶璽，凡內外諸司印信，並範治之。用銀質直鈕三臺者：宗人府、衍聖公，清、漢文尙方大篆，方三寸三分，厚一寸；六部、戶部鹽茶、都察院、行在部院，清、漢、蒙三體字，清、漢文尙方大篆，蒙文不篆，方三寸三分，厚九分。直鈕二臺者：盛京五部、戶部三庫，清、漢文尙方大篆，方三寸三分，厚八分；軍機處、內務府、盛京內務府、翰林院、鑾輿衞，清、漢文尙方大篆，方三寸二分，厚八分。虎鈕三臺者：提督、總兵。虎鈕二臺者：侯、伯、領侍衞內大臣、都統、前鋒統領、護軍統領、步軍統領、總管火器營神機營、圓明園總管八旗包衣三旗官兵、經略大臣、大將軍、鎭守將軍、科布多參贊大臣、鎭守掛印總兵，清、漢文柳葉篆；西寧辦事大臣、駐藏辦事大臣，清、漢、回三體字；伊犂將軍，清、漢、回、托忒四體字；定邊參贊大臣，清、漢、托忒三體字，清、漢文柳葉篆，塔爾巴哈台參贊大臣，清文、托忒二體字，清文柳葉篆；庫倫辦事大臣，清、漢、蒙三體字，清、漢文柳葉篆；外藩扎薩克各盟長，清、蒙二體字，不篆，並方三寸三分，厚九分；嚮導總領，駐防副都統，清、漢文柳葉篆，方三寸二分，厚八分。直鈕者：布政使司，清、漢文小篆，方三寸一分，厚八分；通政使司、大理寺、太常寺、順天府、奉天府，清、漢文小篆，方二寸九分，厚六分五釐。用銅質直鈕者：詹事府、按察使司，清、漢文小篆；額魯特總管，清、漢、蒙三體字，清文殳篆；宣慰使司、指揮使司，清、漢文殳篆，並方一寸七分，厚九分；光祿寺、太僕寺、武備院、上駟院、奉宸苑，清、漢文小篆；鹽運使司，清、漢文鐘鼎篆；旗手衞、城守尉，清、漢文殳篆；衞守備，清、漢文懸鍼篆；察哈爾總管，清、蒙二體字，清文殳篆，並方二寸六分，厚六分五釐；府，清、漢文垂露篆，方二寸五分，厚六分；宗人府左右司、左右春坊，司經局、六部理藩院各司、鑾輿衞各所、欽天監、太醫院、盛京五部各司，清、漢文鐘鼎篆；宗人府經歷、鹽課提舉司，清、漢文垂露篆，並方二寸四分，厚五分；宣撫使司副使、安撫使司、領運千總，清、漢文懸鍼篆；方二寸四分，厚五分五釐；州，清、漢文垂露篆，方二寸三分，厚四分五釐；土千戶，清、漢文懸鍼篆，方厚如州；內務府各司、鑾輿衞馴象等所，清、漢文鐘鼎篆；吏戶二部稽俸廳、都察院經歷、大理寺太僕寺左右司、光祿寺四署、樂部和聲署、五城兵馬司、大興宛平二縣、盛京承德縣、布政使司經歷、理問，清、漢文垂露篆；旗手衞左右司、九姓長官司、指揮僉事，清、漢文懸鍼篆，並方二寸二分，厚四分五釐；六科、欽天監時憲書，清、漢文鐘鼎篆；中書科太常寺光祿寺典簿、詹事府太僕寺主簿、部寺司務、縣鑾輿衞通政使司按察使司鹽運使司各衞宣慰使司諸經歷，並方二寸一分，厚四分四釐；國子監三廳、鴻臚寺欽天監各主簿、京府儒學、壇廟祠祭署、布政使司照磨、府經歷，清、漢文垂露篆，方二寸，厚四分二釐；刑部司獄、國子監典簿、神樂觀犧牲所、光祿寺銀庫、太醫院藥庫、寶泉寶源二局，清、漢文垂露篆，方一寸九分，厚四分二釐；京府照磨、司獄、布政使司司庫、按察使司照磨、司獄、府照磨、司獄、庫大使、府衛儒學、巡檢司、都稅司、稅課司、茶馬司，清、漢文垂露篆，並方一寸九分，厚四分。直鈕有孔者：監察御史、稽察宗人府內務府御史，清、漢文鐘鼎篆，方一寸五分，厚三分。喇嘛、呼圖克圖，或金質，或銀質，扎薩克大喇嘛，銅質，並雲鈕，用清文、蒙古、唐古忒三體字，不篆，或清、漢文轉宿篆、正一眞人，銅質直鈕，清、漢文鐘鼎篆，方二寸六分，厚六分五釐。僧錄司、道錄司，銅質直鈕，清、漢文垂露篆，方二寸二分，厚四分五釐。餘用關防或圖記、條記也。別設書籍庫、板片庫、南庫、養廉處、地租處，俱遴員司分治其事。

天聰五年，設禮部。順治元年，置尚書、侍郎各官。十五年省漢軍侍郎。郎中，滿洲四人，十八年增二人。員外郎六人，十二年增四人。堂主事二人，司主事四人；蒙古章京二人；康熙九年改郎中、員外郎各一人。三十八年省。漢軍郎中八人，康熙九年省七人。雍正五年俱省。員外郎五人，康熙三十八年省二人。雍正五年俱省。堂主事一人。儀制、祠祭、主客、精膳四司，漢郎中、員外郎、主事各一人。二年省主客、精膳員外郎各一人。滿洲讀祝官六人。九年省四人。康熙十年改隸太常寺。皇史宬尉，正七品。滿洲三人。司牲官，正七品。蒙古二人。鑄印局，滿洲員外郎一人，以上三員尋省。漢大使一人。五年，定滿、漢尚書各一人。康熙五十七年，增置蒙古郎中、主客司。員外郎、祠祭司。主事精膳司。各一人。雍正元年，以親王、郡王、大學士領部事，隨時簡任，不爲常目。乾隆三年，增置鑄印局漢員外郎、筆帖式、署主事各一人。十三年，省行人司入之。嘉慶四年，改滿洲員外郎、主事各一人爲宗室員缺。光緒二十四年，省光祿、鴻臚二寺入之，尋復故。三十一年，詔罷科舉，各省學政改隸學務大臣，自是釐正士風之責，不屬本部矣。三十二年，以光祿、太常、鴻臚三寺同爲執禮官，仍省入。更精膳司曰光祿，主客司曰太常，並各置郎中、員外郎、主事各一人。鴻臚事稍簡，歸入典制司，增員外郎一人，並滿、漢參用。是歲定尚書，侍郎，左、右丞、參員額如吏部。設禮器庫，置郎中、員外郎各一人，贊禮官、讀祝官亦如之。俱六品。太常寺丞改充。簿正、光祿寺署正改充。典簿太常寺博士改充者三人，光祿寺典簿改充者一人。各四人，司庫二人，太常、光祿兩寺司庫改充。以上品秩俱如舊。筆帖式十有四人。三寺內揀選酌留。宣統元年，避帝諱，改儀制司曰典制。

初制，禮部設馬館，置正、副監督各一人。正監督，本部司員充。副監督，理藩院司員充。乾隆二十七年，省入理藩院。又初置滿洲宣表官四人，後減二人，尋併入太常寺。

會同四譯館，滿洲稽察大臣二人，部院司寺堂官內簡派。提督館事兼鴻臚寺少卿一人，禮部郎中內選補。掌治賓客，諭言語。漢大使一人，正九品。正教、序班漢二人，朝鮮通事官八人。六品、七品各二人，八品四人。

順治元年，會同四譯分設二館。會同館隸禮部，以主客司主事滿、漢各一人提督之。

四譯館隸翰林院，以太常寺漢少卿一人提督之。分設回回、緬甸、百夷、西番、高昌、西天、八百、暹羅八館，以譯遠方朝貢文字。置序班二十人，十五年定正教、協教各八人。康熙間省至九人，以一人管典務廳事。乾隆十三年，省典務一人，序班六人，額定二人。朝鮮通事官六人。後增十人。凡六品十人、七品六人。乾隆二十三年省六品四人、七品二人，增八品二人。後俱省。十四年，置員外郎品級通事一人，掌會同館印。尋省。乾隆十三年，省四譯館入禮部，更名會同四譯館，改八館爲二，曰西域，曰百夷，以禮部郎中兼鴻臚寺少卿銜一人攝之。光緒二十九年省。

樂部，典樂大臣無員限，禮部滿洲尚書一人兼之。後改各部侍郎、內務府大臣兼理。又滿洲王大臣知樂者，亦曰管理大臣。掌考樂律樂均度數，協之以聲歌，播之以器物。辨祭祀、朝會、燕饗之用，以格幽明，和上下。神樂署，署正一人，正六品。左、右署丞各一人，從八品。協律郎五人，正八品。司樂二十有五人。正九品。凡樂生百八十人、舞生三百人屬之，俱漢員，兼隸太常寺，掌郊廟、祠祭諸樂。和聲署，署正、署丞，俱滿、漢各一人。滿員，內務府郎中、員外郎兼充。漢員，禮部郎中、員外郎兼充。凡供用官三十人，本署八人。禮部筆帖式兼充二人，內務府贊禮郎兼充六人，筆帖式及各項有品級者兼充十有二人，鴻臚寺鳴贊官兼充二人。署史長十有六人，署史百四十有八人屬之，掌殿廷朝會、燕饗諸樂。其宮廷之樂，內務府掌禮司中和樂處典之。鹵簿之樂，鑾輿衞、旗手衞校尉典之。並隸以部。

什傍處，掇爾契達一人，兼三等侍衞。六品銜達、七品銜達各二人。拜唐阿六十人，兼隸侍衞處。掌奏掇爾多密之樂，燕饗列之。

順治元年，置教坊司，奉鑾一人，左、右韶舞，左、右司樂各一人，協同十人。以上並正九品。俳長無定員。未入流。太常寺神樂觀，漢提點一人，正六品。左、右知觀各一人，正八品。漢協律郎五人。康熙三十八年省。雍正元年復故。乾隆二年增三人，九年省六人。嘉慶四年增二人。道光元年增二人。咸豐二年增二人。雍正七年，改教坊司爲和樂署，省奉鑾各官。乾隆七年，設樂部，簡典樂大臣領之。置和聲署官，以內府、太常、鴻臚各官兼攝，侍從、待詔爲加銜。並詔禁太常樂員習道教，不願改業者削籍。先是依明制，凡樂官祀丞概用道流。明年，改神樂觀爲所，知觀爲知所。十三年，復改神樂所爲署，更提點曰署正，知所曰署丞。

兵部　尚書，左、右侍郎，俱滿、漢一人。其屬：堂主事，清檔房滿洲二人，漢本房滿洲二人，漢軍一人。司務廳司務，滿、漢各一人。繕本筆帖式十有五人。武選、車駕、職方、武庫四清吏司：郎中，宗室一人，車駕司置。滿洲十有一人，武選三人，職方五人，車駕一人，武庫二人。蒙古一人，武選司置。漢五人。職方二人，餘俱一人。員外郎，宗室一人，車駕司置。滿洲九人，武選四人，職方、車駕各二人，武庫一人。蒙古三人，職方、車駕、武庫各一人。漢四人。武選、職方各二人。主事，滿、漢各四人。司各一人。筆帖式，宗室一人，滿洲六十有二人，蒙古、漢軍各八人。

尙書掌釐治戎政，簡覈軍實，以整邦樞。侍郎貳之。武選掌武職選授、品級、階十有八：正一品授建威將軍，公、侯、伯同；從一品授振威將軍；正二品授武顯將軍；從二品授武功將軍；正三品授武義都尉；從三品授武翼都尉；正四品授昭武都尉；從四品授宣武都尉；正五品授武德騎尉；從五品授武德佐騎尉；正六品授武略騎尉；從六品授武略佐騎尉；正七品授武信騎尉；從七品授武信佐騎尉；正八品授奮武校尉；從八品授奮武佐校尉；正九品授修武校尉；從九品授修武佐校尉。高下各如其級。命婦之號視文職。封贈、襲廕，俱同文職。並典營制，暨土司政令。職方掌各省輿圖。綠營官年老三載甄別，五年軍政，敍功覈過，以待賞罰黜陟，並典處分、敍卹、關禁、海禁。車駕掌牧馬政令，以裕戎備。凡置郵曰驛、曰站、曰塘、曰臺、曰所、曰鋪，馳驛者驗郵符，洩匿稽留者論如法。武庫掌兵籍、戎器，鄉會武科，編發、戍軍諸事。有征伐，工部給器仗，籍紀其數。制敕下各邊徼發，或使人出關，必驗勘合。其分攝者，會同館管理館所侍郎一人，本部侍郎簡派。滿、漢監督各一人，司員內補授。典京師驛傳，以待使命。又捷報處司官無定額。駐京提塘官十有六人。直隸、山東、山西、河南、江西、福建、浙江、湖北、湖南、四川、廣東各一人，陝甘、新疆一人，雲南、貴州一人，漕河一人，由督撫保送本省武進士、舉人及守備咨補。後改隸郵傳部。

初，天聰五年，設兵部。順治元年，置尙書、侍郎各官。郎中，滿洲八人，十二年增三人。雍正五年增一人。蒙古四人，康熙三十八年省。五十七年復置一人。漢軍二人，雍正五年省。漢四人。雍正五年增一人。員外郎，滿洲八人，十二年增五人。康熙三十八年省三人。蒙古四人，康熙三十八年省。五十七年復置三人。漢軍六人，康熙三十八年省四人，雍正五年俱省。漢四人。十一年省二人。雍正五年增一人。堂主事、司主事，俱滿洲四人；漢軍堂主事一人，漢主事五人。會同館大使一人。康熙三十八年省。五年，定滿、漢尚書各一人。八年，以諸王、貝勒兼理部事。尋罷。

十一年，增置督捕。滿左侍郎、漢右侍郎各一人。漢協理督捕、太僕寺少卿，二人。尋改。左右理事官，滿洲、漢軍各一人。後改滿、漢各一人。滿、漢郎中各一人。員外郎，滿洲七人、漢軍八人，漢一人。堂主事，滿洲三人，司主事一人，十四年增一人。漢主事六人，司獄二人。郎中以下亦有兼督捕銜者。分理八司掌捕政。三營將弁隸之。十二年，增置督捕員外郎八人。旗各一人。時八旗武職選授處分，並隸銓曹，康熙二年始來屬。三十八年，省督捕侍郎以次各官，併入刑部。雍正元年，命大學士管部，自後以爲常。嘉慶四年，省滿洲郎中、員外郎各一人，爲宗室員缺。光緒三十二年，更名陸軍部。

刑部　尚書，左、右侍郎，俱滿、漢一人。其屬：堂主事，淸檔房滿洲二人，漢本房滿洲三人，漢軍一人。司務廳司務，滿、漢各一人。繕本筆帖式四十人。直隸、奉天、江蘇、安徽、江西、福建、浙江、湖廣、河南、山東、山西、陝西、四川、廣東、廣西、雲南、貴州十七清吏司：郎中，宗室一人，湖廣司置。滿洲十有五人，除奉天、湖廣兩司外，司各一人。蒙古一人，奉天司置。漢十有九人。湖廣、陝西司各二人，餘俱一人。員外郎，宗室二人，廣東、雲南司各一人。滿洲二十有三人，江蘇、湖廣、河南、山東、陝西、廣東司各二人，餘俱一人。蒙古一人，直隸司置。漢十有九人。直隸、浙江司二人，餘俱一人。主事，宗室一人，廣西司置。滿洲十有五人，除奉天、湖廣二司外，司各一人。蒙古一人，山西司置。漢十有七人。司各一人。督捕清吏司：郎中，滿、漢各一人。員外郎，滿洲一人。主事，滿、漢各一人。筆帖式，宗室一人，滿洲百有三人，蒙古四人，漢軍十有五人。提牢廳主事，滿、漢各一人。由額外及試俸主事引見補授。司獄，從九品。滿洲四人，漢軍、漢各一人。贓罰庫，正七品。滿洲一人。庫使，未入流。滿洲二人。

尚書掌折獄審刑，簡覈法律，各省讞疑，處當具報，以肅邦紀。侍郎貳之。十七司各掌其分省所屬刑名。直隸司兼掌八旗遊牧、察哈爾左翼所屬，並理京畿道御史、順天府、東西陵、熱河都統、圍場總管、密雲副都統、山海關副都統、古北口、張家口、獨石口、喜峯口、蘆峯口、塔子溝、三座塔、八溝、烏蘭哈達、喀拉河屯、多倫諾爾文移。奉天司兼掌吉林、黑龍江所屬，並理宗人府、理藩院文移。江蘇司兼掌各省減免之案，凡遇恩赦，審詳具奏。並理江南道御史、江寧將軍、京口副都統、漕運總督、南河總督文移。安徽司兼理鑲紅旗、宣武門文移。江西司兼理江西道御史、中城御史、正黃旗、西直門文移。浙江司兼理都察院刑科、浙江道御史、南城御史、杭州將軍、乍浦副都統文移。

並司條奏彙題，及各司爰書駁正者，會其成，比年一奏。福建司兼理都察院戶科、倉場衙門、左右兩翼監督、鑲藍旗、阜成門、福州將軍文移。湖廣司兼掌湖北、湖南所屬，並理湖廣道御史、荆州將軍文移。河南司兼理禮部、都察院禮科、河南道御史、太常寺、光祿寺、國子監、鴻臚寺、欽天監、太醫院、東城御史、正紅旗、德勝門文移。凡夏令熱審，頒行各省欽卹如制。山東司兼理兵部、都察院兵科、山東道御史、太僕寺、青州副都統、東河總督文移。凡步軍營捕獲盜賊，歲登其數請敍。山西司兼理察哈爾右翼、綏遠城將軍、歸化城副都統、定邊左副將軍、科布多參贊大臣、庫倫辦事大臣所屬，並理軍機處、內閣、翰林院、詹事府、起居注、中書科、內廷各館、內務府、山西道御史、北城御史、鑲白旗、崇文門文移，及各省年例咨報之案。陝西司兼掌甘肅、伊犂、烏魯木齊、塔爾巴哈台、葉爾羌、喀什噶爾、烏什、阿克蘇、庫車、吐魯番、哈喇沙爾、和闐、哈密所屬，並理陝西道御史、大理寺、西城御史、西安將軍、寧夏將軍、涼州副都統、伊犂將軍文移。囚糧則以時散給。四川司兼理工部、都察院工科、四川道御史、成都將軍文移。凡秋審，會九卿、詹事於朝房以定爰書，並收發刑具。廣東司兼理鑾輿衛、正白旗、廣東道御史、安定門、廣州將軍文移。廣西司兼理通政司、廣西道御史文移。凡朝審，具題稿，囚衣則以時散給。雲南司兼理鑲黃旗、雲南道御史、東直門文移。並司堂印封啓。貴州司兼理吏部、都察院吏科、正藍旗、貴州道御史、朝陽門文移。並定各司漢員陞補。督捕司掌八旗及各省逃亡。提牢廳掌檢獄囹。司獄掌督獄卒。贓罰庫掌貯現審贓款，會數送戶部。別設律例館，由尚書或侍郎充總裁。提調一人，纂修四人，司員兼充。校對四人，收掌二人，翻譯、謄錄各四人。司員及筆帖式充。掌修條例。五年彙輯爲小修，十年重編爲大修。秋審處，主覈秋錄大典。初以四川、廣西二司分理。雍正十二年，始別遣滿、漢司員各二人，曰總辦秋審處。尋佐以協辦者四人。錄各省囚，謂之秋審；錄本部囚，謂之朝審。歲八月，會九卿、詹事、科道公閱爰書，覈定情實。凡大辟，御史、大理寺官會刑司錄問，案法隨科，曰會小三法司。錄畢，白長官。都御史、大理卿詣部偕尚書、侍郎會鞫，各麗法議獄，曰會大三法司。讞上，復召大臣按覆，然後麗之於辟。初制，刑部會擬朝審，俱本部案件。其外省之案，康熙十六年始命刑部覆覈，九卿會讞。

初，天聰五年，設刑部。順治元年，置尚書、侍郎各官。設江南、浙江、福建、四川、湖廣、陝西、河南、江西、山東、山西、廣東、廣西、雲南、貴州十四司，置滿洲郎中六人，五年增八人。員外郎八人，五年增十人。堂主事五人，司主事十有四人；漢軍郎中四人，雍正五年省。員外郎十有二人，康熙三十八年省八人，雍正五年俱省。堂主事一人；漢郎中、雍正五年，增江南、湖廣、陝西司各一人。員外郎、十五年省湖廣、廣西、雲南、廣東司各一人。雍正三年復故，並增四川司一人。五年增浙江、山東司各一人。主事，十五年省河南、四川、陝西、貴州司各一人。雍正三年復故。各十有四人。滿洲司庫一人，漢司獄四人。康熙五十一年增滿洲四人。乾隆六年定漢軍、漢各二人。五年，定滿、漢尚書各一人。七年增滿洲一人，十年省。十八年，置蒙古員外郎八人。康熙元年省。康熙三十八年，增設督捕前、後司，爲十六司。由兵部併入。五十七年，增置蒙古郎中、員外郎、主事各一人。雍正元年，設現審左、右二司，主鞫訊囚繫。十二年，析江南司爲江蘇、安徽二司，定滿、漢郎中俱各一人，滿洲員外郎三人，江蘇司二人，安徽司一人。漢員外郎二人，滿、漢主事司各一人，併督捕前、後司爲一。自時厥後，親王、郡王奉命管部，無常員。乾隆六年，更現審左司爲奉天司，右司爲直隸司，定滿洲、直隸司置。蒙古奉天司置。郎中各一人，漢郎中各一人，滿洲員外郎二人，蒙古一人，直隸司置。漢三人，奉天司一人，直隸司二人。滿、漢主事俱各一人，是爲十七司。嘉慶四年，以大學士領部事，改滿洲郎中、員外郎、主事各一人爲宗室員缺。光緒六年，增置雲南司宗室員外郎一人。三十二年，更名法部。

工部　尚書，左、右侍郎，俱滿、漢一人。其屬：堂主事，淸檔房滿洲三人，漢本房滿洲、漢軍各一人。司務廳司務，滿、漢各一人。繕本筆帖式，宗室一人，滿洲十人。營繕、虞衡、都水、屯田四淸吏司：郎中，宗室一人，屯田司置。滿洲十有六人，營繕、虞衡各四人，都水五人，屯田三人。蒙古一人，營繕司置。漢四人。司各一人。員外郎，宗室一人，虞衡司置。滿洲十有六人，營繕、虞衡各四人，都水五人，屯田三人。蒙古一人，營繕司置。漢四人。司各一人。主事，宗室一人，屯田司置。滿洲十有一人，營繕、屯田各二人，虞衡三人，都水四人。蒙古一人，營繕司置。漢六人。營繕、都水各二人，虞衡、屯田各一人。筆帖式，宗室一人，滿洲八十有五人，蒙古二人，漢軍十人。製造庫，郎中，滿洲二人，漢一人；司庫，正七品。司匠，初制七品，康熙九年定從九品。俱滿洲二人；庫使，未入流。滿洲二十有一人。節愼庫，滿洲郎中、員外郎各一人，司庫二人，庫使十有二人。硝磺庫、鉛子庫，滿洲員外郎、主事俱各一人。

尙書掌工虞器用，辨物庀材，以飭邦事。侍郎貳之。右侍郎兼掌寶源局鼓鑄。營繕掌營建工作，凡壇廟、宮府、城郭、倉庫、廨宇、營房，鳩工會材，並典領工籍，勾檢木稅、葦稅。虞衡掌山澤採捕，陶冶器用。凡軍裝軍火，各按營額例價，計會覈銷，京營則給部製。頒權量程式，辨東珠等差。都水掌河渠舟航，道路關梁，公私水事。歲十有二月，伐冰納窖，仲夏頒之；並典壇廟殿廷器用。屯田掌修陵寢大工，辨王、公、百官墳塋制度。大祭祀供薪炭，百司歲給亦如之；並檢督匠役，審覈海、葦、煤課。節愼掌主帑藏，司出納。製造掌典五工：曰銀工、曰鍍工、曰皮工、曰繡工、曰甲工；凡車輅儀仗，展采備物，會鑾儀衞以供用。所轄寶源局，滿、漢監督各一人，滿員由宗人府、六部、步軍統領衙門司員內保送。漢員由六部司員內保送。大使一人，正九品。本部筆帖式內保送。初置筆帖式一人，雍正七年改置。職視寶泉局。其皇木廠，琉璃窰，木倉，軍需局，官車處，惜薪廠，冰窖，綵紬庫，滿、漢監督俱各一人。礮子庫，滿洲監督一人。皇差銷算處，滿、漢司員各二人。料估所，滿、漢司員各三人。黃檔房無定員。以上各員，並由本部司員內選用。

初，天聰五年，設工部。順治元年，置尙書、侍郎各官。右侍郎兼管錢法。康熙十八年增滿洲一人兼管。郎中，滿洲八人，內一人管節慎庫。十二年增八人。雍正五年增一人。蒙古一人。康熙三十八年省，五十七年復故。員外郎，滿洲九人，十二年增八人。康熙五十七年增一人，雍正五年增一人。道光十六年，改營繕司員外郎一人專司鉛子庫，都水司員外郎一人專司硝磺庫。蒙古三人。康熙三十八年省，五十七年復置一人。滿洲堂主事三人，清文二人，清漢文一人。司主事四人；康熙二十三年增八人。漢軍郎中二人，雍正五年省。員外郎六人，康熙三十八年省四人，雍正五年俱省。堂主事一人。節慎庫，滿洲員外郎一人，司庫二人，漢大使一人。十五年省。製造庫，滿洲郎中一人，員外郎二人，尋省。司庫、司匠各二人。營繕、虞衡、都水、屯田，漢郎中五人，營繕二人，餘各一人。十五年省營繕一人。十六年增虞衡一人。十八年復置營繕一人。康熙元年增額仍省。員外郎七人，屯田一人，餘各二人。十五年省營繕、都水、虞衡各一人。康熙十一年，增都水二人。三十年，增額仍省。主事二十人。營繕、虞衡、屯田各三人，都水十有一人。十四年增營繕三人。十五年省都水一人。明年省營繕一人。康熙元年又省營繕一人。六年省營繕、虞衡、屯田各一人，都水四人。十二年又省都水四人。道光十六年，改營繕一人專司鉛子庫，都水一人專司硝磺庫。營繕司所正、所副各一人。文思院，廣積庫，柴炭司，通州抽分竹木局，各大使俱一人。十五年並省。寶源局監督三人。康熙十七年定二人。五年，定滿、漢尚書各一人。十四年，增置營繕司所丞二人。分管清江廠、臨清磚廠。十五年省臨清廠一人。康熙六年省清江廠一人。九年復置清江一人。雍正四年俱省。康熙五十七年，增置蒙古主事一人。雍正元年，命親王、郡王、大學士攝部事。尋罷。七年，增置寶源局大使二人。初置筆帖式一人，至是改置。嘉慶四年，改滿洲員外郎、主事各一人爲宗室員缺。十年，改令大學士管部。光緒六年，增置宗室郎中一人。屯田司置。三十二年，更名農工商部，省節慎庫，併土木工程入民政部，木稅、船政入度支部，軍械、兵艦入陸軍部，內外典禮分入內府與禮部。初制，置柴薪正、副監督各一人，本部司員充。煤炭監督二人。一以部員兼攝，一以內府司員兼攝。乾隆四十六年，亦改隸內府。

管理直年火藥局大臣二人，欽派一人，本部侍郎一人。掌儲火藥。監督無恆額。本部司員、筆帖式內派委。

直年河道溝渠大臣四人，本部堂官一人，奉宸院、頤和園、步軍統領衙門堂官各一人，每歲並由工部奏請。掌京師五城河道溝渠。督理街道衙門御史，滿、漢各一人。本部司員、步軍統領衙門司員各一人，掌道路溝瀆。

盛京五部　戶部，侍郎一人，自侍郎以下，俱滿缺。品秩視京師。各部同。掌盛京財賦。宗室郎中、堂主事各一人。經會、糧儲、農田三司，郎中三人，農田司一人，乾隆八年增。員外郎六人，司各二人。主事五人。經會、糧儲各二人，農田一人。經會典泉貨。糧儲典穀稭。農田典畝數。管銀庫，正關防郎中、副關防員外郎，各一人。管莊，六品官二人。管喇嘛丁銀委，六品官一人。

司庫二人，庫使八人。筆帖式二十有二人。內漢軍二人。外郎九人。漢軍六缺，候補筆帖式內挨補。六年期滿，除授州同、州判、縣丞。

禮部，侍郎一人，掌盛京朝祭。宗室主事一人，堂主事二人。左、右兩司，郎中各一人，員外郎各二人。左司典祭物，司關領。右司典祭物，贍僧道。讀祝官初制五品。後改九品。八人，贊禮郎初制四品。後改九品。十有六人。管千丁，六、七品官各一人。管學，助教四人。筆帖式十人。庫使八人。外郎二人。僧錄、道錄二司視京師。

兵部，侍郎一人，掌盛京戎政。宗室員外郎一人，堂主事二人。左、右兩司，郎中各一人，員外郎各二人，主事各一人。筆帖式十有二人。外郎四人。內漢軍二缺。左司典郵政，右司司邊禁。

刑部，侍郎一人，掌盛京讞獄。邊外蒙古隸之。宗室員外郎一人，堂主事二人。漢軍一人。肅紀前、後、左、右四司，郎中各一人，員外郎六人，前司、左司各二人，餘俱一人。主事六人。右司蒙古三人，餘俱一人。司獄二人。司庫一人，庫使二人。筆帖式三十有一人。內蒙古二人，漢軍五人。外郎二人。漢軍缺。前司、左司典十五城獄訟，右司典蒙古獄訟，後司典蔓庫禁令。

工部，侍郎一人，掌盛京工政。宗室主事一人，堂主事二人。左、右兩司，郎中各一人，員外郎各二人，主事各一人。左司治木稅，右司治葦稅。管千丁，四品官一人。世襲。大政殿，六品官一人。滿洲、漢軍參用。黃瓦廠，五品官一人。倶姓世襲。司匠役，六品官一人。司庫二人，庫使八人。筆帖式十有七人。漢軍一人。外郎九人。漢軍四人。

初，締造瀋陽，建六部，置承政、參政各官。世祖奠鼎燕京，置官鎭守，戶、禮、兵、工四曹隸之。十五年，設禮部；明年，設戶、工兩部；康熙元年，設刑部；三十年，復設兵部；並置侍郎以次各官，五部之制始備。舊制各置理事官正四品。一人，六十年省。雍正三年，定每歲差御史一人稽察五部。嘉慶四年停。五年，允御史傅色納請，增置漢郎中等官。乾隆八年省。復定鳳凰城迎送官三人。正五品。乾隆三十六年省。八年，置尙書領其事。尋省。光緒初，定將軍兼理兵、刑二部，佩金銀庫印鑰，稽覈戶部。餘悉如故。四年，增置宗室司員。如前所列。三十一年，復命將軍趙爾巽兼管五部。尋以政令紛歧，疏省之。報可。

清史稿卷一百十五

志九十

職官二

理藩院　都察院五城兵馬司　六科給事中　通政使司　大理寺　翰林院文淵閣　國史館　經筵講官　起居注　詹事府　太常寺　太僕寺　光祿寺　鴻臚寺　國子監　衍聖公五經博士　欽天監　太醫院　壇廟官　陵寢官　僧道錄司

理藩院　管理院務大臣，滿洲一人。特簡大學士爲之。尚書，左、右侍郎，俱各滿洲一人。間亦有蒙古人爲之。額外侍郎一人。以蒙古貝勒、貝子之賢能者任之。其屬：堂主事，滿檔房滿洲二人、蒙古三人，漢檔房漢軍一人。領辦處，員外郎、主事，滿、蒙各一人。司務廳司務，滿、蒙各一人。筆帖式，滿洲三十有六人，蒙古五十有五人，漢軍六人。旗籍、王會、柔遠、典屬、理刑、徠遠六淸吏司：郎中，宗室一人，柔遠司置。滿洲三人，旗籍、王會、典屬司各一人。蒙古八人。旗籍、王會、理刑司各二人。典屬、徠遠司各一人。員外郎，宗室一人，旗籍司置。滿洲十人，王會、柔遠、典屬、理刑司各二人。旗籍、徠遠司各一人。蒙古二十有四人。旗籍二人，王會三人，柔遠五人，典屬六人，理刑、徠遠司各一人。主事，滿洲二人，旗籍、典屬司各一人。蒙古七人。柔遠、典屬、理刑司各一人。王會、徠遠司各二人。筆帖式，滿洲三十有六人，蒙古五十有五人，漢軍六人。銀庫，司官二人，司官內奏委。司庫一人，正七品。庫使、筆帖式各二人。以上俱滿洲缺。

尙書掌內外藩蒙古、回部及諸番部，制爵祿，定朝會，正刑罰，控馭撫綏，以固邦翰。侍郎貳之。旗籍掌考內扎薩克疆里，大漠以南曰內蒙古，部二十有四：曰科爾沁，曰扎賚特，曰杜爾伯特，曰郭爾羅斯，曰敖漢，曰奈曼，曰巴林，曰扎魯特，曰阿魯科爾沁，曰翁牛特，曰克什克騰，曰喀爾喀左翼，曰喀喇沁，曰土默特，曰烏珠穆沁，曰浩齊特，曰蘇尼特，曰阿巴噶，曰阿巴哈納爾，曰四子部落，曰茂明安，曰烏喇特，曰喀爾喀右翼，曰鄂爾多斯，爲旗四十有九。疇封爵，凡六等：一親王，二郡王，三貝勒，四貝子，五鎭國公，六輔國公。不入六等者，曰台吉、塔布囊，亦分四等。辨譜系。凡官屬、扎薩克之輔曰協理台吉。其屬曰管旗章京，曰副章京，曰參領，曰佐領，曰驍騎校。部衆會盟、盟地六：曰哲里木，曰卓索圖，曰昭烏達，曰錫林郭勒，曰烏爾察布，曰伊克昭。置盟長、副盟長各一人，由扎薩克請簡。軍旅郵傳，並隸治之；兼稽游牧內屬者。凡歸化城土默特、黑龍江布特哈皆是。王會掌內扎薩克賓禮，典朝覲、貢獻儀式。凡饗賚、館餼，視等級以爲差。典屬掌外扎薩克部旗封爵，大漠以北曰外蒙古，部四：曰土謝圖汗，曰賽音諾顏，曰車臣汗，曰扎薩克圖汗，爲旗八十有六。又有杜爾伯特部，土爾扈特部，和碩特部，輝特部，綽羅斯部，額魯特部。別於蒙古者，曰和托輝特，曰哈柳沁，曰托斯，曰奢集努特，曰古羅格沁，並屬。以外扎薩克封爵有汗，以列王、貝勒、貝子、公之右。無塔布囊，有台吉。治盟會。喀爾喀四盟：曰汗阿林，曰齊齊爾里克，曰克魯倫巴爾和屯，曰扎克畢拉色欽畢都爾諾爾。杜爾伯特二盟：曰賽因濟雅哈圖左翼，曰賽因濟雅哈圖右翼。土爾扈特五盟：曰南烏訥恩素珠克圖，曰北烏訥恩素珠克圖，曰東烏訥恩素珠克圖，曰西烏訥恩素珠克圖，曰青塞特奇勒圖。和碩特一盟：曰巴圖塞特奇勒。盟置盟長、副盟長各一人，於同盟扎薩克内簡用。惟青海之盟無長。置郵驛，頒屯田、互市政令；兼稽游牧内屬者。一曰察哈爾，二曰巴爾呼，三曰額魯特，四曰扎哈沁，五曰明阿特，六曰烏梁海，七曰達木，八曰哈薩克。柔遠掌治外扎薩克衆部，凡喇嘛、番僧祿廩、朝貢，並司其儀制。徠遠掌回部扎薩克、伯克歲貢年班，番子、土司亦如之；並典外裔職貢。附牧回城卡倫外，曰布魯特。内附者各給以銜，歲遣使輸馬。他哈薩克，若浩罕，若博羅爾，若巴達克山，若愛烏罕，並各効其職貢。理刑掌蒙古、番、回刑獄諍訟。領辦處掌綜領衆務。銀庫掌帑金出納。

其兼領者：蒙古繙譯房，員外郎、主事各一人，司官内奏委。校正漢文官二人，滿、蒙内閣侍讀學士、侍讀、翰林院侍讀、侍講學士、侍讀、侍講内奏派。主章奏文移。内、外館監督各一人，六部司員内充補。光緒三十三年省。主賓館繕完滌除。烏蘭哈達、三座塔、八溝司官各一人，分駐塔子溝筆帖式一人，嘉慶十五年撤回，並四處司員俱改爲理事官，隸熱河都統，仍由本院司員内簡放。分主蒙古部落民人訟事。察哈爾游牧處理事員外郎十有六人，以在京蒙古各旗與察哈爾各旗官員內番選。由護軍、驍騎校選用者授員外郎。由中書、筆帖式選用者，先授主事，三年稱職，陞員外郎。分主游牧察哈爾民人訟事。張家、喜峰、獨石、殺虎、古北諸口管理驛站員外郎，司員內奏委。筆帖式各一人，主蒙古郵驛政令。圍場總管一人，康熙四十五年置。乾隆十四年始來隸。嘉慶七年後，改隸熱河都統。左、右翼長各一人，章京八人，初制六品。乾隆十八年陞五品。驍騎校八人，主守木蘭圍場，專司巡察。

初，崇德元年，設蒙古衙門，置承政、參政各官。三年，更名理藩院，定承政，左、右參政，各一人，副理事官八人，啓心郎一人。順治元年，改承政爲尚書，參政爲侍郎，滿、蒙參用。副理事官爲員外郎，置二十有一人，康熙二十年增滿、蒙八人。乾隆四十二年省蒙古一人，四十九年改滿洲二人爲蒙缺。後滿、蒙司官增減不一。啓心郎三人，滿洲一人，漢軍二人。十五年省。堂主事二人，康熙二十八年增漢文一人。司務二人，滿、蒙各一人。康熙三十八年省。雍正十年復故。漢副使一人。從八品。五年，增置漢院判、正六品。知事正八品。自副使以下，俱康熙三十八年省。各一人。十四年，置唐古忒學教習一人。給六品俸。後改司業。其助教以他官兼。乾隆五年定爲額缺，尋省。十六年，定以禮部尚書銜掌院事，侍郎銜協理院事。越二年，以隸禮部未合舊制，停兼銜，依六部例，令入議政，班居工部後。並設錄勳、賓客、柔遠、理刑四司，置滿、蒙郎中共十有一人，乾隆四十二年增蒙古一人。四十九年改滿洲二人爲蒙缺。員外郎二十有一人，康熙二十年增滿、蒙八人。乾隆四十二年省蒙古一人。四十九年改滿洲六人爲蒙缺。主事滿、漢各四人。康熙二十八年省漢缺。乾隆四十九年改滿洲二人爲蒙缺。康熙二十年，增蒙古文主事二人。三十八年，析柔遠司爲二，曰前司，曰後司。四十六年，設銀庫，初制，蒙古王、台吉等入朝，由戶、工二部及光祿寺庀器用，具廩餼。至是始創設。置郎中、員外郎各一人，司員內奏派。司庫一人，庫使四人。雍正元年，始命王、公、大學士領院事，省庫使二人。乾隆二十二年，改錄勳司爲典屬，賓客司爲王會，柔遠後司爲旗籍，前司仍曰柔遠。二十六年，合旗籍、柔遠爲一，增設徠遠一司。明年，仍析旗籍、柔遠爲二。二十九年，改典屬司爲旗籍，舊旗籍爲典屬。嘉慶四年，改滿洲郎中、員外郎各一人爲宗室員缺。咸豐五年，定伊犁塔爾巴哈台通商章程，始司外交職務。見第十七款。十年，定中俄續約，以軍機處及本院典外交文移。見第九款。後歸外部。光緒三十二年，更院爲部，擬設殖產、邊衞二司。嗣先設編纂、調查二局，隸領辦處，以漢檔房、俸檔房、督催所改併。漢檔房主事缺未省。尋置員外郎、主事各一人。蒙古房改。俱蒙缺。宣統三年，改尚書爲大臣，侍郎爲副大臣，額外侍郎如故。

理藩一職，歷古未有專官，唯周官大行人差近之。秦、漢以降，略存規制。遐荒絕漠，統治王官，爲有清創制。自譯署設，職權漸替已。

都察院　左都御史，初制，滿員一品，漢員二品。順治十六年並改二品。康熙六年仍陞滿員爲一品，九年並定正二品。雍正八年陞從一品。左副都御史，正三品。俱滿、漢二人。其屬：經歷司經歷，正六品。都事廳都事，正六品。俱滿、漢一人。筆帖式四十有二人。十五道掌印監察御史，初制，滿洲、漢軍三品，順治十六年改七品。康熙六年陞四品，九年復爲七品。雍正七年，改由編、檢、郎員授者正五品。由主事、中、行、評、博授者正六品。乾隆十七年並定從五品。滿、漢各一人。監察御史，京畿、江西、浙江、福建、湖廣、河南、山西、陝西八道，滿、漢各一人，江南道滿、漢各三人，山東道滿、漢各二人。

左都御史掌察覈官常，參維綱紀。率科道官矢言職，率京畿道糾失檢姦，並豫參朝廷大議。凡重辟，會刑部、大理寺定讞。祭祀、朝會、經筵、臨雍，執法糾不如儀者。左副都御史佐之。十五道掌彈舉官邪，敷陳治道，各覈本省刑名。京畿道分理院事，及直隸、盛京刑名，稽察內閣、順天府、大興、宛平兩縣。河南道照刷部院諸司卷宗，稽察吏部、詹事府、步軍統領、五城。江南道稽察戶部、寶泉局、左右翼監督、京倉、總督漕運，磨勘三庫奏銷。浙江道稽察禮部及本院。山西道稽察兵部、翰林院、六科、中書科、總督倉場、坐糧廳、大通橋監督、通州二倉。山東道稽察刑部、太醫院、總督河道，催比五城命盜案牘緝捕之事。陝西道稽察工部、寶源局，覆勘在京工程。湖廣道稽察通政使司、國子監。江西道稽察光祿寺。福建道稽察太常寺。四川道稽察鑾儀衞。廣東道稽察大理寺。廣西道稽察太僕寺。雲南道稽察理藩院、欽天監。貴州道稽察鴻臚寺。其祭祀、監禮、侍班糾儀，科道同之。經歷掌董察吏胥。都事掌繕寫章奏。其分攝者：巡視五城御史，滿、漢各一人，科道中簡用。一年更替。掌綏靖地方，釐剔姦弊。兵馬司指揮，正六品。副指揮，正七品。吏目，未入流。自正指揮以下俱漢員。五城各一人，掌巡緝盜賊，平治道路，稽檢囚徒，火禁區爲十坊領之。

初沿明制，設都察院。天聰十年，諭曰：「凡有政事背謬，及貝勒、大臣驕肆慢上者，許直言無隱。」崇德元年，置承政、參政各官。明年定承政一人，左、右參政滿、蒙、漢理事官各二人。後省。順治元年，改左都御史掌院事，滿、漢各一人。左副都御史協理院事，各二人。漢左僉都御史一人。先用漢軍，後參用漢人。乾隆十三年省。外省督、撫，並以右繫銜。右都御史、右副都御史、右僉都御史爲督、撫坐銜。乾隆十三年停右都御史銜。司務，後改經歷。滿、漢各一人。都事，滿洲二人，乾隆十七年改滿、漢各一人。漢軍一人。康熙三十九年省。設十五道。河南道參治院事，置監察御史，滿洲六人，河南、江南、浙江、山東、山西、陝西掌印各一人。五年增十有七人。康熙二十八年增一人，後復省四人。乾隆十四年定江南、山東道各三人，京畿、河南、浙江、山西、陝西、湖廣、福建道各二人，四川、廣東、廣西、雲南、貴州道各一人。漢軍八人；協理河南道一人，餘隸江南等五道。康熙三十九年省入漢缺。漢員，江南道五人，內掌印一人。十八年省一人。康熙七年省二人。雍正四年增一人。乾隆十四年增一人。浙江道六人，內掌印一人。九年省一人，十八年省二人。康熙七年省一人。雍正四年增一人。乾隆十四年省一人。江西道六人，十六年省一人，十八年省三人。康熙七年省一人，雍正四年增一人。乾隆十四年省一人。福建道五人，十年省一人。康熙七年省二人。湖廣道六人，八年、九年、十五年俱省一人。康熙七年省一人。雍正四年增一人。乾隆十四年復省一人。河南道六人，內掌印一人。十年、十八年俱省一人。康熙七年省二人。乾隆六年增一人，十四年復省一人。山東道五人，內掌印一人。十八年省二人。康熙七年省一人。乾隆十四年增一人。山西道五人，內掌印一人。十年省一人，十八年省二人。乾隆六年增一人，十四年省一人。十八年省二人。雍正四年增一人。乾隆十四年省一人。四川道四人，十八年省二人。康熙七年省一人。雍正四年增一人。乾隆十四年省一人。陝西道四人，內掌印一人。十八年省二人。康熙七年省二人。雍正四年增一人。乾隆十四年省一人。廣東道五人，十八年省二人。康熙七年各省二人。乾隆十四年各省二人。廣西道、雲南道各四人，十八年省二人。康熙七年省一人。雍正四年增一人。乾隆十四年省一人。貴州道四人。十八年省二人。康熙七年省一人。雍正四年增一人。乾隆十四年省一人。京畿道無專員。乾隆十四年定滿、漢各一人。啓心郎，滿洲、漢軍各一人，十五年俱省。蒙古章京二人。康熙元年省。筆帖式，滿洲五十有一人，康熙三十八年省十有六人。漢軍七人。康熙三十八年省二人。雍正十二年置蒙古二人。光緒三十三年，滿、蒙、漢軍共酌留三十人。中、東、西、南、北五城兵馬司指揮各一人，副指揮各二人，康熙十一年省五城各一人。乾隆三十一年改東、西、南、北四城副指揮分駐朝陽、永定、阜成、德勝諸門外，鈐轄關廂，中城如故。吏目各一人。是歲定左都御史、左副都御史、監察御史許風聞言事。給事中同。二年，省京畿道。三年，定左副都御史滿、漢各一人。九年，復設京畿道，專司照刷各署卷宗。乾隆十四年改歸河南道。光緒三十二年停止刷卷。並置五城漢軍理事官，是爲巡城之始。十年，定滿洲、漢軍、漢五城御史各一人。十八年各增滿員一人。雍正元年定滿、漢各一人。乾隆三十九年漢軍停開列。康熙二十九年，命左都御史馬齊同理藩院尚書阿喇尼列議政大臣。故事，二院長官俱不豫議政，豫議自此始。五十七年，增置蒙古監察御史二人。滿缺改。雍正二年，置內務府御史四人。十三年省。乾隆三年復置二人，本院御史內奏派。光緒三十二年停。五年，增置宗室御史二人。滿缺改。乾隆十四年復改二人，通舊爲四人。七年，置五城鋪司巡檢各一人。乾隆初省。乾隆十四年，詔按道定額。先是設十五道，唯河南、江南、浙江、山東、山西、陝西六道授印信，掌印者曰掌道，餘曰協道，京畿道亦給印信，未設專官。湖廣等八道分隸之，曰坐道，不治事。掌河南道兼理福建道，掌江南道兼理江西、四川道，掌浙江道兼理雲南道，掌山東道兼理廣西道，掌山西道兼理廣東、貴州道，掌陝西道兼理湖廣道。至是各道並給印信，規制始稱。二十年，復命京畿道列河南道前，互易所掌，京畿道遂爲要職。光緒三十二年，改定都御史一人、副都御史二人，按省分道。增設遼瀋道，仿京畿道例，置掌道、協道各二人；析江南爲江蘇、安徽二道，湖廣爲湖北、湖南二道；並增甘肅、新疆二道，置滿、漢御史各一人。是爲二十道。令訪求利病，專司糾察，後設之外務、農工商、民政諸部事件，多不關報。舊制，各部及各衙門分道稽察，至是停止。其制已灑然非舊云。

順治初，又有巡按御史，省各一人。十七年省。巡鹽御史，兩淮、兩浙、長蘆、河東各一人。十年停，十二年復故。康熙十一年停，尋復置。三十年復差福建、兩廣各一人。五十九年停兩廣鹽差。雍正元年停福建鹽差。明年停長蘆、河東鹽差。四年停兩浙鹽差。巡漕御史一人。十四年停。雍正七年定差淮安、通州各二人。乾隆二十年改差淮安、濟寧、天津、通州各一人。十七年增差通州四人。二十三年停差天津一人。二十六年復差天津一人。嘉慶十三年定科、道並差。道光二年俱停。巡視京、通各倉御史一人。七年停，八年復故。康熙七年又停。二十年定差滿、漢各一人，二十六年再停。雍正元年置巡察御史一人，總查倉弊。五年改京、通倉各差一人。乾隆十七年定科、道並差。四十三年增差內倉一人。五十九年改令科、道監放，停差查倉官。嘉慶四年復故。光緒二十八年又停。巡視江南上下兩江御史二人。六年省。巡視屯田御史一人。四年省。督理陝甘洮宣等處茶馬御史一人。康熙七年省，三十四年復故，四十二年又省。雍正間，置巡察各省御史，江寧、安徽一人，湖北、湖南一人，山東、河南一人。巡視吉林、黑龍江科道，滿洲二人。稽察奉天文武衙門御史一人。巡視山東、河南工務御史一人。直隸巡查御史：順天、永平、宣化二人，保定、正定、河間二人，順德、廣平、大名二人。巡農御史一人。先後俱省。

六科給事中，吏、戶、禮、兵、刑、工六科掌印給事中，滿、漢各一人。初制，滿員四品，漢員七品。康熙二年改滿員七品，六年復爲四品。九年俱定七品。雍正七年陞正五品。光緒三十二年陞正四品。給事中，滿、漢各一人。初制七品。雍正七年陞正五品。筆帖式八十人。吏、戶、兵、刑各十有五人，禮、工各十人。光緒三十二年酌留三十人。掌言職，傳達綸音，勘鞫官府公事，以註銷文卷；吏科分稽銓衡，註銷吏部、順天府文卷。戶科分稽財賦，註銷戶部文卷。禮科分稽典禮，註銷禮部、宗人府、理藩院、太常寺、光祿寺、鴻臚寺、國子監、欽天監文卷。兵科分稽軍政，註銷兵部、鑾輿衞、太僕寺文卷。刑科分稽刑名，註銷刑部文卷。工科分稽工程，註銷工部文卷。有封駁卽聞。

初沿明制，六科自爲一署，給事中無員限，並置漢軍副理事官。順治十八年，定滿、漢都給事中，左、右給事中，各一人，都給事中由左給事中轉，左給事中由右給事中轉。漢給事中二人，省副理事官。康熙三年，六科止留滿、漢各一人。五年，改都給事中爲掌印。雍正初，以六科內陞外轉，始隸都察院。凡城、倉、漕、鹽與御史並差，自是臺省合而爲一。光緒三十二年，省六科名，別鑄給事中印，額定二十人。

通政使司　通政使，初制，滿員二品，漢員三品。順治十六年，並定爲三品。康熙六年復故。九年仍改定正三品。副使，初制，滿員三品，漢員四品。順治十六年並定爲四品，康熙六年復故，九年仍改定正四品。參議，初制，滿員四品，漢員五品。順治十六年並定正五品。俱滿、漢各一人。其屬：經歷司經歷、正七品。知事，初制四品，後改正七品。滿、漢各一人。筆帖式，滿洲六人，漢軍二人。

通政使掌受各省題本，校閱送閣，稽覈程限，違式劾之。洪疑大獄，偕部、院豫議。副使、參議佐之。經歷、知事，分掌出納文移。其兼領者：登聞鼓廳，以參議一人分直，知事帥役巡察。筆帖式，滿洲、漢軍各一人，掌敍雪寃滯，誣控越訴者論如法。

初，順治元年，詔：「自今內外章奏，俱由通政司封進。」置滿、漢通政使各一人，左通政使各一人。漢右通政使二人。乾隆十年省一人，十三年俱省。左參議，滿、漢各二人。康熙五十三年省漢一人。乾隆十三年各省一人。右參議，漢二人。康熙三十八年省一人。乾隆十三年俱省。滿、漢司務各一人。後改經歷。知事，滿洲二人，漢軍一人。乾隆十七年改滿、漢各一人。康熙六十一年，以登聞鼓廳筆帖式來屬。故事，通狀、通政司狀。鼓狀，登聞院狀。紛爭無已。自控訴者赴都察院，以給事中或御史一人主受訴訟，至是停科道差，改隸本司。乾隆十三年，改左通政使爲副使，去左、右銜；參議亦如之。光緒二十四年，省入內閣，尋復故。二十八年，以改題爲奏，職無專司，復省。

大理寺　卿，初制，滿員二品，漢員三品。順治十六年並定爲三品。康熙六年復故，九年仍改定正三品。少卿，初制，滿員三品，漢員四品。順治十六年並定爲四品。康熙六年復故，九年仍改定正四品。俱滿、漢一人。其屬：堂評事，初制四品。順治十六年改七品。康熙六年陞五品，九年定正七品。滿洲一人。司務廳司務，滿、漢各一人。左、右寺丞，初制，滿員四品，漢員六品。順治十六年並定爲六品。康熙六年陞五品。九年仍改定正六品。滿洲、漢軍、漢俱各一人。左、右評事，漢各一人。筆帖式，滿洲四人，漢軍二人。

卿掌平反重辟，以貳邦刑。與刑部、都察院稱三法司。凡審錄，刑部定疑讞，都察院糾覈。獄成，歸寺平決。不協，許兩議，上奏取裁。並參豫朝廷大政事。少卿佐之。寺丞掌覈內外刑名，質成長官，參糾部讞。評事掌繕左、右兩寺章奏。順治元年，定滿、漢卿各一人。少卿滿洲一人、漢二人。乾隆十三年省一人。滿寺丞一人。正五品。康熙三十八年省。漢司務二人。十五年定滿、漢各一人。左、右寺正，正六品。滿洲、漢軍、漢各一人；左、右寺副，從六品。漢各一人。康熙三十八年省。堂評事，滿、漢各一人；康熙三十八年省漢軍一人。左、右評事，漢各一人。十一年，差寺正、寺副各一人充各省恤刑官。刑部差郎中、員外郎十三人。尋省。乾隆十七年，改左、右寺正為寺丞。光緒二十四年，省入刑部，尋復故。三十二年，更寺為院。

翰林院　掌院學士，初制正五品。順治元年陞正三品。雍正八年陞從二品。大學士、尚書內特簡。滿、漢各一人。侍讀學士、初制從四品。光緒二十九年陞正四品。侍講學士，初制從四品。宣統元年陞正四品。滿洲各二人，漢各三人。侍讀、初制正六品。雍正三年陞從五品。光緒二十九年陞正五品。宣統元年陞從四品。侍講，初制正六品。雍正三年陞從五品。宣統元年陞從四品。滿洲各三人，漢各四人。修撰、初制從六品。編修、初制正七品。檢討、初制從七品。自修撰以下，宣統元年並改從五品。庶吉士，由新進士改用。試博學鴻詞入式，或奉特旨改館職者，間得除授。光緒末停科舉，改由外國留學畢業及本國大學畢業者，廷試後授之，食七品俸。或徑授編修、檢討，與舊制殊。俱無定員。其屬：主事，滿洲二人，漢軍一人。典簿廳典簿、從八品。孔目，滿員從九品，漢員未入流。俱滿、漢各一人。待詔廳待詔，從九品。滿、漢各二人。筆帖式，滿洲四十人，漢軍四人。

掌院掌國史筆翰，備左右顧問。侍讀學士以下掌撰著記載。祭告郊廟神祇，撰擬祝文。恭上徽號、册立、册封，撰擬册文、寶文，及賜內外文武官祭文、碑文。南書房侍直，尚書房教習，咸與其選。修實錄、史、志，充提調、總纂、纂修、協修等官。庶吉士入館，分習清、漢書，吏部疏請簡用大臣二人領教習事。初以內院學士爲之，侍讀等官亦間有與者。後令掌院兼其職。康熙六年，始以工部尚書陳元龍領之，自是尚書、侍郎、內閣學士並得充之。是爲大教習。其小教習由掌院選派，始於康熙三十三年。雍正間停止，高宗復舊制。分別散留。辦事翰林，滿、漢各二人，雍正元年，命俸淺編、檢主定稿說堂，此清秘堂辦事翰林之始。厥後人數稍增，有奏辦、協辦之目。侍讀、侍講間亦爲之。侍讀、侍講司訓課，派編、檢二人提調館飯。三年考試，掌帥廳官治事。主事、典簿、孔目，掌章奏文移，董帥吏役。待詔掌繕寫校勘。

初，翰林之職隸內三院。順治元年，設翰林院，定掌院學士爲專官，置漢員一人，兼禮部侍郎銜。侍讀學士、侍講學士各二人。十五年各增一人。侍讀、侍講各二人。十五年各增二人。修撰、編修、檢討、庶吉士，無定員。典簿二人，十五年改一人爲滿缺。孔目一人，十五年增滿洲一人。俱漢人爲之。明年，省入內三院。十五年，復舊制，增滿洲掌院學士一人，兼銜如故。乾隆五十八年停。置待詔六人。滿員四人，漢員二人。十八年，復歸內三院。康熙九年，定滿、漢侍讀學士、侍講學士、侍讀、侍講，各三人；乾隆五十年省滿洲各一人。光緒二十九年增侍讀、侍講滿、漢各二人。典簿、孔目各一人，待詔各二人。康熙九年定滿、漢各一人。十六年，命侍講學士張英等入直南書房。先是詔册詞命多由院擬，至是始爲西清專職。後改歸軍機處。二十八年，以院務隳廢，命大學士徐元文兼掌院事，重臣兼領自此始。明年定尚書、侍郎、左都御史俱得兼攝。光緒二十九年，增置堂主事，滿洲二人、漢一人。是歲省詹事府，以詞臣敍進無階，增置滿、漢學士正三品。各一人，撰文正六品。宣統元年陞正五品。各二人。三十三年，增置秘書郎，從六品。宣統元年陞正五品。滿、漢各二人。並設講習館，令翰林官研習學科，備各部丞、參選。宣統元年，復崇侍講學士以下品秩，停止外班陞用。初制，翰、詹出缺，編、檢不敷陞轉，以部、院科甲出身司員陞用，是爲外班。初制，進士論甲第，修撰、編修、檢討不分升降。順治間，授編修程芳朝等爲修撰，檢討李霨等爲編修，姜元衡以編修降檢討，不爲定制。又內三院編修等官不必盡由科目，靳輔、劉兆麟等並以官學生授編修，蓋亦創舉。舊隸內弘文院，後設本院，始來屬。雍正十三年，建庶常館。故事，散館後始授職，然亦有未選庶常而遽授者，均異數也。

文淵閣領閣事三人，掌典綜册府。大學士、協辦大學士、掌院學士兼充。直閣事六人，掌典守釐緝。內閣學士、少詹事、講讀學士兼充。校理十有六人，掌註册點驗。庶子、講、讀、編、檢兼充。檢閱八人。

內閣中書派充。內務府司員、筆帖式各四人。由提舉閣事大臣番選奏充。

國史館總裁，特簡，無定員。掌修國史。清文總校一人。滿洲侍郎內特簡。提調，滿洲、內閣侍讀學士或侍讀派充。蒙古、內閣蒙古堂或理藩院員司派充。漢翰林院侍讀學士以下官派充。各二人。總纂，滿洲四人，蒙古二人，漢六人。纂修、協修，無定員。蒙古由理藩院司官充。滿、漢由編、檢充。校對，滿、蒙、漢俱各八人。內閣中書充。光緒間，增置筆削員十人。

經筵講官，滿、漢各八人，掌進讀講章，敷陳訓典。歲仲春、仲秋兩舉之。滿員由大學士以下、都察院副都御史以上各官兼充。漢員由大學士、尚書、侍郎、副都御史、掌院學士、侍讀學士、侍講學士、詹事府詹事、少詹事、國子監祭酒等官，由翰林出身者兼充。講官滿、漢各二人。翰林院請旨簡派。

初制以大學士知經筵事。後定經筵講官滿、漢各六人，閣臣遂不進講。自徐元文、熊賜履輩相繼以尚書擢大學士，仍與兼充，嗣是以爲常。宣統初，各部丞、參亦間有與者。

起居注館，日講起居注官，滿洲十人，漢十有二人。由翰、詹各官簡用。唯滿、漢掌院學士例各兼一缺。主事，滿洲二人，漢一人。以科甲出身者充之。筆帖式，滿洲十有四人，漢軍二人。日講官掌侍直起居，記言記動。經筵臨雍，御門聽政，祭祀耕耤，朝會燕饗，勾決重囚，並以二人侍班。凡謁陵、校獵、巡狩方岳，請旨、扈從、侍直，敬聆綸音，退而謹書之。月要歲會，貯置鐵匭，送內閣尊藏。主事掌出納文移，校勘典籍。

初，天聰二年，命儒臣分兩直，巴克什達海等譯漢字書，即日講所繇始，巴克什庫爾纏等記注政事，即起居注官所繇始。順治十二年，始置日講官。康熙九年，始設起居注館，在太和門西廡。置滿洲記注官四人，漢八人，以日講官兼攝。十二年增滿洲一人，漢二人。十六年復增滿洲一人。二十年增漢八人。三十年定漢員十有二人。時日講與起居注各自爲職，並置滿洲主事二人，漢軍一人。五十七年省。雍正元年置滿洲二人。十二年增漢一人。二十五年停日講，其起居注官仍繫銜「日講」二字。五十七年，省起居注館，改隸內閣，遇理事日，以翰林官五人侍班。雍正元年，復置日講起居注，滿洲六人，漢十有二人。乾隆元年，增滿員二人。嘉慶八年，復增滿員二人。於是日講、起居注合而爲一。

詹事府　詹事，正三品。少詹事，正四品。左春坊左庶子，正五品。左中允，正六品。左贊善，從六品。右春坊右庶子，右中允，右贊善，品秩俱同左。司經局洗馬，從五品。俱滿、漢各一人。其屬：主簿廳主簿，從七品。滿、漢各一人。筆帖式，滿洲六人。

詹事、少詹事掌文學侍從。經筵充日講官。編纂書籍，典試提學，如翰林。並豫秋錄大典。左、右春坊各官掌記注撰文。洗馬掌圖書經籍。主簿掌文移案牘。

順治元年，置少詹事一人，掌府事。其冬省入內三院。九年，復置詹事一人，少詹事二人，主簿一人，錄事、通事舍人各二人。並從九品。左、右春坊庶子、諭德各一人，中允、贊善各二人，司經局洗馬一人，正字二人，從九品。俱漢人爲之，令內三院官兼攝。專置滿洲詹事一人，掌府印。十五年，省詹事府官。康熙十四年，復置滿、漢詹事各一人，漢員兼翰林院侍讀學士銜。少詹事各二人，漢員兼翰林院侍講學士銜。三十七年省滿員一人。乾隆十三年省漢員一人。主簿各一人，錄事各二人。三十七年省滿缺，留漢一人。五十二年俱省。左、右春坊置滿、漢左、右庶子各一人，滿員以四品冠帶食五品俸，左、右同。漢左庶子兼翰林院侍讀銜，右庶子兼翰林院侍講銜。左、右諭德各一人，漢員兼翰林院修撰銜。三十七年省滿右諭德一人。五十七年省漢右諭德一人。乾隆十三年俱省。左、右中允各二人，滿員以五品冠帶食六品俸。漢員兼翰林院編修銜。三十七年省滿員各一人。明年，省漢右中允一人。五十二年省漢左中允一人。左、右贊善各二人。漢員兼翰林院檢討銜。三十七年省滿員各一人。明年，省漢右贊善一人。五十二年省漢左贊善一人。司經局滿、漢洗馬各一人，漢員兼翰林院修撰銜。以上各兼銜，俱乾隆五十四年停。正字各二人。三十七年省滿員缺。明年，省漢一人。例以應選內閣中書者除授，遂爲中書兼銜。乾隆三十六年俱省。二十五年，命詹事湯斌、少詹事耿介等爲皇太子講官，尙沿宮僚舊制。三十一年，命徐元夢入直上書房，皇子在上書房讀書，選翰林官分侍講讀，簡大臣爲總師傅。總師傅之稱，自乾隆二十二年以介福、觀保等爲總師傅始，曩時俱稱入直。嗣是本府坊、局止備詞臣遷轉之階。嘉慶二年，以府事改隸翰林院。五年，復舊制。光緒二十四年，仍省入翰林院，尋復故。二十八年，再省入。

太常寺　管理寺事大臣一人。滿洲禮部尚書兼。卿，正三品。少卿，正四品。俱滿、漢各一人。其屬：寺丞，正六品。滿、漢各二人。贊禮郎，宗室二人，滿、漢二十有八人；初制，滿員四品。順治十六年改九品。康熙四年陞六品，六年陞五品，九年仍改九品。尋定由護軍校、驍騎校選授者六品職銜，八品筆帖式、庫監生選授者八品職銜，無品筆帖式、庫使、前鋒護軍選授者九品職銜。乾隆元年改定以六品冠帶食七品俸。學習，宗室四人，滿洲五人，漢十有四人。正九品。讀祝官，宗室一人，滿洲十有一人；初制五品。康熙九年改正九品。尋定品秩如贊禮郎，視出身爲差。乾隆元年改定以六品冠帶食七品俸。學習，宗室三人，滿洲五人。正九品。博士廳博士，滿洲、漢軍、漢各一人。典簿廳典簿，滿、漢各一人。滿洲司庫一人，博士以下並正七品。庫使二人。正九品。筆帖式，滿洲九人，漢軍一人。

卿掌典守壇壝廟社，以歲時序祭祀，詔禮節，供品物，辨器類。前期奉祝版，稽百官齋戒，祭日帥屬以供事。少卿佐之。寺丞掌祭祀品式，辨職事以詔有司，並遴補吏員，勾稽廩餼。贊禮郎、讀祝官分掌相儀序事，備物絜器，並習趨蹌讀祝，祭祀各充執事。博士考祝文禮節，著籍爲式，壇廟陳序畢，引禮部侍郎省齍，並歲覈祀賦。典簿掌察祭品，陳牲牢，治吏役。庫使掌守庫藏。

順治元年，設太常寺，隸禮部。置卿，少卿，滿、漢各一人。滿洲寺丞一人，光緒十二年增一人。漢左、右丞各一人。典簿，博士，滿、漢各一人。讀祝官，滿洲四人。康熙十年，禮部改隸二人，尋增額外二人。雍正十一年改正額。嘉慶四年增一人。道光元年增一人。咸豐二年增一人。贊禮郎，滿、雍正十一年增八人。乾隆三十七年改二人隸鑾輿衞補鳴贊鞭官。嘉慶四年增二人。道光元年增二人。咸豐二年增二人。漢康熙三十八年省二人。雍正元年復故。乾隆二年增二人，九年省四人。各十有六人。犧牲所正千戶、五年更名所牧。副千戶，五年更名所副。漢各一人。從七品。乾隆二十四年改滿缺。二十六年改隸內府。滿洲司庫一人。乾隆十一年省。十六年，改歸本寺。康熙二年，復隸禮部。十年，仍歸本寺。十五年，敕諸官肄習雅樂。雍正元年，特簡大臣綜理寺事，並增庫使二人。乾隆十三年，改寺丞爲屬官。先是沿明舊制，丞爲正官，議者病贅餘，至是體制始協。明年，定禮部滿洲尚書兼管太常職銜。四十年，增學習贊禮郎、四十六年增三人。嘉慶十六年增三人。讀祝官，四十六年增三人。嘉慶十六年增三人。滿洲各二人。光緒二十四年，增宗室學習贊禮郎四人、讀祝官三人。尋省入禮部，旋復故。三十二年，仍省入。

光祿寺　管理寺事大臣一人。特簡。卿，從三品。少卿，初制，滿員、漢軍四品，漢員五品。順治十六年並定正五品。俱滿、漢各一人。其屬：典簿廳典簿，從七品。大官、珍饈、良醞、掌醢四署署正，初制，滿員四品，順治十六年改六品。康熙六年陞五品，九年定從六品。漢員同。亦如之。署丞，初制六品。康熙九年定從七品。滿洲各二人。銀庫司庫，滿洲二人。筆帖式，滿洲十有八人。

卿掌燕勞薦饗，辨品式，稽經費。凡祭祀，會太常卿省牲，禮畢，進胙天子，頒胙百執事。蕃使廩餼，具差等以供。少卿佐之。大官掌供豕物，備器用，稽市直，徵菜地賦額致諸庫。珍饈掌供禽兔魚物，大祭祀供龍壺、龍爵，辨燕饗等差。良醞掌供酒醴，別水泉，量麴蘖，並大內牛酪。掌醢掌供醢醬，筵燕廩餼皆供其物，徵果園賦額致諸庫。典簿掌章奏文移。司庫掌庫帑出納。別設督催所、當月處，俱派員分治其事。

順治元年，設光祿寺，置滿、漢卿各一人。少卿，滿洲一人，漢二人。康熙三十八年省一人。漢寺丞一人。康熙三十八年省。滿、漢典簿各一人。大官、珍饈、良醞、掌醢四署，滿、漢署正各一人，滿洲署丞各一人，康熙三十八年各增一人。漢署丞、十五年省。監事，十二年省。俱各一人。滿洲司庫二人。司牲司，漢大使一人。十五年省。凡事並由禮部具題，劄寺遵行。十年，定各省額解銀米徑送禮部，並司府、州、縣考成。十五年，仍歸本寺。十八年，復隸禮部。錢糧由寺奏銷，考成仍歸禮部。康熙三年，以禮部清釐無法，復改儲戶部。十年，仍以禮部精膳司所掌改歸本寺。乾隆十三年，始命大臣兼管寺事。光緒二十四年，省入禮部，尋復故。三十二年，仍省入。

鴻臚寺　管理寺事大臣各一人。滿洲禮部尚書兼。卿，初制，滿員從三品，漢員正四品。順治十六年並定正四品。少卿，從五品。俱滿、漢各一人。其屬：鳴贊，從九品。滿洲十有四人，漢二人；學習，滿洲四人。序班，從九品。漢四人；學習，八人。主簿，從八品。滿、漢各一人。筆帖式，滿洲四人。

卿掌朝會、賓饗贊相禮儀，有違式，論劾如法。少卿佐之。鳴贊掌儐導贊唱。序班掌百官班次。主簿職掌同太僕寺。

順治元年，設鴻臚寺，置滿、漢卿各一人。滿洲少卿一人，漢左、右少卿各一人。十五年省一人。漢左、右寺丞各一人。正六品。十五年省一人。康熙五十二年省一人。滿、漢主簿各一人。鳴贊，滿洲十有六人，乾隆三十七年改隸鑾輿衞二人。漢八人。二年省一人，十二年省一人，十三年省二人。乾隆七年省二人。序班二十有二人，十五年省十人。康熙三十八年省六人。乾隆七年省二人。司賓序班二人，乾隆二年省。學習序班無恆額。雍正六年定以直隸、山東、山西、河南儒學生內考取。乾隆九年定爲十二人。十七年定直隸六人，餘各二人。十七年省山東等省四人。凡事由禮部具題，十六年改歸本寺，十八年仍隸禮部。康熙十年復故，雍正四年復歸禮部統轄。乾隆十四年，始以滿洲尚書領寺事。五十九年，增置滿洲學習鳴贊四人。光緒二十四年，省入禮部，尋復故。三十二年，仍省入。

國子監　管理監事大臣一人。滿、漢大學士、尚書、侍郎內特簡。祭酒，從四品。初制滿員三品。順治十六年俱定從四品。滿、漢各一人。司業，正六品。滿、蒙、漢各一人。其屬：繩愆廳監丞，初制，滿員五品，漢員八品。後並改正七品。博士廳博士，從七品。初制，漢員八品。乾隆元年改同滿員。典簿廳典簿，從八品。俱滿、漢各一人。典籍廳典籍，從九品。漢一人。率性、修道、誠心、正義、崇志、廣業六堂：助教，初制，從八品。乾隆元年陞從七品。學正，學錄，率性、修道、誠心、正義四堂曰學正，崇志、廣業二堂曰學錄。初制，學正正九品，學錄從九品。乾隆元年並陞正八品。各一人。八旗官學助教，俱滿洲二人，蒙古一人。教習，俱滿洲一人，蒙古二人，漢四人。恩、拔、副、優貢生內選充。筆帖式，滿洲四人，蒙古、漢軍各二人。

祭酒、司業掌成均之法。凡國子及俊選以時都授，課第優劣。歲仲春、秋上丁，釋奠，釋菜，綜典禮儀。天子臨雍，執經進講，率諸生圜橋觀聽。新進士釋褐，坐彝倫堂行拜謁簪花禮。監丞掌頒規制，稽勤惰，均廩餼，覈支銷，並書八旗教習功過。博士掌分經教授，考校程文，偕助教、學正、學錄經理南學事宜。典簿掌章奏文移。典籍掌書籍碑版。其兼領者：算法館，漢助教二人，特簡滿洲文臣一人管理。俄羅斯館，滿、漢助教各一人。琉球學，漢教習一人。肄業貢生選充。後俱省。又檔子房，錢糧處，俱派廳員司其事。

初，順治元年，定滿、漢祭酒各一人，兼太常寺少卿銜。滿洲司業二人，乾隆十三年省一人。

蒙、漢各一人，兼太常寺寺丞銜。後停兼銜。滿、漢監丞、典簿俱各一人，漢博士三人。十年省一人。康熙五十二年省一人。建八旗官學，置滿洲助教十有六人，康熙五十七年省四人。雍正三年復故。蒙古八人。十八年省四人。雍正三年復故。分設六堂，置滿、漢助教，十五年省六人。康熙五十七年省四人。雍正三年復增四人。學正，康熙三十八年省一人。五十二年省二人。各十有二人；學錄六人，十五年省四人。典籍一人。隸禮部。十五年復故。十八年，置滿洲博士一人。康熙二年，復隸禮部。十年，仍歸本監。雍正元年，詔監丞等官停用捐納。明年，特簡大臣管監事。九年，建南學。在學肄業者爲南學，在外肄業赴學考試者爲北學。高宗涖治，嚮用儒術，以大學士趙國麟、尙書楊時、孫嘉淦領太學事，官獻瑤、莊亨陽輩綜領六堂，世號「四賢五君子」。乾隆四十八年，建辟雍於集賢門，國學規制斯爲隆備。道光三年，以成均風勵中外，詔監臣無曠厥職。光緒三十三年，省入學部。嗣以文廟、辟雍典禮隆重，特置國子丞以次各官，分治其事。

初制，詔各省選諸生文行兼優者，與鄉試副榜貢生，入監肄業。聖祖初政，給事中晏楚瀾疏停鄉試副榜貢生，遂不復舉。康熙五年，徐元文爲祭酒，始請學政間歲一舉優生，鄉試仍取副榜，自是爲恆制。光緒間，幷推廣舉人入監，時風稍振。未幾科舉廢，此制替已。

衍聖公　孔氏世襲。正一品。順治元年，授孔子六十五世孫允植襲封。其屬：司樂，典籍，屯田管勾，俱由衍聖公保舉題授。管勾之屬，屯官八人，分掌鉅野、鄆城、平陽、東阿、獨山五屯。林廟守衛司百戶，秩視衛守備。以上爲兵、農、禮、樂四司。知印，掌書，書寫，奏差，啓事，各一人。隨朝伴官六人。初制一人。乾隆十五年定爲六人。自司樂以下，俱正七品，由衍聖公保舉題授或題補。聖廟執事官四十人。三品二人，四品四人，五品六人，七品八人，八品、九品各十人，由衍聖公會同山東學政揀選孔氏族人充補。翰林院世襲五經博士，正八品。孔氏北宗一人，順治元年，授孔子六十五世孫允鈺，奉子思廟祀。南宗一人。自明彥繩授職後，數世未襲。康熙四十一年，始授孔子六十六世孫興燫主衢州廟祀。東野氏、康熙二十三年，授元聖周公七十三世孫東野沛然。姬氏、乾隆四十三年，授周公七十七世孫肇勳，主咸陽廟祀。顏氏、順治元年，授復聖顏子淵六十八世孫紹緒。曾氏、順治元年，授宗聖曾子輿六十四世孫文達。孟氏、順治元年，授亞聖孟子子輿六十三世孫貞仁。仲氏、順治二年，授先賢仲子路六十一世孫于陛。閔氏、康熙三十八年，授先賢閔子騫六十五世孫衍籀。冉氏、雍正二年，授先賢冉子伯牛六十五世孫士樸。冉氏、雍正二年，授先賢冉子仲弓六十七世孫天琳。端木氏、康熙三十八年，授先賢端木子貢七十世孫謙。卜氏、康熙五十九年，授先賢卜子夏六十四世孫尊賢。言氏、康熙五十一年，授先賢言子游七十三世孫德堅。顓孫氏、雍正二年，授先賢顓孫子張六十六世孫誠道，道光四年，改歸嫡長樹勳。有氏、乾隆五十三年，授先賢有子若七十二世孫守業。伏氏、嘉慶十年，授先儒伏子勝六十五世孫敬祖。韓氏、乾隆三年，授先儒韓子愈三十世孫法祖。張氏、康熙二十六年，授先儒張子載二十八世孫守先，主鳳翔廟祀。邵氏，康熙四十一年，授先儒邵子雍三十世孫延祀。俱各一人。朱氏二人。順治十二年，授先儒朱子熹徽派十五世孫煌，奉婺源廟祀。康熙二十九年，授閩派十八世孫灤，主建安廟祀。關氏三人。康熙五十八年，授關公羽五十七世孫霨，主洛陽廟祀。雍正四年，授五十二世孫居斌，奉解州廟祀。十三年，授五十二世孫朝泰，主當陽廟祀。其屬於孔氏者，又有太常寺世襲博士一人，正七品。順治九年，以孔允銘暫主聖澤書院祀。康熙二十六年，授六十七世孫毓琮。國子監學正一人，正八品。順治八年，授六十五世孫允齊，由衍聖公保舉。尼山書院學錄，正八品。順治元年，授六十二世孫聞然，由衍聖公咨送弟姪題補。洙泗書院學錄，順治元年，授六十四世孫尚澄。世襲六品官，由衍聖公揀選族人充補。各一人；孔、顏、曾、孟四氏教授，正七品。學錄歷俸六年陞補。學錄，由衍聖公咨送孔氏生員題補。後改由移送撫臣驗看，送部具題。各一人。

衍聖公掌奉至聖闕里廟祀。聖賢後裔翰博各掌奉其先世祀事。聖裔太常博士掌奉聖澤書院祀。國子監學正掌奉儀封聖廟祀。學錄分掌尼山、洙泗兩書院祀。世襲六品官掌分獻崇聖祠。四氏教授、學錄掌訓課四氏生徒。執事官掌祭祀分獻，並司爵帛香祝。司樂掌樂章、樂器。典籍掌書籍及禮生。管勾掌祀田錢穀出入。百戶掌陵廟戶籍，典守樂器，祭祀則司滌濯。知印、掌書、書寫掌文書印信。奏差掌齎表箋章疏。隨朝伴官掌隨從朝覲辦事。

順治元年，復衍聖公及四氏翰博等爵封，命孔允植入覲，班列閣臣上。明年，改錫三臺銀印。十六年改滿、漢文三臺銀印。乾隆十四年，復改清、漢篆文三臺銀印。九年，世祖視學釋奠，召衍聖公孔興燮及四氏博士赴京陪祀觀禮，自後以爲常。十三年，依例授光祿大夫。康熙六十一年，定錫廕視正一品，廕一子五品官，著爲例。舊制，衍聖公錫廕依正二品。雍正八年，以崇奉祀典，廣置聖廟執事官，各按品級給予章服。乾隆二十一年，改世職知縣孔傳令爲世襲六品官。先是曲阜知縣爲世職，由衍聖公選族人題授。至是改爲在外揀選調補。五十年，詔：「博士有枉法婪贓革職治罪者，停其承襲。」定例衍聖公歸長子襲，北宗博士次子襲，太常博士三子襲，餘並以嫡子襲。東野氏及聖門各賢裔，由衍聖公達部上名，餘各報部云。

欽天監　管理監事王大臣一人。特簡。監正，初制，滿員四品。康熙六年陞三品。九年，滿、漢並定正五品。左、右監副，初制，五品。康熙六年陞四品，九年定正六品。俱滿、漢各一人。其屬：主簿廳主簿，正八品。滿、漢各一人。時憲科五官正，從六品。滿、蒙各二人，漢軍一人。春官正、夏官正、中官正、秋官正、冬官正，並從六品。漢各一人。司書，正九品。漢一人。博士，從九品。滿洲四人，蒙古二人，漢軍一人，漢十有六人。天文科五官靈臺郎，從七品。滿洲二人，蒙古、漢軍各一人，漢四人。監候，正九品。漢一人。博士，滿洲四人，漢二人。漏刻科挈壺正，從八品。滿、蒙各一人，漢二人。司晨，從九品。漢軍一人，漢七人。筆帖式，滿州十有一人，蒙古四人，漢軍二人。天文生，食九品俸。滿、蒙各十有六人，漢軍八人，漢二十有四人。食糧天文生，漢五十有六人。食糧陰陽生，漢十人。並給九品冠帶。助教廳助教一人，教習二人。

監正掌治術數，典曆象日月星辰，宿離不貸。歲終奏新曆，送禮部頒行。監副佐之。時憲科掌推天行之度，驗歲差以均節氣，製時憲書，以國書、蒙文譯布者，滿、蒙五官正司之。推算日月交食、七政相距、衝退留伏、交宮同度，漢五官正司之。頒之四方。天文科掌觀天象，書雲物禨祥；率天文生登觀象臺，凡晴雨、風雷、雲霓、暈珥、流星、異星，彙錄冊簿，應奏者送監，密疏上聞。漏刻科掌調壺漏，測中星，審緯度；祭祀、朝會、營建，諏吉日，辨禁忌。主簿掌章奏文移，簿籍員數。天文生分隸三科，掌司觀候推算。陰陽生隸漏刻科，掌主譙樓直更，監官以時考其術業而進退之。助教掌分教算學諸生。

初，順治元年設欽天監，分天文、時憲、漏刻、回回四科，置監正、監副、五官正、保章正、挈壺正、靈臺郎、監候、司晨、司書、博士、主簿等官，並漢人爲之，行文具題隸禮部。是歲仲秋朔日食，以西人湯若望推算密合，大統、回回兩法時刻俱差。令修時憲，領監務。十四年，省回回科，改其職隸秋官正，尋復舊制。十五年，定與禮部分析職掌。康熙二年，仍屬禮部。明年，增置天文科滿洲官五人，滿員入監自此始。又明年，定滿、漢監正各一人，左、右監副各二人，主簿各一人，滿、蒙五官正各二人。省回回科博士仍隸秋官正。置漢軍秋官正一人，春、夏、中、秋、冬五官正漢各一人。滿洲靈臺郎三人，乾隆四十七年改一人爲蒙古員缺。漢軍一人，漢四人。滿洲挈壺正二人，乾隆四十七年改一人爲蒙古員缺。漢二人。漢監候一人，保章正二人，正八品。十四年省。司書二人。十四年省一人。漢軍司晨一人，漢一人。十四年省。滿洲博士六人，乾隆四十七年改一人爲蒙古員缺。漢軍二人，漢三十有六人。尋省十四人，五年復置二人，通舊二十有四人。並定監官升轉不離本署，積勞止加升銜，著爲例。先是新安衞官生楊光先請誅邪教，鐫若望職。至是以光先爲監副，尋陞監正，仍用回回法。南懷仁具疏訟冤。八年，復罷光先，以南懷仁充漢監正，更名監修，用西法如初。雍正三年，實授西人戴進賢監正，去監修名。八年，增置西洋監副一人。乾隆四年，置漢算學助教一人，隸國子監。十年，定監副以滿、漢、西洋分用。十八年省滿、漢各一人，增西洋二人，分左、右。四十四年，更命親王領之。道光六年，仍定滿、漢監正各一人，左、右監副各二人。時西人高拱宸等或歸或沒，本監已諳西法，遂止外人入官。光緒三十一年，改國子監助教始來隸。

太醫院　管理院事王大臣一人。特簡。院使，初制正五品。宣統元年陞正四品。左、右院判，初制正六品。宣統元年陞正五品。俱漢一人。其屬：御醫十有三人，內兼首領廳事二人。初制正八品。雍正七年陞七品，給六品冠帶。宣統元年陞正六品。吏目二十有六人，內兼首領廳事一人。初制八、九品各十有三人。宣統元年，改八品爲七品，九品爲八品。醫士二十人，內兼首領廳事一人，給從九品冠帶。醫生三十人。

院使、院判掌考九科之法，帥屬供醫事。御醫、吏目、醫士各專一科，曰大方脈、小方脈、傷寒科、婦人科、瘡瘍科、鍼灸科、眼科、咽喉科、正骨科，是爲九科。初設十一科。後痘疹科歸小方脈，咽喉、口齒併爲一科。掌分班侍直，給事宮中曰宮直，給事外廷曰六直。西苑壽樂房以本院官二人直宿。

順治元年，置院使，左、右院判各一人，吏目三十人，十八年省二十人，康熙九年復故。十四年省十人，雍正元年又復。豫授吏目十人，十八年省。康熙九年復故，三十一年又省。御醫十人，康熙五十三年省二人。雍正元年復故，七年增五人。道光二十三年省二人。醫士二十人。十八年省二十人。康熙九年復故，十四年省十人。雍正元年增二十人。凡藥材出入隸禮部。十六年，改歸本院。十八年，生藥庫復隸禮部。康熙三年，定直省歲解藥材，並折色錢糧，由戶部收儲付庫。雍正七年，定八品吏目十人，九品二十人。後定各十三人。乾隆五十八年，命內府大臣領院務。宣統元年，院使張仲元疏請變通舊制，特崇院使以次各官品秩。初制，入院肄業，考補恩糧，歷時甚久，軍營、刑獄醫士悉由院簡選。光緒末葉，民政部醫官，陸軍部軍醫司長，與院使、院判品秩相等。至是釐定，崇內廷體制也。又定制，院官遷轉不離本署。同治間，曾議吏目食俸六年，陞用按察司經歷、州判。嗣以與素所治相剌，迺寢。

壇廟官　天壇尉，地壇尉，各八人。五品一人，六品七人。太廟尉十人。四品二人，五品八人。社稷壇尉五人。五品一人，六品四人，並隸太常寺。堂子尉八人。七品二人，八品六人，隸禮部。俱滿員。掌管鑰，守衞直宿，朔望奉薦以行禮。天壇、地壇、朝日壇、夕月壇、先農壇，各祠祭署奉祀、從七品。祀丞，從八品。俱各一人。日、月二壇祀丞後省。帝王廟祠祭署無專員。以漢贊禮郎、司樂內一人委充，並隸樂部。俱漢員。掌典守神庫，以時巡視，督役氾埽；凡葺治牆宇、樹藝林木，並敬供厥事。四品尉以五品序陞，其下以是爲差。唯太廟尉以各壇六品尉及各部院休致郎員間次選授。六品等尉吏部牒八旗番送除授，奉祀以祀丞序陞，祀丞以祝版生番選除授。

陵寢官　三陵總理事務大臣，盛京將軍兼充。光緒三十年改歸東三省總督。承辦事務衙門大臣，光緒三十一年，改盛京守護大臣置。各一人。主事，委署主事，各一人。讀祝官八人。贊禮郎十有六人。四品、五品、七品官各一人，六品官四人，外郎九人。舊置戶部六品官二人。禮部六、七品官，工部四、五、六品官，各一人。又戶、禮、工三部外郎二十人。光緒三十一年，省外郎十有一人。自讀祝以下，並改隸三陵總理事務衙門。永陵：掌關防官，四品。副關防官兼內管領，正五品。副關防官兼尚膳正，五品。尚茶副，尚膳副，副內管領，並八品。各一人。筆帖式二人。福陵、昭陵：掌關防官各一人，副關防官各二人。五品。尚茶正，尚膳正，並五品。尚茶副，尚膳副，內管領，正五品。副內管領，俱各一人。筆帖式各二人。掌守衛三陵。凡班直、饗獻、氾埽，以時分司其事。

東陵：總管大臣一人。泰寧鎮總兵兼內務府大臣簡充。承辦事務衙門禮部主事，筆帖式，各二人。石門衙署工部郎中一人。員外郎，筆帖式，各四人。昭西陵：內務府掌關防郎中，嘉慶十五年調往景陵，仍管昭西陵事務。員外郎，主事，尚茶正，尚膳正，並四品。內管領，各一人。筆帖式二人。禮部郎中一人。員外郎，讀祝官，各二人。贊禮郎，筆帖式，各四人。工部郎中一人。孝陵：內務府掌關防郎中，員外郎，主事，尚茶正，尚膳正，內管領，副內管領，正六品。各一人。筆帖式二人。禮部郎中一人。員外郎，讀祝官，各二人。贊禮郎四人。筆帖式二人。工部員外郎一人。孝東陵：內務府掌關防郎中，員外郎，主事，尚茶正，尚膳正，尚茶副，尚膳副，並正七品。內管領，副內管領，各一人。筆帖式二人。禮部員外郎，讀祝官，各二人。贊禮郎，筆帖式，各四人。工部員外郎一人。景陵：內務府總管，從五品。員外郎，主事，尚茶正，內管領，副內管領，各一人。尚膳正，筆帖式，各二人。禮部郎中一人。員外郎，讀祝官，各二人。贊禮郎，筆帖式，各四人。工部員外郎一人。景陵皇貴妃園寢：內務府員外郎，尚膳正，各一人。禮部讀祝官二人。贊禮郎三人。景陵妃園寢：內務府尚茶副，尚膳副，副內管領，委署副內管領，七品銜。各一人。禮部讀祝官二人。贊禮郎三人。筆帖式二人。裕陵：內務府掌關防郎中，員外郎，主事，尚茶正，尚膳正，內管領，副內管領，各一人。

筆帖式二人。禮部郎中一人。員外郎，讀祝官，各二人。贊禮郎，筆帖式，各四人。工部員外郎一人。裕陵皇貴妃園寢：內務府尙茶副，尙膳副，並七品。副內管領，委署副內管領，各一人。禮部讀祝官二人。贊禮郎二人。端慧皇太子園寢：內務府內管領，副內管領，尙茶副，尙膳副，各一人。禮部讀祝官二人。贊禮郎三人。定陵：內務府掌關防郎中，員外郎，主事，尙茶正，尙膳正，內管領，副內管領，各一人。筆帖式二人。禮部郎中，員外郎，讀祝官，各二人。贊禮郎四人。普祥峪定東陵：內務府掌關防郎中，員外郎，主事，尙茶正，尙膳正，內管領，各一人。筆帖式二人。禮部員外郎，讀祝官，各二人。贊禮郎四人。菩陀峪定東陵：內務府掌關防郎中，員外郎，主事，尙茶正，尙膳正，內管領，各一人。筆帖式二人。禮部員外郎，讀祝官，各二人。贊禮郎四人。定陵妃園寢：內務府副內管領，委署副內管領，尙茶副，尙膳副，各一人。禮部讀祝官二人。贊禮郎三人。惠陵：內務府掌關防郎中，員外郎，主事，尙茶正，尙膳正，內管領，各一人。筆帖式二人。禮部郎中一人。員外郎，讀祝官，各二人。贊禮郎四人。惠陵妃園寢：禮部讀祝官二人。贊禮郎三人。內務府不設官，暫置領催一人，閑散拜唐阿一人。

西陵：總管大臣，泰寧鎭總兵兼內務府大臣簡充。承辦事務衙門主事，委署主事，各一人。筆帖式四人。易州衙署工部郎中一人，員外郎三人，主事一人，筆帖式二人。泰陵：內務府總管員外郎，主事，尙茶正，尙膳正，尙茶副，九品。尙膳副，九品。內管領，副內管領，各一人。筆帖式二人。禮部郎中，員外郎，各一人。讀祝官二人。贊禮郎，筆帖式，各四人。工部郎中，主事，各一人。泰東陵：內務府掌關防郎中，員外郎，主事，尙茶正，尙膳正，尙茶副，尙膳副，內管領，各一人。筆帖式二人。禮部員外郎，讀祝官，各二人。贊禮郎，筆帖式，各四人。工部員外郎一人。泰陵皇貴妃園寢：內務府主事，副內管領，各一人。禮部主事一人。讀祝官二人。贊禮郎三人。工部主事一人。昌陵：內務府掌關防郎中，員外郎，主事，尙茶正，尙茶副，尙膳副，內管領，副內管領，各一人。尙膳正，筆帖式，各二人。禮部郎中一人。員外郎，讀祝官，各二人。贊禮郎，筆帖式，各四人。工部員外郎一人。昌西陵：內務府掌關防郎中，員外郎，主事，尙茶正，尙膳正，尙茶副，尙膳副，內管領，各一人。筆帖式二人。禮部員外郎，讀祝官，各二人。贊禮郎四人。工部員外郎一人。昌陵皇貴妃園寢：內務府主事，副內管領，各一人。禮部讀祝官二人。贊禮郎三人。慕陵：內務府掌關防郎中，員外郎，主事，尙茶正，尙茶副，尙膳副，內管領，副內管領，各一人。尙膳正，筆帖式，各二人。禮部郎中一人。員外郎，讀祝官，各二人。贊禮郎四人。工部員外郎一人。慕東陵：內務府掌關防郎中，員外郎，主事，尙茶正，尙膳正，內管領，各一人。尙茶副，尙膳副，委署副內管領，筆帖式，各二人。禮部員外郎，讀祝官，各二人。贊禮郎四人。工部主事一人。後省。慕東陵皇貴妃園寢：內務府尚茶副，尚膳副，委署副內管領，各一人。禮部讀祝官二人。贊禮郎三人。東陵宗室主事，昭西陵宗室員外郎，泰陵宗室員外郎、主事，各一人。餘並滿洲員缺。

總管大臣掌督帥官兵巡防游徼，以翊衞陵寢。內務府官掌奉祭祀奠享之禮，司掃除開闔。禮部官掌判署文案，監視禮儀，歲供品物，以序祀事。工部官掌修葺繕治，凡祭祀供厥楮幣。順治十三年，置福陵、昭陵掌關防等官。康熙二年，復置各陵寢內府、禮部、工部司官。光緒三十一年，改盛京戶、禮、工三部陵寢官隸總理三陵事務衙門。宣統三年，陵寢郎、員、主各缺並改歸內務府，帶禮部、工部銜如故。

僧錄司正印，副印，各一人。□品。左、右善世，正六品。闡教，從六品。講經，正八品。覺義，從八品。俱二人。道錄司一人。□品。左、右正一，正六品。演法，從六品。至靈，正八品。至義，從八品。俱二人。分設各城僧、道協理各一人。僧官兼善世等銜，道官兼正一等銜，給予部劄。協理給予司劄。龍虎山正一眞人。正三品。提點，提舉，法籙局提舉，由太清宮法官充補。各一人。副理二人。贊教四人。知事十有八人。自提點以下，並由正一眞人保舉，報部給劄。

初，天聰六年，定各廟僧、道以僧錄司、道錄司綜之。凡諳經義、守清規者，給予度牒。順治二年，停度牒納銀例。八年，授張應京正一嗣教大眞人，掌道教。康熙十三年，定僧錄司、道錄司員缺，及以次遞補法。十六年，詔令僧錄司、道錄司稽察設教聚會，嚴定處分。雍正九年，嘉法官婁近垣忠誠，授四品提點，尋封妙正眞人。十年，定提點以次員缺。乾隆元年，酌復度牒，並授正一眞人光祿大夫，妙正眞人通議大夫。五年，正一眞人詣京祝萬壽，鴻臚寺卿梅㲄成疏言：「道流卑賤，不宜濫厠朝班。」於是停朝覲筵宴例。十七年，改正一眞人爲正五品，不許援例請封。三十一年，以法官品秩較崇，復陞正一眞人正三品。三十九年，眞人府監紀司張克誠留京，置協理提點二人。四十二年，授克誠提點，兼京畿道錄司，省協理。

清史稿卷一百十六

志九十一

職官三 外官

順天府　奉天府　總督巡撫　學政　布政使　按察使　鹽運使

道　府　州　縣　儒學　巡檢　驛丞　庫倉稅課河泊各大使牐官

醫學　陰陽學　僧綱司道紀司

順天府　兼管府尹事大臣，漢大學士、尚書、侍郎內特簡。尹，正三品。丞，正四品。俱各一人。其屬：治中，正五品。通判，正六品。經歷司經歷，從七品。照磨所照磨，司獄司司獄，並從九品。俱各一人，並漢員。儒學教授，正七品。訓導，從八品。滿、漢各一人。所轄四路廳，正五品。二十州、縣，正七品。各一人。在京者大興、宛平二縣知縣各一人，正六品。縣丞正七品。四人，大興一人，宛平三人。巡檢從九品。七人，大興三人，宛平四人。典史，閘官，崇文門副使，俱未入流。副使後隸監督。各一人。

尹掌清肅邦畿，布治四路，帥京縣頒政令條教。歲立春，迎春東郊。天子耕耤，具耒耜絲鞭，奉青箱播種，禮畢，率庶人終畝。田賦出納，以時勾稽，上其要於戶部。治鄉飲典禮。鄉試充監臨官。丞掌學校政令，鄉試充提調官。治中掌貳府事，紀綱衆務，兼鄉會試場務。通判掌主牙稅，平禁爭僞。經歷、照磨掌出納文書。司獄掌罪囚籍錄。儒學掌京畿黌序，文武生月課其藝射，不帥教者戒飭之，三歲報優劣於學政。大興、宛平二縣各掌其縣之政令，與五城兵馬司分壤而治，品秩服章視外縣加一等。

初，世祖奠鼎燕京，建順天府，置尹一人，丞一人，兼提督學政銜。乾隆五十八年停。別置學政。丞止申送童生。治中三人，通判三人，順治六年留管糧一人。省馬政、軍匠各一人。經歷、照磨、司獄，各一人，推官、知事、並從六品。檢校、從九品。以上三員俱康熙六年省。遞運所大使、康熙三十八年省。庫大使、康熙三十九年省。張家灣宣課司大使，康熙四十年省。以上三員俱未入流。各一人。儒學漢教授一人，訓導六人。順治二年省四人。康熙四年俱省，五年復置一人。京衞武學漢教授一人，訓導二人。順治二年省。康熙十五年復置一人。轄大興、宛平二縣，知縣各一人，縣丞各一人，雍正四年增宛平管河一人。嘉慶十三年復增宛平管河一人。巡檢七人，主簿、順治三年省。典史、閘官，詳內務府。各一人。順治六年，省治中二人。康熙十五年，始以昌平等十九州、縣來隸。二十七年，置東、西、南、北四路同知。雍正元年，特簡大臣領府事，號兼尹。三年，改京衞武學爲府武學。明年，省武學教授、訓導官；增府儒學教授、訓導，滿洲各一人。乾隆八年，定爲二十四州、縣隸府。嘉慶十八年，定所屬官吏歸尹考察。光緒元年，省治中。別設驛巡道。宣統二年，罷兼尹。

奉天府　兼管府事大臣一人。盛京五部侍郎內特簡，後歸將軍兼管。尹，滿洲一人；丞，漢一人。其屬：治中，圍場通判，庫大使，經歷，司獄，巡檢兼司獄，府學教授，各一人。所轄海防同知，軍糧同知，各一人。承德縣知縣，典史，各一人。

尹掌留都治化與其禁令，小事決之，大事以聞。丞掌主學校，兼稽宗室、覺羅官學、義學。治中以次各官所掌視順天府。

初建盛京，順治十年，設遼陽府。十四年，更名奉天府，置尹一人，經歷、教授、訓導，康熙三年省。各一人。康熙二年，置丞一人；治中、通判、推官，六年省。各一人。設承德縣附郭，置知縣、典史，各一人。巨流河巡檢一人。乾隆四十二年省。七年，增府司獄一人。二十八年，定府丞主奉天考試事。乾隆二十七年，詔府尹受將軍節度。明年，增興京理事廳通判一人。光緒二年省。三十年，始以侍郎爲兼尹，著爲令。光緒二年，省治中，別設驛巡道。改命將軍兼管，加兼尹總督銜，府尹二品銜，以兵部侍郎、右副都御史行巡撫事。三十一年，改行省，罷尹丞，置知府。宣統元年，省教佐各官。越明年，省承德縣。

總督從一品。掌釐治軍民，綜制文武，察舉官吏，修飭封疆。標下有副將、參將等官。巡撫從二品。掌宣布德意，撫安齊民，修明政刑，興革利弊，考覈羣吏，會總督以詔廢置。標下有參將、游擊等官。其三年大比充監臨官，武科充主試官，督、撫同。

初沿明制，督、撫繫右都御史、右副都御史、右僉都御史銜，無定員。順治十年，諭會推督、撫，不拘品秩，擇賢能者具題。康熙元年，停巡撫提督軍務加工部銜。不置總督省分，兼轄副將以下等官。十二年復故，並設撫標左、右二營。三十一年，定總督加銜制。由各部左、右侍郎授者，改兵部左、右侍郎；由巡撫授者，陞兵部右侍郎兼都察院右副都御史。乾隆十三年，定大學士兼管總督者仍帶原銜。明年，改授右都御史銜，其兵部尚書銜由吏部疏請定奪。嘉慶十四年，定以二品頂戴授者兼兵部侍郎銜，俟陞品秩再加尚書銜。光緒三十二年，更名陸軍部尚書銜。宣統二年停。七年，定山陝督、撫專用滿員。雍正元年，定巡撫加銜制。由侍郎授者，改兵部右侍郎兼右副都御史銜；由學士、副都御史及卿員、布政使等官授者，俱爲右副都御史；由左僉都御史或四品京堂、按察使等官授者，俱爲右僉都御史。乾隆十四年，定巡撫不由侍郎授者，俱兼右副都御史；其兵部侍郎銜，疏請如總督。光緒三十二年，更名陸軍部侍郎銜。宣統二年停。時西安有同署巡撫者，山東、山西並有協辦巡撫之目，非制也。是歲，諭山陝督、撫參用蒙古、漢軍、漢人，纂爲令甲。乾隆十八年，以漕運、河道總督無地方責，授銜視巡撫。嘉慶十二年，定由尚書授者，應否兼兵部尚書銜，疏請如總督。光緒二十四年，加總理各國事務衙門大臣銜，尋罷。三十二年，定辟除掾屬、分曹治事制。條爲十科：曰交涉、曰吏、曰民、曰度支、曰禮、曰學、曰軍政、曰法、曰農工商、曰郵傳，各置參事、秘書，是爲幕職。宣統二年，充會辦鹽政大臣兼職，尋亦罷。

初，河南、山東、山西等省專置巡撫，無統轄營伍權，以提督爲兼銜。直隸、四川、甘肅等省專置總督，吏治歸其考覈，以巡撫爲兼銜。而巡撫例受總督節度，寖至同城巡撫僅守虛名。卽分省者，軍政民事亦聽總督主裁。文宗蒞政，命浙江、安徽、江西、陝西、湖南、廣西、貴州各巡撫節制鎭、協武職；總督兼轄省分，由巡撫署考會題，校閱防剿，定爲專責，職權漸崇。光緒季年，裁同城巡撫，其分省者，權幾與總督埒，所謂兼轄，奉行文書已耳。宣統間，軍政、鹽政厚集中央，督、撫權削矣。

總督東三省等處地方兼管三省將軍、奉天巡撫事一人。康熙元年置將軍。詳武職。光緒二年，兼管兵、刑二部及府尹，以兵部尚書、都察院右都御史銜行總督事。三十二年，建行省，改將軍曰總督，授爲欽差大臣，隨時分駐三省行臺。宣統二年，兼奉天巡撫事。初建行省，置巡撫一人，至是省。

總督直隸等處地方提督軍務、糧饟、管理河道兼巡撫事一人。順治五年，置直隸山東河南三省總督，駐大名。十五年，改爲直隸巡撫。十七年，徙眞定。明年，復置總督於大名。康熙三年，仍爲三省總督。八年省，移巡撫還駐保定。五十四年，加巡撫以總督銜，不爲例。雍正元年，詔嘉李維鈞勤慎，特授總督，自是爲永制。四年，以禮部右侍郎協理總督，不爲常目。乾隆十四年，令兼河道。二十八年，詔依四川例，兼管巡撫事。咸豐三年，兼管長蘆鹽政。同治九年，加三口通商事務，授爲北洋通商大臣，駐天津。冬令封河，還駐保定。初置有宣大總督，順天、保定、宣府三巡撫。順治八年省宣府巡撫，以宣大總督兼其事。十三年省宣大總督，令順天巡撫兼之。十八年省順天巡撫，歸保定巡撫兼管。後亦省。

總督兩江等處地方提督軍務、糧饟、操江、統轄南河事務一人。順治二年，以內閣大學士洪承疇總督軍務，招撫江南各省。尋改應天府爲江寧，罷南直隸省府尹。四年，置江南江西河南三省總督，駐江寧。九年，徙南昌，時號江西總督；已，復駐江寧。十八年，江南、江西分置總督。康熙元年，加江南總督操江事務。初置鳳廬巡撫，駐淮安，以操江管巡撫事領之。六年省歸漕督。至是始來隸。四年，復併爲一。十三年，復分置。二十一年仍合。尋定名兩江總督。雍正元年，以綜治江蘇、安徽、江西三省，加兵部尚書兼都察院右都御史銜。道光十一年，兼兩淮鹽政。同治五年，加五口通商事務，授爲南洋通商大臣，與北洋遙峙焉。

總督陝甘等處地方提督軍務、糧饟、管理茶馬兼巡撫事一人。順治元年，置陝西總督，駐固原，兼轄四川。十四年，徙漢中。康熙三年，更名山陝總督，兼轄山西，還駐西安。十四年，改爲陝甘總督。時山西別置總督。十九年，仍改陝甘爲山陝，省山西總督入之。轄四川如故。雍正元年，以綜治陝西、甘肅、四川三省，加兵部尚書兼都察院右都御史銜。三年，授兵部尚書岳鍾琪爲總督。先是定爲滿缺，參用漢人自此始。九年，諭仍專轄陝、甘。十四年，復轄四川，更名川陝甘總督。乾隆十三年，西陲用兵，仍置陝西總督。十九年，省甘肅巡撫，移陝甘總督駐蘭州，兼甘肅巡撫事。二十四年，別置甘肅總督，兼轄陝西，駐肅州；移川陝總督駐四川。尋復定名陝甘總督，還駐蘭州，仍兼巡撫事。光緒八年，新疆建行省，復兼轄之。

總督閩浙等處地方提督軍務、糧饟兼巡撫事一人。順治二年，置福建總督，駐福州，兼轄浙江。五年，更名浙閩總督，徙衢州，兼轄福建。十五年，兩省分置總督，福建總督駐漳州，浙江總督駐溫州。康熙十一年，移福建總督駐福州。明年，省浙江總督。二十六年，改福建總督爲福建浙江總督。雍正五年，特授李衛總督浙江，整飭軍政吏治，並兼巡撫事；郝玉麟以浙閩總督專轄福建。十二年，復省浙江總督，仍合爲一。乾隆元年，詔依李衛例，特授嵇曾筠爲浙江總督，郝玉麟仍專轄福建。三年，嵇曾筠入閣，郝玉麟仍總督閩、浙如故。閩、浙或分或合，至是始爲永制。光緒十一年，省福建巡撫，並兼巡撫事。

總督湖北湖南等處地方提督軍務、糧饟兼巡撫事一人。順治元年，置湖廣總督，駐武昌。康熙七年省，九年復置。十九年，改川湖總督復爲湖廣總督，還駐武昌。二十六年，更名湖北湖南總督。光緒三十年，兼湖北巡撫事。

總督四川等處地方提督軍務、糧饟兼巡撫事一人。順治元年，置四川巡撫，駐成都，不置總督。十年，以川省兵馬錢糧皆從陝西調發，詔陝西總督孟喬芳兼督四川。十四年，停陝督兼轄，專置四川總督，駐重慶。康熙七年，更名川湖總督，徙荆州。九年，還駐重慶。十三年，四川省會別置總督一人。十九年，省隸陝甘總督，其川湖總督省歸湖廣總督兼理。雍正九年復置，駐成都。十三年又省。乾隆十三年，以金川用兵，始定爲專缺，兼管巡撫事。二十四年，兼轄陝西，尋停兼轄。宣統元年，以將軍所轄松潘、建昌二鎭，阜和協所屬各營，建昌、松茂二道府、廳、州、縣改隸之。

總督兩廣等處地方提督軍務、糧饟兼巡撫事一人。順治元年，置廣東總督，駐廣州，兼轄廣西。十二年，徙梧州。康熙二年，別置廣西總督，移廣東總督駐廉州。三年，復併爲一，駐肇慶。雍正元年，復分置。明年仍合。七年，以苗患，令雲貴總督兼轄廣西。十二年，仍隸廣東。光緒三十一年，兼廣東巡撫事。

總督雲貴等處地方提督軍務、糧饟兼巡撫事一人。順治十六年，置經略，尋改總督，兩省互駐。康熙元年，分置雲南總督，駐曲靖；貴州總督，駐安順。三年，復併爲一，徙貴陽。十二年，仍分置，尋復故。二十六年，徙雲南府。雍正十年，上嘉鄂爾泰才，以雲貴總督兼制廣西，給三省總督印。十二年，仍轄兩省，以經略苗疆，授張廣泗爲貴州總督兼巡撫事，尹繼善爲雲南總督，專轄雲南。十二年復故。光緒三十一年，兼雲南巡撫事。

總督漕運一人。掌治漕輓，以時稽覈催趲，綜其政令。標下官同總督。順治元年，遣御史巡漕，尋置總督，駐淮安。四年，以滿洲侍郎一人襄治漕務。八年省。十三年復置，十八年又省。六年，兼鳳廬巡撫事。十六年，停兼職。康熙二十一年，定糧艘過淮，總漕隨運述職。咸豐十年，令節制江北鎮、道各官。光緒三十年，以淮、徐盜警，改置巡撫。明年省。

河道總督，江南一人，山東河南一人。直隸河道以總督兼理。掌治河渠，以時疏濬隄防，綜其政令。營制視漕督。順治元年，置總河，駐濟寧。康熙十六年，移駐清江浦。二十七年，還駐濟寧，令協理侍郎開音布等駐其地。三十一年，總河並駐之。三十九年，省協理。四十四年，兼理山東河道。雍正二年，置副總河，駐武陟，專理北河。七年，改總河爲總督江南河道，駐清江浦，副總河爲總督河南山東河道，駐濟寧，分管南北兩河。八年，增置直隸正、副總河，爲河道水利總督，駐天津。自是北河、南河、東河爲三督。九年，置北河副總河，駐固安，並置東河副總河，移南河副總河駐徐州。十二年，移東河總督駐兗州。乾隆二年，省副總河。厥後省置無恆。十四年，省直隸河道總督。咸豐八年，省南河河道總督。光緒二十四年，省東河河道總督，尋復置。二十八年又省，河務無專官矣。

巡撫江蘇等處地方提督軍務兼理糧饟一人。順治元年，置江南巡撫，駐蘇州，轄江寧、蘇州、松江、常州、鎮江五府。十八年，江南分省，更名江蘇巡撫。

巡撫安徽等處地方提督軍務、節制各鎮兼理糧饟一人。順治元年，置操江兼巡撫安徽徽、寧、池、太、廣，駐安慶。康熙元年，省操江，所部十二營改隸總督，始置安徽巡撫。嘉慶八年，以距壽春鎮窵遠，加提督銜。

巡撫山東等處地方提督軍務、糧饟兼理營田一人。順治元年置，駐濟寧。時海防巡撫駐登州，九年省。康熙四十四年，管理山東河道。五十三年，兼臨清關務。乾隆八年，依山西、河南例，加提督銜。

巡撫山西等處地方提督軍務兼理糧饟一人。順治元年置巡撫，駐太原，提督雁門等關。雍正十二年，管理提督事務，通省武弁受節度。

巡撫河南等處地方提督軍務、糧饟兼理河道、屯田一人。順治元年置，駐開封。康熙十七年，定管理河南歲修工程。雍正四年，加總督銜，不爲例。尋省。十三年復置。乾隆五年，以盜警，加提督銜。

巡撫陝西等處地方提督軍務、節制各鎮兼理糧饟一人。順治元年置，駐西安，定爲滿缺。雍正九年，以兵部尚書史貽直署巡撫，參用漢人自此始。

巡撫新疆等處地方提督軍務兼理糧饟一人。順治元年，置甘肅巡撫，駐甘州衞。雍正二年改衞爲府。五年，徙蘭州。康熙元年，移駐涼州衞。後亦改府。五年，還駐蘭州，尋改駐鞏昌。十九年，仍回蘭州。四十四年，兼管茶馬事。乾隆十九年省，移陝甘總督來駐，兼巡撫事。光緒十年，新疆建行省，置甘肅新疆巡撫，駐烏魯木齊。初置有延綏巡撫、寧夏巡撫各一人，康熙間俱省。

巡撫浙江等處地方提督軍務、節制水陸各鎮兼理糧饟一人。順治元年置，駐杭州。雍正五年，改總督。十三年，仍爲巡撫，兼總督銜。乾隆元年，復置總督。三年復故。

巡撫江西等處地方提督軍務、節制各鎮兼理糧饟一人。順治元年置，駐南昌，轄十一府。康熙三年，兼轄南安、贛州。初置南贛巡撫，至是省入。乾隆十四年，加提督銜。

巡撫湖南等處地方提督軍務、節制各鎮兼理糧饟一人。順治元年，置偏沅巡撫，駐偏橋鎮。同時置撫治鄖陽都御史，駐沅州，以控湘、蜀、豫、晉之交，十八年省。康熙十五年，以盜警復置。十九年又省。康熙三年，湖南分省，移駐長沙。雍正二年，更名湖南巡撫，令節制各鎮。

巡撫湖北等處地方提督軍務兼理糧饟一人。順治元年，置湖廣巡撫，駐武昌。康熙三年，更名湖北巡撫。光緒二十四年省，尋復置。三十二年又省。

巡撫廣東等處地方提督軍務兼理糧饟一人。順治元年置，駐廣州。雍正二年，兼太平關務。光緒二十四年省，尋復置。三十一年，以廣西軍務平，又省。

巡撫廣西等處地方提督軍務兼理糧饟加節制通省兵馬銜一人。順治元年置，駐桂林。六年，省鳳陽巡撫標兵來隸。雍正九年，令節制通省兵馬。

巡撫雲南等處提督軍務兼理糧饟一人。順治元年置，駐雲南府。雍正四年，命江蘇布政使鄂爾泰爲巡撫，兼總督事。十年，陞總督，兼巡撫事。張廣泗繼之，亦兼巡撫。乾隆十二年，始授圖爾炳阿爲巡撫。光緒二十四年省，尋復置。三十年又省。

巡撫貴州等處地方提督軍務兼理糧饟加節制通省兵馬銜一人。順治十五年置。十八年，停提督軍務。乾隆十二年，以苗患復之。明年，加愛必達節制通省兵馬銜。十八年，著爲例。

巡撫臺灣等處地方提督軍務兼理糧饟一人。順治元年，置福建巡撫，駐福州。光緒元年，移駐臺北。十一年，臺灣建行省，改福建巡撫爲臺灣巡撫，兼學政事，其福建巡撫事歸閩浙總督兼管。二十一年，棄臺灣，省巡撫。

提督學政，省各一人。以侍郎、京堂、翰、詹、科、道、部屬等官進士出身人員內簡用。各帶原銜品級。掌學校政令，歲、科兩試。巡歷所至，察師儒優劣，生員勤惰，升其賢者能者，斥其不帥教者。凡有興革，會督、撫行之。

初，各省並置督學道，繫按察使僉事銜，各部郎中進士出身者補用。惟直隸差督學御史一人，後稱順天學政。順治十年改用翰林編、檢、中、贊、講、讀並差。乾隆以來多用卿貳。江南、江北二人，順治十年改用翰林官，明年仍用僉事。康熙元年省併爲一，二十四年復用翰林官。雍正三年，析置江蘇、安徽各一人。稱學院。順治七年，定學道考選部屬制。由內閣與吏、禮二部會考選，禮部二人，戶、兵、刑、工各一人。十六年停。十五年，省宣大學政歸山西學道兼理。康熙元年，併湖北、湖南提學道爲一，更名湖廣提學道。雍正二年復分置。明年，命奉天府丞主考試事，省陝西臨鞏學政改歸西安學道兼理。二十三年，停督學論俸補授例，並定浙江改用翰林官，依順天、江南北例稱學院，其各省由部屬、道、府任者，仍爲學道。三十九年，定翰林與部屬並差。雍正四年，各省督學並更名學院，凡部屬任者，俱加編修、檢討銜，自是提學無道銜矣。明年，命巡察御史兼理臺灣學政。乾隆十七年改臺灣道兼理。光緒十二年，巡撫兼學政事。七年，改廣東學政爲廣韶學政，增置肇高學政一人。乾隆十六年，復併爲一。光緒二年，增置甘肅學政一人。先是甘肅歲、科試由陝西學政兼理，至是始置。三十一年，省奉天府丞，增置東三省學政一人。是歲罷科舉，興學校，改學政爲提學使。詳新官制。初置，有提督滿洲、蒙古繙譯學政，以滿洲侍讀、侍講充。雍正元年省。

承宣布政使司布政使，省各一人。從二品。其屬：經歷司經歷，正六品。都事，從七品。照磨所照磨，從八品。理問所理問，從六品。庫大使，正八品。倉大使，從九品。各一人。布政使掌宣化承流，帥府、州、縣官，廉其錄職能否，上下其考，報督、撫上達吏部。三年賓興，提調考試事，升賢能，上達禮部。十年會戶版，均稅役，登民數、田數，上達戶部。凡諸政務，會督、撫議行。經歷、都事掌出納文移。照磨掌照刷案卷。理問掌推勘刑名。庫大使掌庫藏籍帳。倉大使掌稽檢倉庾。

初，直隸不置布政使，置口北道一人司度支，兼山西布政使銜。雍正二年，改從直隸布政使銜。各省置左、右布政使一人，貴州事簡，不置右布政使。左、右參政、參議，因事酌置。守道並兼參政、參議銜。所屬經歷，江寧、蘇州、湖南、甘肅不置。都事，福建、河南各一人。照磨，浙江、福建、湖北、山西、四川、甘肅各一人。檢校，正九品。雍正二年省。理問，副理問，從七品。康熙三十八年省。庫大使，倉大使，寶源局大使，正九品。康熙三十八年省。因時因地，省置無恆。順治三年，罷南直隸舊設部院遣侍郎，滿、漢各一人，駐江寧治事，至是省，定置左、右布政使各一人。十八年，江南分省，右布政使徙蘇州，左仍駐江寧。康熙二年，陝西分省，右布政使徙鞏昌，分治甘肅。明年，湖廣分省，右布政使徙長沙，分治湖南。六年，改江南右布政使爲江蘇布政使，左爲安徽布政使；陝西左布政使爲西安布政使，右爲鞏昌布政使；湖廣左布政使爲湖北布政使，右爲湖南布政使。並定山東、山西、河南、江蘇、安徽、江西、福建、浙江、湖北、湖南、四川、廣東、廣西、雲南、貴州各一人，陝西二人，罷左、右繫銜，名曰守道。七年，定山西、陝西、甘肅爲滿洲缺。雍正元年，授胡期恆陝西布政使。明年，授高成齡山西布政使。又明年，授孔毓璞甘肅布政使。參用漢人自此始。八年，置直隸守道一人，綜司度支；改西安布政使爲陝西布政使；徙鞏昌布政使駐蘭州，爲甘肅布政使。雍正二年，改直隸守道爲布政使。乾隆十八年，停各省守道兼布政使、參政、參議銜。二十五年，以江寧錢穀務劇，增置布政使一人，析江、淮、揚、徐、通、海六府、州隸之；蘇、松、常、鎮、太五府仍隸蘇州布政使；其安徽布政使回治安慶。光緒十年，新疆建行省，增置甘肅新疆一人，駐烏魯木齊。十三年，臺灣建行省，增置福建臺灣一人，駐臺北。二十一年棄臺灣，迺省。三十年，命江寧布政使兼理江淮布政使事，尋罷。宣統二年，各省設財政公所，或名度支公所。分曹治事，以布政使要其成，間省經歷等官。

提刑按察使司按察使，省各一人。正三品。其屬：經歷司經歷，正七品。知事，正八品。照磨所照磨，正九品。司獄司司獄，從九品。各一人。按察使掌振揚風紀，澄清吏治。所至錄囚徒，勘辭狀，大者會藩司議，以聽於部、院。兼領闔省驛傳。三年大比充監試官，大計充考察官，秋審充主稿官。知事掌勘察刑名。司獄掌檢察繫囚。經歷、照磨所司視藩署。

初，直隸不置按察使，置大名巡道兼河南按察使銜，通永天津巡道兼山東按察使銜，霸昌井陘巡道兼山西按察使銜。雍正二年改直隸按察使銜。各省置按察使一人。副使、僉事，因事酌置。巡道並兼副使、僉事銜。所屬經歷，安徽、湖南、甘肅、貴州不置。知事，江西、福建、山西、廣東、廣西各一人。照磨，安徽、福建、浙江、湖南、甘肅、貴州各一人。檢校，康熙六年定江西、福建、山西、陝西各一人。三十九年省。司獄，因時因地，省置無恆。順治三年，增置江寧按察使一人。康熙三年，增置江北按察使，駐泗州；湖廣按察使，駐長沙；甘肅按察使，駐鞏昌。六年，定江蘇、安徽、湖北、湖南、陝西、甘肅、浙江、江西、福建、山東、山西、河南、四川、廣東、廣西、雲南、貴州各一人，名曰巡道，徙安徽按察使駐安慶。七年，定山西、陝西、甘肅爲滿洲缺。雍正元年，授高成齡山西按察使。二年，授費金吾陝西按察使，張适甘肅按察使。參用漢人自此始。八年，增置直隸巡道一人，綜司刑名。徙甘肅按察使駐蘭州。雍正二年，改直隸巡道爲按察使。八年，江蘇按察使徙蘇州。江寧隸此。乾隆十八年，停各省巡道兼按察使副使、僉事銜。咸豐三年，加安徽徽寧池太廣道按察使銜。後改皖南道。同治五年，加奉天奉錦山海道按察使銜。後改錦新營口道。光緒十三年，福建臺灣道、甘肅新疆道並加按察使銜。三十年，加江蘇淮揚海道按察使銜。福建臺灣道後省，餘並改提法使銜。宣統三年，更名提法使，間省經歷等官。

都轉鹽運使司鹽運使，從三品。奉天、直隸、山東、兩淮、兩浙、廣東、四川各一人。鹽法道，江南、江西、福建、湖北、湖南、河南、山西、陝西、四川、廣西、雲南各一人，甘肅二人。兼分守地方者二，分巡地方者六。詳道員。運同，從四品。長蘆、山東、廣東分司各一人。運副，從五品。兩浙分司一人。監掣同知，正五品。山西、河東、兩淮、淮南、淮北各一人。鹽課提舉司提舉，從五品。雲南三人，分司石膏、黑鹽、白鹽三井。運判，從六品。直隸薊永分司、兩淮海州通州泰州分司、兩浙嘉松分司各一人。鹽課司大使，正八品。直隸、場凡八：曰越支、曰嚴鎮、曰蘆臺、曰豐財、曰石碑、曰歸化、曰濟民、曰海豐。山東場凡八：曰王家岡、曰永阜、曰永利、曰富國、曰濤雒、曰石河、曰官臺、曰西繇。各八人，山西三人，曰東場、曰西場、曰中場。兩淮二十有三人，曰板浦、曰臨興、曰中正、曰金沙、曰呂四、曰餘西、曰掘港、曰豐利、曰石港、曰角斜、曰拼茶、曰廟灣、曰劉莊、曰新興、曰伍佑、曰富安、曰安豐、曰梁垛、曰河垛、曰草偃、曰丁溪、曰東臺，場各一人。福建十有六人，內西河、浦下驗掣大使各一人。其場曰福清、曰詔安、曰莆田、曰下里、曰浯州、曰福興、曰潯美、曰石馬、曰惠安、曰祥豐、曰蓮河。又有江陰西場、漳浦南場、前江圍場。兩浙三十有二人，內崇明巡鹽大使一人。其場曰仁和、曰三江、曰錢清、曰曹娥、曰穿山、曰石堰、曰鳴鶴、曰清泉、曰大嵩、曰雙穗、曰長林、曰長亭、曰黃巖、曰下沙、曰下沙頭、曰杜瀆、曰西路、曰許村、曰海沙、曰鮑郎、曰蘆瀝、曰橫浦、曰袁浦、曰永嘉、曰青村、曰浦東、曰龍頭、曰玉泉、曰黃灣、曰東江、曰金山。四川五人，曰青隄渡、曰庸家渡、曰牛華溪、曰雲陽、曰大寧，場各一人。廣東十有二人，曰白石、曰博茂、曰大洲、曰招收、曰淡水、曰小靖、曰石橋、曰茂暉、曰隆井、曰東界、曰墩白、曰電茂，場各一人。雲南七人。曰黑鹽井、曰白鹽井、曰石膏井、曰阿陋井、曰按板井、曰大井、曰麗江井，場各一人。鹽引批驗所大使，正八品。直隸、分駐小直沽、長蘆。山東、分駐雒口、蒲臺。兩淮分駐儀徵、淮安。各二人，四川三人，重慶、嘉定府經歷各兼一人。遂寧縣丞兼一人。兩浙四人，杭州、紹興、松江、嘉興各一人。廣東一人。駐西匯關。庫大使，從八品。長蘆、兩淮、兩浙、山東、廣東、隸鹽運使。山西、福建、四川、雲南隸鹽法道。各一人。經歷，從七品。長蘆、兩淮、兩浙、山東、廣東、隸鹽運使。山西隸鹽法道。各一人。知事，從八品。兩淮、廣東各一人。巡檢，從九品。長蘆一人，駐張家灣。兩淮、分駐白塔河、烏沙河。山西分鹽池駐長樂。各二人。

運使掌督察場民生計，商民行息，水陸輓運，計道里，時往來，平貴賤，以聽於鹽政。長蘆、兩淮各一人。其福建、四川、廣東，總督兼之。兩浙、山西、雲南，巡撫兼之。沿革詳下。鹽法道亦如之。運同，運副，運判，掌分司產鹽處所，輔運使、鹽道以治其事。同知掌掣鹽政令。提舉治事如分司。場大使掌治鹽場、池、井，分轄於運同、運判，統轄於運使或鹽法道。

初差御史巡視鹽課，長蘆、咸豐十年省歸直隸總督兼理。河東、雍正二年省歸川陝總督兼理，明年復故。乾隆四十三年省歸山西巡撫兼理。嘉慶十二年改隸河東道。兩淮、道光十一年省歸兩江總督兼理。兩浙雍正三年省歸浙江巡撫兼理。乾隆五十八年改織造爲鹽政。嘉慶二十五年仍歸巡撫。各一人。十年停差巡鹽御史，十二年復故。康熙六年，定各部郎員並差滿、漢各一人。八年仍改御史。十年定差一人。十一年俱歸各省巡撫兼理。十二年復差。後兼差內府員司。並稱鹽政。置都轉鹽運使，長蘆、山東、河東、乾隆五十七年省。兩淮、兩浙、康熙四十九年改驛鹽道。乾隆五十八年復故。福建、雍正四年改驛鹽道，十二年更名鹽法。兩廣尋改驛鹽道。康熙三十二年復故。各一人，雲南鹽法道一人。其各省行銷事務，並守巡道兼之。運同，長蘆、山東、俱康熙十六年省，明年復置。兩淮、康熙六十年省。兩浙、康熙十六年省。明年復置。四十三年又省。河東、康熙十六年省。雍正二年復置。乾隆五十七年又省。兩廣康熙十六年省。三十二年復置。各一人，副使各一人。順治十三年省兩淮一人。康熙十六年俱省。明年復置兩浙一人。運判，兩淮四人，康熙三十八年省一人。長蘆、康熙十七年省。乾隆四十六年復置。山東、河東、俱雍正二年省。嘉慶十二年復置。十七年又省。兩浙各一人。提舉，廣東一人，康熙五年省市舶提舉七人，歸鹽提舉兼理。三十二年省。雲南三人。吏目，從九品。廣東、康熙三十二年省。雲南雍正十年省。各一人。經歷，知事，並所轄各場鹽課司，鹽引批驗所，庫倉大使，巡檢，省置無恆。順治三年，置江南驛鹽道一人。十三年省。康熙十三年置二人，分駐江寧、安慶。二十一年省安慶一人。七年，置湖北驛鹽道一人。改屯田水利、驛傳二道置。康熙七年省，十三年復置。五十八年又省。雍正元年復置。乾隆四十四年改分守武昌鹽法道。明年，置甘肅慶陽鹽課同知一人。尋省。康熙四年，以廣西桂平梧鬱道兼鹽法。明年，置江西驛鹽道一人。十七年，置福建運同一人。四十三年省。三十年，差巡鹽御史，兩廣、三十二年停。五十七年差廣東一人。五十九年改歸兩廣總督兼理。福建雍正元年改隸閩浙總督。十二年改歸鹽法道。各一人。雍正四年，置山西鹽捕同知一人。嘉慶十二年省。明年，置四川驛鹽道一人。先是歸糧道兼理。二十五年專司鹽茶。十一年，置江蘇鹽務巡道，乾隆六年省。兩廣運判，乾隆七年省。各一人。十二年，改陝西驛傳道爲驛鹽，專司鹽法。乾隆五十九年改置分巡鳳邠道。並置湖南驛鹽道一人。兼轄常、寶。十三年，改河南開歸道爲分守糧驛鹽道。先是歸大梁道兼理。乾隆元年，置廣西梧州運同一人。七年省。二十四年，定淮南、淮北監掣同知二人。揀員兼攝。明年定爲額缺。嘉慶十一年，定陝西鳳邠道、宣統元年省歸巡警道兼理。甘肅寧夏道兼鹽法。明年，復設山西鹽署，以河東道兼鹽法，置監掣同知一人。宣統二年，增置奉天運使一人，復改四川鹽茶道爲運使。明年，改各省運使爲鹽務正監督，增福建、雲南、山東、河東各一人。省鹽法道，改置副監督，定淮南、江岸、皖岸、西岸、鄂岸、湘岸、淮北、四川、滇黔邊計、濟楚、廣西、甘肅，各一人。統轄於鹽政大臣。

道員　正四品。

糧道。江南、蘇松、江安、浙江、雲南各一人。其山東、湖北、湖南、廣東、貴州，俱光緒、宣統間省。江西兼巡南撫建、福建兼巡福寧、陝西兼守乾鄜，並省。河道。直隸永定河道駐固安。山東運河道、江蘇河庫道，俱光緒季年省。各道兼河務者詳後。海關道。津海關道駐天津。兼關務者詳後。巡警道。勸業道。省各一人，均駐省。詳新官制。分守道：山東濟東泰武臨道，兼驛傳、水利，駐省。山西雁平道，駐代州。宣統元年省。冀寧道，兼水利，駐省。宣統二年省。湖北武昌道，廣西桂平梧道；俱鹽法道兼，駐省。其帶兵備者，黑龍江興東道，兼營務、墾務、木植、礦產，駐內興安嶺。山西河東道，鹽法道兼，駐運城。陝西潼商道，駐省城。福建興泉永道，兼海政、驛傳，駐廈門。湖北安襄鄖荊道，兼水利，駐襄陽。湖南衡永郴桂道；兼驛傳，駐衡州。整飭兵備道，直隸口北道，駐宣化，定爲滿缺。後參用漢人。甘肅甘涼道。駐涼州。分巡道：直隸清河道，兼河務，駐省。霸昌道，駐昌平。光緒三十年省。河南河陝汝道，兼水利、驛傳，駐陝州。福建延建邵道，駐延平。浙江金衢嚴道，兼水利，駐衢州。湖南岳常澧道，兼驛傳、商埠、關務，駐澧州。四川川南道，駐瀘州。廣東廣肇羅道，兼水利，駐肇慶。雲南臨安開廣道；兼關務，駐蒙自。其帶兵備者，奉天洮昌道，兼蒙旗事，駐遼源州。臨長海道，駐臨江。錦新營口道，兼關務，駐營口。興鳳道，駐安東。吉林東南路道，兼關務，駐琿城。東北路道，兼關務，駐三姓。西路道，專司交涉，駐長春。黑龍江呼倫道，駐呼倫。璦琿道，駐璦琿。以上五員並加參領銜。直隸通永道，兼河務、海防、屯田，駐通州。天津道，兼河務，見前。大順廣道，兼河道、水利，駐大名。蘇州道，糧道兼，並司水利，見前。蘇松太倉道，兼水利、漁業、關務，駐上海。常鎮通海道，兼河道、關務，駐鎮江。淮揚海道，兼鹽法、漕務、海防，加提法使銜，駐淮安。徐州道，兼河務，駐宿遷。安徽安廬滁和道，駐省城。光緒三十三年省。皖南道，省寧太池廣道改置，兼關務，加提法使銜，駐蕪湖。皖北道，省鳳潁六泗道改置，駐鳳陽。山東兗沂曹濟道，兼驛傳、河務、水利，駐兗州。山西歸綏道，兼關務、驛傳及蒙旗事，駐綏遠。初定爲滿缺，後參用漢人。河南開歸陳許鄭道，兼河務，駐省。河北道，兼河務、水利，駐武陟。南汝光道，兼水利，駐信陽州。陝西陝安道，兼水利，駐漢中。鳳邠道，鹽法道兼。宣統元年省。甘肅平慶涇固化道，鹽法道兼，駐平涼。蘭州道，兼屯田、茶馬，駐省城。宣統二年省。阿克蘇道，兼水利、屯政，撫馭蒙部，稽查卡倫，駐本城。喀什噶爾道，兼水利、屯墾、通商，撫馭布魯特，稽查卡倫，駐本城。福建汀漳龍道，駐漳州。臺灣道，光緒二十一年棄臺灣，省。浙江杭嘉湖道，兼海防，駐嘉興。寧紹台道，兼水利、海防，駐寧波。溫處道，兼水利、海防，駐溫州。江西瑞南臨道，鹽法道兼，駐萍鄉。撫建廣饒九南道，兼關務、水利、窰務，駐九江。吉南贛寧道，兼關務、水利、驛傳，駐贛州。湖北漢黃德道，兼水利，駐漢口。上荊南道，兼關務、水利，駐沙市。施鶴道，兼轄文武，駐施南。湖南辰沅永靖道，兼界亭，鎭苗疆，駐鳳凰營。四川成緜龍茂道，兼水利，駐省城。光緒三十四年省。建昌上南道，兼驛傳，撫土司，駐雅州。川東道，兼驛傳，駐重慶。川北道，駐保寧。康安道，駐巴安，加提法使銜。邊北道，駐登科。以上二員，宣統二年置，隸川滇邊務大臣。廣東南韶連道，兼水利，駐韶州。惠潮嘉道，駐惠州。廉欽道，駐欽州。高雷陽道，駐高州。瓊崖道，駐瓊州。廣西左江道，駐南寧。右江道，駐柳州。太平思順道，駐龍州。以上二員，並控制漢、土。雲南迤東道，兼驛傳，駐曲靖。迤西道，兼驛傳、關務，駐大理。迤南道，兼驛傳，駐普洱。貴州貴東道，兼驛傳，鎭苗疆，駐古州。貴西道；駐安順。宣統二年省。整飭兵備道，直隸熱河道，加提法使銜，駐本城。江南江寧道，鹽法道兼，並司水利，駐省。山東登萊青道，兼海防、水利，駐登州。陝西延榆綏道，兼鹽茶，駐榆林。甘肅寧夏道，兼鹽法、水利，駐寧夏。鞏秦階道，兼茶馬、屯田，駐秦州。新疆鎭迪道，兼驛傳，加提法使銜，駐省。伊塔道；兼水利、屯田，稽查卡倫，駐寧遠。撫治兵備道，甘肅西寧道，兼治蒙、番，駐西寧。乾隆間定爲滿、蒙缺，後參用漢人。嘉慶間復舊制，後仍參用。安肅道。兼屯田，駐肅州。各掌分守、分巡，及河、糧、鹽、茶，或兼水利、驛傳，或兼關務、屯田；並佐藩、臬覈官吏，課農桑，興賢能，勵風俗，簡軍實，固封守，以帥所屬而廉察其政治。共雜職有庫大使，從九品。倉大使，關大使，俱未入流，詳後雜職。皆因地建置，不備設。

布、按二司置正、副官。尋改置布政使左、右參議，是爲守道；按察使副使、僉事，是爲巡道。時道員止轄一府，或數道同轄一府也。順治十六年，諭各道兼帶布、按二司銜，著爲例。康熙六年，省守、巡道百有八人，厥後漸次復置，有統轄闔省者，有分轄三、四府州者，省置無恆，銜額靡定，均視其升補本職爲差。如由京堂等官補授者爲參政道，掌印給事中、知府補授者爲副使道，由科道補授者爲參議道，郎中、員外郎、主事、同知補授者爲僉事道，守、巡皆同。乾隆十八年，罷參政、參議、副使、僉事諸銜，特峻其品秩。初制，參政道從三品，副使道正四品，參議道從四品，僉事道正五品。至是俱定正四品。嗣是守、巡諸道先後加兵備者，八十餘人。四十一年，詔道員署布、按二司者，許上封奏。嘉慶四年，以道員職司巡察，詔復雍正間舊制，許言事。德宗以降，別就省會置巡警、勸業二道，分科治事，議省守、巡道，酌留一二帶兵備者，未果。又初制有山東、安徽、浙江、江西、湖北、湖南興屯道，浙江、江蘇海防道，福建巡海道，江蘇江防道，馬政道，後俱省。

府　知府一人。初制正四品。乾隆十八年改從四品。同知，正五品。通判，正六品。無定員。其屬：經歷司經歷，正八品。知事，正九品。照磨所照磨，從九品。司獄司司獄，從九品。各一人。又江蘇檢校、貴州長官司吏目，各二人。知府掌總領屬縣，宣布條教，興利除害，決訟檢姦。三歲察屬吏賢否，職事修廢，刺舉上達，地方要政白督、撫，允迺行。同知、通判，分掌糧鹽督捕，江海防務，河工水利，清軍理事，撫綏民夷諸要職。其直隸布政使者，全國二十有二，制同直隸州，或隸將軍與道員，各因地酌置。經歷、知事、照磨、司獄，所掌如兩司首領官。自同知以下，事簡者不備。

初制，知府秩正四品，區三等，多用漢員，時滿洲郎、員外轉布、按不占府缺。康熙初始參用。並置推官康熙六年省。及掛銜推官。順治三年省。督捕左、右理事官康熙三十八年省。各一人。康熙元年，以委署州、縣專責知府，行保舉連坐法。五十一年，允御史徐樹庸請，引見督、撫特舉人員。自是知府授官，引見時覲敷奏，報最時課治績，著爲令甲。雍正元年，諭督、撫甄別知府，厥後府與同知且許言事。後停。十二年，以府職重要，援引古誼，思復久任制。部議以遷擢爲鼓勵，止於限年陞調。仁宗親政，以知府爲承上接下要職，嚴諭各督、撫考覈。宣宗時猶然。文、穆而下，古轍寖遠矣。宣統之季，省各府附郭縣，以知府領其事。自江南、陝西、湖廣分省，奉天、吉林、黑龍江、新疆建省，四川、雲南改土歸流，各以府隸之，計全國府二百十有五。

州　知州一人。初制從五品。乾隆三十五年改直隸州知州正五品。州同，從六品。州判，從七品。無定員。其屬：吏目一人。從九品。知州掌一州治理。屬州視縣，直隸州視府。唯無附郭縣。州同、州判，分掌糧務、水利、防海、管河諸職。吏目掌司姦盜、察獄囚、典簿錄。

初制，州置知州一人。嗣後因地制宜，省析併隨時更易，佐貳亦如之。計全國直隸州七十有六，屬州四十有八。

縣　知縣一人。正七品。縣丞一人。正八品。主簿無定員。正九品。典史一人。未入流。知縣掌一縣治理，決訟斷辟，勸農賑貧，討猾除姦，興養立教。凡貢士、讀法、養老、祀神，靡所不綜。縣丞、主簿，分掌糧馬、征稅、戶籍、緝捕諸職。典史掌稽檢獄囚。無丞、簿，兼領其事。

初制，縣置知縣一人。順治十二年，諭吏部參酌州、縣制，區三等。先是臺諫需人，依明往例，行取知縣。聖祖親政，以親民官須諳利弊，命督、撫舉賢能。康熙二十九年，復諭九卿察廉吏。清苑知縣邵嗣堯等十二人擢置憲府，錚然有聲。自部議防太驟，俾回翔曹司間，其途稍紆矣。乾隆十六年，停止行取陞部員，其賢能者仍得題擢也。嘉慶十五年，刊欽定訓飭州縣規條一書，頒示各省。文宗時，軍書旁午，民生凋敝，申諭督、撫隨時嚴察。顧其時雜流競進，廉能者寡。穆宗厲精圖治，諭各省甄別捐納、軍功人員，尋以招流亡、墾地畝課第殿最。同治七年，復命設局刊牧令諸書，猶存振厲至意。光緒間，督、撫違例更調州、縣官，視同傳舍。二十四年，議復久任制。三十一年，定考覈州、縣章程，詳考績。制亦少密焉。計全國縣凡千三百五十有八。

儒學　府教授、正七品。訓導，從八品。州學正、正八品。訓導，縣教諭、正八品。訓導，俱各一人。教授、學正、教諭，掌訓迪學校生徒，課藝業勤惰，評品行優劣，以聽於學政。訓導佐之。例用本省人。同府、州者否。江蘇、安徽兩省通用。初沿明制，府、廳、州、縣及各衞武學並置學官。康熙三年，府、州及大縣省訓導，小縣省教諭。十五年復置，自是教職分正復。厥後開俊秀監生捐納教職例。三十年，允江南學政許汝霖請，凡捐學正、教諭者改爲縣丞，訓導改爲主簿，繇是唯生員始得入貲，教授必由科目。三十二年，省各衞武學訓導。三十九年，頒學宮聖諭十六條，月朔望命儒學官集諸生宣讀。四十一年，頒御製訓飭士子文，命學宮鐫石。四十二年，定教職，學各二人。雍正元年，允雲南土人、四川建昌番夷、湖南永綏等處建立義學，嗣是改土歸流，塞外荒區漸次俱設儒學。明年，置雲南井學訓導，井學自此始。又明年，省都司儒學、京衞武學教授，滿洲生員並歸漢官月課。十三年，定府、州、縣儒學官品秩。如前所列。光緒三十年後，科舉旣罷，各省教職缺出不補。時議改置文廟官，不果。

巡檢司巡檢，從九品。掌捕盜賊，詰姦宄。凡州縣關津險要則置。隸州廳者，專司河防。

驛　驛丞，未入流。掌郵傳迎送。凡舟車夫馬，廩糗庖饌，視使客品秩爲差，支直於府、州、縣，籍其出入。雍正六年，定滿人不得爲驛丞。典史同。

庫大使一人。隸布政使者正八品，運使、鹽法道、各道從九品，鹽茶道及各所俱未入流。掌主庫藏。

倉大使一人。隸布政使及各府從九品。州、縣未入流。掌主倉庾。

稅課司大使一人。隸道、府者從九品。州、縣未入流。掌主稅事。凡商賈、儈屠、雜市俱有常徵，以時榷之，輸直於道、府若縣。

牐官一人。未入流。掌瀦洩啓閉。

河泊所大使一人。未入流。掌徵魚稅。

醫學　府正科，州典科，縣訓科，各一人。俱未入流。由所轄有司遴諳醫理者，咨部給劄。宣統元年，奉天模範監獄成，置醫務所所長，省府正科。

陰陽學　府正術，州典術，縣訓術，各一人。俱未入流。由所轄有司遴行端者，咨部給劄。雍正七年，令兼轄星學。

府僧綱司都綱、副都綱，州僧正司僧正，縣僧會司僧會，各一人。府道紀司都紀、副都紀，州道正司道正，縣道會司道會，各一人。俱未入流。遴通曉經義，恪守清規者，給予度牒。

清史稿卷一百十七

志九十二

職官四 武職　藩部土司各官

公侯伯子男　額駙　侍衞處　鑾輿衞　驍騎營八旗都統　前鋒營護軍營統領 景運門直班　八旗內務府三旗護軍營總統 三旗包衣驍騎營　三旗包衣護軍營　步軍統領　火器健銳神機虎鎗諸營 嚮導處　上虞備用處　善撲營　王公府屬各官 公主府長史　陵寢駐防各官　各省駐防將軍等官　提督等官　各處駐劄大臣　回部各官　藩屬各官　土司各官　番部僧官

公、侯、伯、超品。子、正一品。男、正二品。輕車都尉、正三品。以上俱分三等。騎都尉、正四品。雲騎尉、正五品。恩騎尉，正七品。凡九等，以封功臣及外戚。

初，天命五年，論功序列五爵，分總兵爲三等，副將、參將、游擊亦如之，牛彔額眞稱備禦。天聰八年，始設一等公，卽五備禦之總兵。及一、二、三等昂邦章京，卽總兵。梅勒章京，卽副將。扎蘭章京，一、二等卽參將，三等游擊。牛彔章京。卽備禦。順治元年，加封功臣公、侯、伯世爵，錫之誥券。時公、侯、伯下無子、男，副、參卽其爵也。四年，改昂邦章京爲精奇尼哈番，梅勒章京爲阿思哈尼哈番，扎蘭章京爲阿達哈哈番，牛彔章京爲拜他喇布勒哈番。授爵自拖沙喇哈番始，舊爲半個前程，漢稱外所千總，正五品。遞上爲拜他喇布勒哈番，漢稱外衞指揮副僉事，從四品。再一拖沙喇哈番，稱外衞指揮僉事，正四品。阿達哈哈番，三等稱外衞副同知，二等稱外衞指揮同知，俱從三品。一等稱外衞指揮副使，再一拖沙喇哈番，稱外衞指揮使，正三品。阿思哈尼哈番，三等稱外衞都指揮副同知，二等稱外衞都指揮同知，俱從二品。一等稱外衞都指揮副使，再一拖沙喇哈番，稱外衞都指揮使，俱正二品。精奇尼哈番，二等稱鑾儀衞都指揮同知，從一品。一等稱鑾儀衞都指揮使，正一品。積拖沙喇哈番二十六，爲一等公。八年，定世襲罔替制。十八年，定合併承襲制。

康熙元年，以世爵合併至公、侯、伯者，仍與分襲。雍正二年，錫明裔朱之璉一等侯。乾隆十四年，錫名延恩。八年，嘉大學士張廷玉等輔弼勤勞，賜一等阿達哈哈番世襲，漢世職自此始。明年，錫公爵嘉名。如褒績、忠達類。外戚命爲承恩公。往制爲一等公。乾隆四十三年改三等。乾隆元年，定精奇尼哈番漢字爲子，阿思哈尼哈番爲男，阿達哈哈番爲輕車都尉，拜他喇布勒哈番爲騎都尉，拖沙喇哈番爲雲騎尉，滿文如故。十三年，定公、侯、伯以次封爵表。一等公襲二十六次，一等侯兼一雲騎尉襲二十三次，一等伯兼一雲騎尉十九次，一等男兼一雲騎尉十一次，自公至男，一、二、三等依次遞降。十四年，追錫侯、伯嘉名。如奉義侯、敦惠伯類。自是垂爲永制。十六年，定世襲七品官爲恩騎尉，是爲九等。三十二年，嘉黃芳度功，予襲公爵十二世，並依八旗例，復給恩騎尉，優卹於無窮。時將軍張勇等，提督孫思克等，並緣此推恩，繇是漢官亦有世襲罔替例。同治中興，剖符析圭者，漢官爲多，猶古武功爵也。光緒三十三年，制定創興大業者予子、男，號曰商爵，則頒爵之制少異已。

公主額駙，位在侯、伯上。尚固倫公主中宮所生女。曰固倫額駙，秩視固山貝子；尚和碩公主妃所生女及中宮撫養者。曰和碩額駙，秩視超品公。親王女曰郡主，額駙秩視武職一品。世子、郡王女曰縣主，額駙視二品。貝勒女曰郡君，額駙視三品。貝子女曰縣君，額駙視四品。入八分鎮國公、輔國公女曰鄉君，額駙視五品。近支格格予歲祿，遠支止予虛銜。下嫁蒙藩亦如之。所生之子，各予其父品級。

初，太祖時，額駙何和禮授都統，達爾漢繼之。太宗時，巴雅思祜朗授都統，拉哈繼之。自是御前侍衞大臣、護軍前鋒統領，皆爲專職。亦有僅受歲祿，而護從隨征受命一充其任者。至出鎮西北，則自定邊左副將軍策淩始。踵其後者，世宗時，觀音保爲領隊大臣，高宗時，色布騰巴勒珠爾爲參贊大臣。其授文職者，止天命間蘇鼐、乾隆間福隆安二尚書而已。

侍衞處　領侍衞內大臣，正一品。內大臣，初制正一品，後改從一品。各六人。鑲黃、正黃、正白旗各二人。散秩大臣、都統、護軍前鋒統領、滿大學士、尚書內特簡。散秩大臣無員限。從二品，食三品俸。主事一人。署主事三人。筆帖式二十有七人。內委署十五人。協理事務侍衞班領，正三品。侍衞班領，正四品。各十有二人。署班領二十有四人。侍衞什長七十有九人，宗室九人。侍衞一等正三品。六十人，旗各二十人。宗室九人。旗各三人。二等正四品。百五十人，旗各五十人。三等正五品。二百七十人，旗各九十人。宗室六十有三人。旗各二十一人。藍翎侍衞九十人。旗各三十人，三旗通爲五百七十人。內隸黏竿處三十四人，上駟院二十四人，上虞備用處三十六人。善撲營、武備院無常額。四等侍衞、漢侍衞，分一、二、三等及藍翎。俱無員限。親軍校，正六品。署親軍校，初無品級。乾隆五十一年定從八品。各七十有七人。

領侍衞掌董帥侍衞親軍，偕內大臣、散秩大臣翊衞扈從。協理、主事、筆帖式，分掌章奏文移。侍衞掌營衞周廬，更番侍直。分兩翼宿衞。乾清門、內右門、神武門、寧壽門爲內班，太和門爲外班。行幸駐蹕如宮禁制。朝會、祭祀出入，則衞官塡街，騎士塞路。領侍衞內大臣、侍衞班領，帥豹尾班侍衞。散秩大臣、侍衞什長，執纛親軍以供導從，大閱則按隊環衞。親軍校掌分轄營衆。其常日侍直者，御前大臣、王大臣兼任。御前侍衛、御前行走、乾清門行走，俱侍衛內特簡。無常員。故事，凡宿衛之臣，惟滿員授乾清門侍衛，其重以貴戚或異材，乃擢入御前。漢籍輒除大門上侍衛，領侍衛內大臣轄之。其以材勇擢侍乾清門者，班崇極矣。惟嘉慶間楊芳特授國什哈轄，漢國什哈內大臣，歎爲未有。其出入扈從者，後扈大臣二人，御前大臣、領侍衛內大臣兼任。前引大臣十人。內大臣、散秩大臣、前鋒統領、護軍統領、副都統兼任。所轄奏事處，御前大臣兼管。侍衛一人，御前侍衛、乾清門侍衛內特簡。章京六人，內府司員四人。各部、院司員二人。筆帖式二人，內府筆帖式兼充。奏蒙古事侍衛六人。乾清門或大門侍衛兼充。

初，太祖以八旗禁旅戡定區夏，鑲黃、正黃、正白三旗皆自將，爰遴其子弟，命曰侍衛，亦問及宗室秀彥、外藩侍子，統以勳戚，備環直焉。順治元年，定侍衛處員數。如前所列。時漢廕生亦與選，尋罷。康熙二十九年，擢武進士嫻騎射者爲侍衛，附三旗。三十七年，增宗室侍衛，無常員。雍正七年定九十人。雍正三年，選藍翎侍衛材力魁健者置四等。後復如故。明年，定武進士一甲一名授一等侍衛，二、三名授二等，二甲選三等，三甲選藍翎，置滿洲主事一人。乾隆三十六年，以隨印協理事務侍衛班領爲一等，侍衛班領爲二等。凡十人置一長，三旗什長六十人，宗室九人。四十年，增委署親軍校七十有七人。嘉慶十九年，以散秩大臣無辦事責，諭凡擢都統者停兼職。

鑾輿衞　掌衞事大臣一人。正一品。無專員，以滿、蒙王、公、大臣兼授。鑾輿使，初制正二品。康熙二年改正三品，七年復故。滿洲二人，凡滿缺並以蒙古人兼授。漢軍一人。凡漢軍缺並以漢人兼授。其屬：堂主事，滿洲一人。經歷廳經歷，漢一人。筆帖式，滿洲七人，漢軍三人。又六所、一衞：曰左所，曰右所，曰中所，曰前所，曰後所，曰馴象所，曰旗手衞。冠軍使，初制正三品。康熙二年改正四品，七年復故。宗室一人，滿洲、漢軍七人。雲麾使，初制正四品。康熙二年改正五品，七年復故。宗室二人，滿洲、漢軍十有八人。治宜正，初制正五品。康熙二年改正六品，七年復故。宗室三人，滿洲、漢軍二十有九人。整宜尉，初制正六品。康熙二年改從，七年復故。雍正十年陞正五品，後復改從六品。宗室三人，滿洲、漢軍二十有三人。鳴贊鞭官，由太常、鴻臚二寺贊禮郎、鳴贊官咨補。滿洲四人，學習二人。

鑾輿使掌供奉乘輿秩序鹵簿，辨其名物與其班列。凡祭祀、朝會、時巡、大閱，帥所司供厥事。左所掌輿乘輦路；右所掌傘蓋、刀戟、弓矢、殳槍；中所掌麾氅、旛幢、纛幟、節鉞、仗馬；前所掌扇鑪、瓶盂、杌椅、星拂、御仗、椶薦、靜鞭、品級山；後所掌旗爪、吾仗；馴象所掌儀象、騎駕、鹵簿、前部大樂；旗手衞掌金鉦、鼓角、鐃歌大樂，兼午門司鐘，神武門鐘鼓樓直更。主事掌章奏。經歷掌文移。

共別設者：往制，步輦雲麾使一人，治宜正三人，駕庫管理整宜尉二人，俱漢軍爲之。後分金、玉、象、革、木五輅，並拜褥、櫻毯、篦頭、亭座、駕衣諸管理，派冠軍使以次各官兼攝，則參用滿員。

順治元年，設錦衣衛，置指揮等官。明年，更名鑾儀衛，定各官品秩。時共五所，所止存一司。四年，省指揮使，置鑾儀使以次各官。明年，省副官及衛官百十有四人。六年，增攝政王下漢二品鑾儀使，三品冠軍使，四品雲麾使，五品治儀正，各二人；整儀尉三人。後俱省。九年，始以內大臣掌衛事。乾隆九年置兼理衛事一人。十四年省，二十六年復置總理衛事內大臣一人，三十年又省。十一年，定鑾儀使滿、漢各二人。康熙三十一年省漢一人。乾隆五十年分滿使爲左、右。五十七年復舊制。陪祀冠軍使，漢二人。康熙二十三年，掌步輦事。三十七年，以一人掌庫事。四十八年俱停。設左、右、中、前、後五所，鑾輿、馴馬、擎蓋、弓矢、旌節、旛幢、扇手、斧鉞、戈戟、班劍十司。設馴象一所，分東、西二司。設旗手一衛，分左、右二司。定冠軍使十人，宗室一人，滿洲七人，漢軍二人。雲麾使二十有二人，宗室二人，滿洲十二人，漢軍八人。閒散六人。滿缺。治儀正二十有四人，宗室四人，漢軍二十人。閒散十有八人。滿缺。整儀尉二十有九人，宗室四人，滿洲十有五人，漢軍十人。十五年，省滿洲經歷一人。康熙十六年，改經歷爲漢缺，增置滿洲主事一人。乾隆三十七年，增置鳴贊鞭官四人。嘉慶十三年增學習二人。四十八年，置總辦、協辦、堂務、冠軍使各一人。所、衞冠軍使兼充。嘉慶六年更名綜理七所事務冠軍使，派雲麾使二人協理。光緒三十三年，省冠軍使二人，雲麾使八人，治儀正十人，整儀尉四人。定宗室員限，如前所列。餘並滿、漢參用。宣統元年，避帝諱，改鑾儀使爲鑾輿使，治儀正、整儀尉並易「儀」爲「宜」。

驍騎營　八旗都統，初制正一品，後改從一品。滿、蒙、漢軍旗各一人。副都統，正二品。旗各二人。參領，正三品。副參領，正四品。俱九十有六人。滿洲、漢軍各四十人，蒙古十有六人。佐領，正四品。驍騎校，正六品。俱千一百五十有一人。滿洲各六百八十有一人，蒙古各二百有四人，漢軍各二百六十有六人。協理事務參領四十人。滿洲、漢軍各十有六人，蒙古八人。本旗參領內選充。章京，筆帖式，俱百四十有四人。滿洲各六十有四人，蒙古各三十有二人，漢軍各四十有八人。隨印房行走散秩官無定員。

都統，副都統掌八旗政令，宣布教養，釐詰戎兵，以贊旗務。參領、副參領掌受事、付事以達佐領。佐領掌稽所治戶口田宅兵籍，歲時頒其教戒。協理各官掌章奏文移，計會出納。各營同。其特派者：直年旗大臣八人；其屬有參領，章京，筆帖式。旗員內派委。管理舊營房大臣，滿、蒙各一人；其屬有營總章京，驍騎校。新營房大臣，官房大臣，滿、蒙、漢軍各八人；其屬與舊營房同。左、右翼鐵匠局副都統，其屬有參領，散秩官，驍騎校。稽察寶坻等處駐防大臣，各二人；左、右翼世職官學總理大臣十人；其屬有參領章京，清語、騎射教習。十五善射處管理大臣，翼各一人；漢軍清文義學稽察學務參領八人。其分攝者：俸餉處、馬册房、管理馬圈、籐牌營參領各官，漢軍鳥槍營領催各官，城門偏吉章京驍騎校，俱於旗員內選充。

初，太祖辛丑年，始編三百人爲一牛彔，置一額眞。先是出兵校獵，人取一矢，一長領之，稱牛彔，至是遂以名官。天命元年編制滿洲牛彔。八年增編蒙古牛彔。天聰四年，漢軍牛彔成。先分四旗，尋增爲八旗。乙卯年，定五牛彔置一扎蘭額眞，五扎蘭置一固山額眞，左、右梅勒額眞佐之。太宗御極，置總管旗務八大臣，主政事；即固山額眞兼議政大臣。佐管十六大臣，主理事聽訟。即梅勒額眞兼理事大臣。天聰八年，改額眞爲章京，固山額眞如故。管梅勒曰梅勒章京，管扎蘭曰扎蘭章京，管牛彔曰牛彔章京。其隨營馬兵曰阿禮哈超哈。是爲驍騎營之始，然猶統滿、蒙、漢軍爲一也。九年，始分設蒙古八旗。崇德七年，復分設漢軍八旗。先是二年設二旗，四年分爲四。二十四旗之制始備。順治八年，定扎蘭章京漢字稱參領。十七年，定固山額眞漢字稱都統，雍正元年改滿文固山額眞爲固山昂邦。梅勒章京稱副都統，牛彔章京稱佐領，分得撥什庫稱驍騎校，並定都統、副都統員額。如前所列。參領，滿洲、漢軍旗各五人，蒙古各三人。尋各增一人。佐領隨事爲員。分四等：部落長率屬歸誠，爰及苗裔，曰勳舊佐領；功在旗常，錫之戶口，曰優異世管佐領；止偕兄弟族衆來歸，授職相承，曰世管佐領；戶口寥落，合編數姓，迭爲是官，曰互管佐領。康熙十三年復以各佐領餘夫增編公中佐領。驍騎校如參領數。康熙三十四年，增委署參領，視扎蘭爲員限。雍正元年改副驍騎參領，定滿洲、漢軍旗各五人，蒙古各三人。雍正七年，增左、右司掌關防參領及司務等官。旗各二人。俱十三年省。明年，定漢軍上三旗爲四十佐領，乾隆三十九年增鑲黃旗一人。四十年又增一人。五十五年又增一人。嘉慶九年省一人。下五旗爲三十佐領，乾隆二十一年省正紅、鑲紅旗各二人，鑲藍旗一人。三十九年省正藍旗一人。及滿洲、鑲黃、正白、鑲紅旗各八十六人，鑲白旗、正藍旗各八十四人，正黃旗九十三人，正紅旗七十四人，鑲紅旗八十六人。蒙古正黃、鑲白旗各二十四人，正紅、鑲紅旗各二十二人，鑲黃旗二十八人，正白旗二十九人，正藍旗三十人，鑲藍旗二十五人。員數。乾隆元年，增置印務參領、章京。

前鋒營　前鋒統領，正二品。王、公、大臣兼領。左、右翼各一人。自統領以下，俱滿、蒙人爲之。護軍、火器、健銳各營同。參領，正三品。侍衞，初制正五品。乾隆元年陞正四品。各八人。委署侍衞，給五品頂戴，仍食前鋒校月餉。各四人。前鋒校，正六品。各四十有四人。協理事務參領、侍衞，各一人。本翼參領、侍衞內充補。前鋒校各二人。本翼前鋒校內酌委。筆帖式四人。

統領掌前鋒政令，遴滿、蒙銳兵，以時訓練其藝。參領、侍衞掌督率前鋒，警蹕宿衞。天聰八年，定巴牙喇營前哨兵爲噶布什賢超哈。順治十七年，定噶布什賢噶喇衣昂邦漢字爲前鋒統領，其章京爲參領；置前鋒侍衞、前鋒校各官，並定員數。如前所列。雍正三年，置隨印協理事務參領、侍衞左、右翼各一人，前鋒校各二人。乾隆十七年，增委署前鋒侍衞，旗各一人。五十四年，置避暑山莊帶領前鋒校十人。仍歸入前鋒校員數內。

護軍營　護軍統領，正二品。八人。參領，正三品。副參領，初制正五品。雍正十二年陞正四品。俱百十有二人。滿洲各八十人，蒙古各三十有二人。委署參領，給五品頂戴，護軍校內選委。五十有六人。護軍校，正六品。八百八十有五人。滿洲六百八十一人，蒙古二百有四人。委署護軍校給金頂虛銜，食護軍月餉。如署參領數。協理事務參領、副參領，各八人。各由本旗參領、副參領內選補。護軍校，本旗酌委。筆帖式，各十有六人。

統領掌護軍政令，遴滿、蒙精兵，以時訓練其藝。大閱爲首隊，夾前鋒列陣。凡遇朝會，得舉非法。參領、副參領掌董率護軍。出則騎從夾乘輿車，居則宿衞直守門戶。

初，設巴牙喇營，統以巴牙喇纛章京，甲喇章京分領之。順治十七年，定巴牙喇纛章京漢字爲護軍統領，旗各一人；甲喇章京爲護軍參領，旗各十有四人。護軍校編制視佐領，乾隆三十三年增二百十四人。並置署護軍參領員額。雍正元年，改署參領爲副參領，旗各十有四人。乾隆三十三年增十六人。三年，置隨印護軍參領、副參領、護軍校等官。乾隆十七年，增委署護軍參領，旗各七人。三十三年增三十有二人。四十一年，遴護軍材力優者七十有七人，爲委署護軍校。

景運門直班大臣一人。前鋒統領、護軍統領番直。印務章京，前鋒、護軍印務參領十人番直。上三旗、下五旗各司鑰章京，本旗護軍參領番直奏充。俱一人。直班前鋒參領、護軍參領，二十有九人。前鋒二人，護軍二十七人。巴克什護軍如參領數。前鋒校，護軍校，九十有三人。前鋒二人，護軍九十一人。主事一人。上三旗主事、署主事，各一人番直。門筆帖式五人。上三旗十人，以五人番直。

圓明園八旗、內務府三旗護軍營掌印總統大臣一人。本營總統大臣內特簡。各營同。總統大臣無員限。王、公、大臣兼任。八旗營總護軍參領，各八人，俱正三品。副參領倍之，初制五品。雍正十年陞正四品。署參領又倍之。初制六品。雍正十年陞正五品。護軍校，正六品。副護軍校，從八品。各百二十有八人。協理事務營總護軍參領，各二人，護軍校四人。筆帖式三十有二人。三旗營總一人。初制四品。乾隆三十七年定三品銜食四品俸。護軍參領，三品銜食五品俸。副參領，四品銜食五品俸。委署參領，五品銜食護軍校俸。各三人。護軍校九人，副護軍校三人。筆帖式四人。

總統掌圓明園翊衞政令。駕出入則警蹕。環園門汛，督攝守衞。營總以下掌轄營衆警夜巡晝。雍正二年，設圓明園護軍營，置八旗營總八人，副護軍參領十有六人，署副參領三十有二人，護軍校八十人。十年增三十三人。乾隆十二年增十六人。並設內務府三旗護軍營，置參領、侍衞、委署參領，後改副參領。護軍校、委署參領，旗各一人，護軍校各三人，委署護軍校各一人，後改副護軍校。簡總統大臣領之。七年，八旗置護軍校七十有二人。十年增四十人。乾隆十二年增十有六人。十年，三旗置營總一人，八旗護軍參領各一人。乾隆十六年，置隨印協理事務營總各官。

三旗包衣驍騎營參領，內務府郎中兼充。初制五品。乾隆三十六年定三品銜，仍食五品俸。副參領，初制六品。乾隆三十六年定四品銜，食俸如故。滿洲佐領，從四品。各十有五人。旗鼓佐領，漢軍十有八人，正黃旗世襲朝鮮佐領二人，正白旗回子佐領一人。三旗驍騎校三十有六人。正六品。內朝鮮二人，回子一人。校尉長驍騎校，二人。內管領，初制正五品。道光二十五年改從。副內管領，正六品。旗各十人。

三旗包衣護軍營統領三人。正三品。參領，初制五品。乾隆三十二年改四品銜。三十六年定三品銜，食俸如故。副參領，同驍騎校。委署參領，本旗護軍校內委署。各十有五人。護軍校，五品銜，雀翎。委署護軍校，金頂藍翎。各三十有三人。食護軍餉。護軍藍翎長十有五人。正九品。

三旗包衣前鋒營參領，護軍校、委署參領內簡選。雀翎。仍食護軍校俸。委署參領，護軍校內簡選。五品銜，雀翎。食俸如故。前鋒校，副護軍校內簡選。藍翎。仍食護軍餉。委署前鋒校，護軍內簡選。藍翎。各六人。藍翎長十有二人。金頂藍翎。

驍騎營參領、副參領掌備禁城宿衛，兼司襲職考射挑甲。佐領以下掌轄旗衆，稽覈戶口俸餉，籍達參領。護軍營掌守宮掖，典導引扈從。前鋒營掌習解馬、花馬箭。

初設內務府，置內管領四人。順治三年、六年俱增四人。十一年增八人。康熙二十四年又增四人。三十年增六人。順治元年，置內府三旗滿洲佐領九人，旗鼓佐領十有二人，康熙三十四年，旗各增二人。朝鮮佐領一人，康熙三十四年增一人。雍正十年改世管佐領。隸領侍衛內大臣。十八年，置滿洲佐領下護軍校各二人，旗鼓佐領內管領護軍校各一人。康熙二十三年省十二人。雍正九年增十五人。康熙十三年，改隸內務府。十六年，定三旗各編五參領，置護軍參領、驍騎參領，乾隆十六年遴府屬司官五人掌關防。舊置參領改爲副參領。如其數。驍騎校編制視佐領。康熙三十四年增佐領三十三人，驍騎校亦如之。二十年，置委署護軍參領，雍正九年，旗各增五人。十二年各省五人。委署護軍校，雍正三年改副護軍校。九年，旗各增五人。十三年省。旗各五人。二十三年，增副內管領一人。二十四年增四人。三十年、三十四年俱增三人。三十四年，護軍仍隸侍衛處。三十六年，增侍衛、委署參領，旗各三人。雍正九年各增二人。乾隆三十年增一人，管前鋒營。四十三年，增驍騎營副參領如參領數。雍正十三年省。雍正元年，增護軍統領，旗各一人，復改隸內府。四年，置委署副驍騎校如佐領數。十三年省。乾隆十三年，始立前鋒營，置參領、委署參領、前鋒校各二人，以護軍統領轄之。十五年，增委署前鋒校二人。護軍內選用。二十五年，置回子佐領、驍騎校各一人。三十二年，增護軍藍翎長五人。四十七年，增校尉長驍騎校二人。嘉慶七年，增前鋒營藍翎長四人。宣統三年，改隸前鋒、護軍等營事務處。

步軍營　提督九門步軍巡捕五營統領一人，親信大臣兼任。初制正二品。嘉慶四年陞從一品。左、右翼總兵各一人。正二品。其屬：司務廳司務一人；筆帖式十有二人；左、右二司郎中各一人；員外郎、主事，各三人。司務以下俱滿缺。所轄：翼尉，正三品。副翼尉，從三品。協尉，正四品。副尉，正五品。滿、蒙、漢軍俱各八人。捕盜步軍校，正五品。滿洲二十有四人，蒙古、漢軍各八人。步軍校，滿洲百六十有八人，蒙古、漢軍各六十有四人。內職捕盜者四十人。委署步軍校，正六品。滿洲四十人，蒙古、漢軍各十有六人。城門領，初制正四品。乾隆十四年改從。城門吏，正七品。滿洲各十有八人，漢軍各七人。門千總，正六品。漢軍三十有二人。巡捕五營副將一人，中營置。參將四人。南、北、左、右營各一人。游擊、都司各五人，守備十有八人，千總四十有六人，把總九十有二人。副將之下，品級詳見綠營。信礮總管，正四品。滿洲一人；監守信礮官，正五品。滿洲、漢軍各四人。

統領掌九門管鑰，統帥八旗步軍五營將弁，以周衞徼循，肅靖京邑。總兵佐之。郎中各官掌勾檢簿書，平決評訟。司務掌典守檔册，計會俸餉。翼尉各官掌分轄步軍，守衞循警。城門領掌司門禁，稽查出入。巡捕營各官掌分汛防守，巡邏糾察，以執禦非違。信礮總管掌有警奉金牌聲衆。

初置步軍統領一人，左、右翼總尉各一人，乾隆十九年改翼尉。步軍校，八旗滿、蒙參領下各四人，漢軍各二人；乾隆十九年改步軍尉。三十六年復故。並定巡捕二營，置參將以次各官。以兵部職方司漢主事一人司政令。京城內九門、外七門，置指揮、千百戶隸之。順治四年改門千總。順治五年，置步軍副尉，滿、蒙、漢軍，旗各一人。乾隆十九年改協尉。十年，允尚書噶洪達請，設白塔山及內九門信礮各五，置漢軍信礮官左、右翼各二人。雍正二年更名，並定員限。乾隆八年始來隸。員數如前所列。十四年，置巡捕中營官。康熙十三年，始命步軍統領提督九門事務，並定城門尉、城門校，乾隆十九年改城門領、城門吏。內九門俱各二人，外七門俱各一人，千總門各二人，以統轄十六門門軍。二十四年，八旗滿、蒙各參領下增委署步軍校一人。三十四年定八旗滿洲各五人，蒙古、漢軍各二人。三十年，復命步軍統領兼管巡捕三營。三十四年，增捕盜步軍校四十人。步軍校內遴委。六十一年，置滿洲員外郎一人。雍正四年，置步軍參尉，乾隆十九年改副尉。滿、蒙、漢軍，旗各一人。七年，簡部臣一人協理刑名。乾隆四十三年省步軍統領，由都統、副都統授者仍置。明年，增滿洲員外郎一人，置主事二人。十三年，置滿洲司務一人。四十六年，以三營轄境遼廓，增設左、右二營，是爲五營，並置副將各官。嘉慶四年，增左、右翼總兵各一人，郎中一人。九年，增副翼尉二人。

火器營　掌印總統大臣一人。總統大臣無員限。王、公、侍衞內大臣、都統、前鋒護軍統領、副都統內特簡。內、外營翼長，正三品。署翼長營總，正三品。各一人；營總各三人。鳥槍護軍參領各四人，正三品。副參領倍之，正四品。署參領又倍之。從五品。鳥槍護軍校，正六品。藍翎長，俱各百十有二人。協理事務翼長、署翼長、營總各一人，鳥槍護軍參領四人，俱以內營人員兼充。委署參領上行走十人。以協理參領不敷督率，增內營三人、外營七人。筆帖式十有六人。

總統掌敎演火器政令，遴滿、蒙兵習其藝者別爲營，分內、外，以時較試。其御河旁一營，兼督水軍習楫櫂，巡幸則備扈從。翼長各官掌分轄訓練。

康熙二十七年，設漢軍火器兼練大刀營，置總管、翼長各一人，副都統兼管。協領、參領，旗各一人，操練尉、驍騎校各五人。三十六年俱省。三十年，始設火器營，置鳥槍護軍參領十有六人，以旗員兼任。雍正三年省察哈爾八旗護軍參領，改入本營爲專缺。乾隆二十七年省八人。鳥槍驍騎參領二十有四人，乾隆二十八年省。鳥槍驍騎校百十有二人，乾隆三十五年省入護軍校。簡王、公、大臣領之。乾隆二十八年，改置營總、鳥槍護軍參領，旗各一人，副護軍參領各二人，委署護軍參領各四人，護軍校藍翎長各二十有八人。三十五年，以副護軍參領八人兼司𡡒位。先是置管𡡒散秩官五十六人。乾隆二十八年省，至是來隸。並增正、副翼長各一人。三十八年，遴護軍校十人爲委署參領上行走。

健銳營　掌印總統大臣一人。總統大臣無員限。王大臣兼任。翼長、委署翼長、前鋒參領各一人，副前鋒參領八人，正三品。副參領倍之，正四品。署參領又倍之。從五品。前鋒校百人，正六品。副前鋒校四十人，前鋒內選用。藍翎長五十人。護軍內選用。番子佐領、防禦各一人，驍騎校二人，前鋒軍水師教習、委署千總、把總各四人。筆帖式八人。協理事務章京無恆額。本營參領內委派。

總統掌左、右翼健銳營政令，遴前鋒、護軍習雲梯者別爲營，以時訓練其藝。大閱爲翼隊。會外火器營交衡，並督水軍習戰。翼長各官掌董率營卒。番子佐領掌督攝番兵。水師千、把掌教駕船駛風，演習水嬉。

乾隆十四年，設健銳營，駐香山，簡王大臣領之。分兩翼，置翼領各一人，八旗前鋒參領、副參領各一人，二十八年增前鋒參領二人，副參領八人。三十五年簡前鋒參領二人爲委翼長。前鋒校各五人。十五年增十人，二十八年增二十四人，三十三年增二十六人。十五年，定昆明湖教水戰，置教習把總八人。內四人爲委署千總，向天津、福建水師營調取。十八年，置委前鋒參領十有六人，二十八年、五十年俱增八人。副前鋒校四十人。三十九年，增藍翎長五十人。四十一年，金川番子徙京，置佐領、驍騎校各一人。五十三年，增番子驍騎校、防禦各一人。

總理行營大臣六人，宗室、蒙古王大臣兼任。掌行營政令。巡幸前期，考其日月行程，以定翊衞扈從，並稽察各營翊衞官兵。所轄辦事章京十有六人。護軍參領兼充。

神機營　掌印管理大臣一人。親王、郡王兼任。管理大臣無員限。王、公、領侍衞內大臣、都統、前鋒護軍各統領、副都統內特簡。掌本營政令，遴前鋒、護軍、步軍、火器、健鋭諸營精捷者別爲營，以時訓練其藝。大閲各備練式，分官兵以守衞。總理全營事務翼長三人，掌董帥隊伍。文案、營務、糧餉、覈對、稿案五處總理翼長七人，文案、營務各二人，餘一人。委翼長二人，文案、營務各一人。幫辦翼長二人，隸文案處。學習翼長三人，隸營務處。承辦章京一人，隸覈對處。差委侍衞章京七十有四人，隸營務處。委員九十有四人。文案三十九人，營務四十五人，糧餉六人，覈對七人，稿案五人。印務處委員二人。軍火局製造軍火器械。管帶官、營總各一人，辦事章京二人。軍器庫受付軍火器械。管帶官、委翼長、管庫章京各二人，委員四人。槍礮廠司訓練測量算學。總辦二人，委員二十有七人。機器局製造槍支、銅冒、火箭、鉛丸、火藥。總辦三人，提調二人，總監工一人，委員十人，辦事官二人。馬步隊兵二十五營，專操管帶二十有四人，幫操二十有五人，營總四十有一人，令官十有七人。

道光十九年，御前大臣奕紀請建神機營，鑄印信，未成軍。咸豐十一年，始練兵設營，置專操大臣十有六人，幫操侍衞章京二十有二人，帶隊章京百九十有六人。同治初，改訂官制，如前所列。簡親王領之。

虎槍營　總統無員限。王、公、大臣兼任。總領六人。上三旗各二人，自一品至五品內特簡。虎槍校、委虎槍校，各二十有一人。旗各七人，俱虎槍營內選用。筆帖式六人。總統、總領掌轄本營官兵以備扈從，車駕蒐狩列前驅。

康熙二十三年，黑龍江將軍送滿兵善騎射者四十人，分隸上三旗，始設虎槍營，以總統一人領之，置總領虎槍校，旗各一人。雍正元年，增總領，旗各一人，虎槍校各六人，置委虎槍校各七人。乾隆三年，始鑄關防。

嚮導處　掌印總統大臣一人。總統大臣內特簡。總統大臣無員限。前鋒統領、護軍統領、副都統兼任。章京三十有二人，旗各四人，護軍參領內選補。藍翎長四人，協理事務章京、章京內選充。筆帖式，各二人。本處掌度地建營。凡時巡省方，駕行佩櫜鞬前導。

上虞備用處亦曰黏竿處。管理大臣無員限。王、公、額駙、滿蒙大臣內特簡。黏竿長頭等侍衞一人，二等內揀補。二等三人，三等內揀補。三等二十有一人，藍翎內揀補。藍翎十有五人。拜唐阿內揀補。協理事務頭等侍衞一人，黏竿長頭等侍衞兼充。筆帖式三人。庫掌一人。庫拜唐阿內揀補。本處掌協衞扈從。

善撲營　總統大臣無員限。都統、前鋒統領、護軍統領、副都統內特簡。左、右翼翼長各三人。本營侍衞教習、各營侍衞章京內揀補。協理事務翼長二人。翼長兼任。筆帖式六人。本營掌選八旗勇士習角觝技，扈從則備宿衞。

王公府屬各官　長史，從三品。親王、世子、郡王、長子府各一人，司禮長，從四品。貝勒府一人，掌董帥府僚，紀綱衆務。散騎郎，世職領之。親王府四人，世子、郡王府三人，長子府二人，掌佐長史理府事。護衞，親王府二十人，一等六人，從三品；二等六人，從四品；三等八人，從五品。自三等以下，並戴藍翎。世子府十有七人，一等、二等各六人，三等五人。郡王府十有五人，一等六人，二等四人，三等五人。長子府十有二人，一等三人，二等四人，三等六人。貝勒府十人，二等六人，三等四人。貝子府六人，公府四人，俱三等。掌府衞陪從。典衞，親王府六人，四、五、六品各二人。世子府五人，四品一人，五、六品各二人。郡王府四人，五、六品各二人。長子府三人，五品二人，六品一人。貝勒、五品一人，六品二人。貝子、六品一人，七品二人。公七品一人。八品二人。府各三人，掌禮節導引。五旗參領各五人，從三品。佐領各七人，從四品。驍騎校如佐領數，從六品。掌王府所屬旗籍政令，稽田賦戶口。管領，從六品。親王府四人，郡王府三人，掌文移遣委事。典膳，從六品。親王、郡王府各一人，掌供食薦羞。司庫，從七品。親王、郡王府各二人，掌監守庫藏。司匠，從八品。親王、郡王府各四人，掌營繕修葺。牧長，從八品。親王府四人，郡王府三人，掌蕃育牛馬。

順治元年，定諸王、貝勒、貝子、公護衞員：攝政王三十人，一、二、三等各十人。輔政王二十有三人，一、二等各七人，三等九人。和碩親王二十人，一、二等各六人，三等八人。多羅郡王十有五人，一等六人，二等四人，三等八人。多羅貝勒十人，二等六人，三等四人。固山貝子六人，公四人。俱三等。八年，定王府武職官制，置長史、司儀長、散騎郎、護衞、典儀各官，並佐領下各置驍騎校有差。雍正四年，定王府散騎郎員數，貝子以下並省之。乾隆十九年，定王、公護衞、典儀等官，俱爲從品。宣統元年，避帝諱，改司儀長爲司禮長，典儀爲典衞。公主府同。先是怡賢親王贊襄世宗，莊恪親王輔翊高宗，俱封雙親王，護衞倍之。嘉慶初，儀、成二王並增置一、二、三等護衞各二人；定親王、慶郡王增置一等護衞一人，二、三等各二人。宣統嗣位，議定監國攝政王官員制度，較親王倍之，俱曠典也。

固倫公主府：長史，一等護衞，各一人，二、三等各二人；典衞二人。和碩公主府：司禮長一人；二等護衞二人，三等一人；六、七品典衞各一人。乾隆五十一年，始定公主府屬員數。

陵寢駐防各官　興京副都統一人。轄永陵翼長各官及護守兵役。守陵總管各一人。正三品。翼長各二人。正三品。唯昭西陵、孝東陵、泰東陵、昌西陵、普祥峪定東陵、菩陀峪定東陵，專置防禦、驍騎校，額如下。司工匠各一人。初制五品。康熙八年陞四品。永陵、福陵、昭陵置。防禦各十有六人，正五品。驍騎校各二人。正六品。園寢守衞防禦各八人，驍騎校各一人。

總管掌守衞陵寢，翼長以下悉隸之，受副都統節度。初，天聰八年，置永陵燒造甎瓦散秩五品官。順治五年增福陵、昭陵各一人。康熙八年改司工匠。順治二年，置福陵防禦一人。明年增一人。十三年，福陵、昭陵置總管、翼領、乾隆五十九年改翼長。防禦各官。乾隆二年，置各陵驍騎校二人，自是爲定制。光緒元年，始置興京副都統。

各省駐防將軍等官 將軍，初制正一品。乾隆三十三年改從。都統，從一品。專城副都統，正二品。同城者分守各地。掌鎭守險要，綏和軍民，均齊政刑，修舉武備。參贊大臣，掌佐畫機宜。領隊大臣掌分統遊牧。品秩俱從原官。總管，正三品。副總管，正五品。掌分理營務。城守尉，正三品。防守尉，正四品。掌本城旗籍。參領、協領俱從三品。以次各官，分掌駐防戶籍，以時頒其教戒，仍隸京旗。亦有佐領或防禦分駐他所者，東三省、察哈爾所屬是也。初鑄大將軍、將軍諸印，庫藏經略、大將軍、將軍印凡百餘，乾隆十四年始燬。撫遠、寧遠、安東、征南、平西、平北大將軍印七，鎭海、揚威、靖逆、靖東、征南、定西、定北將軍印七，收藏皇史宬，命將出師，奏請頒給。康、雍間，有靖寇、安遠、奉命、平逆、平寇、建武、討逆、寧遠、靖邊、定邊、綏遠、振武、靖逆、盪寇，乾隆間寧遠、靖邊、奮威、靖逆，嘉慶間定西，道光間揚威諸目，並頒印信。品秩俱從原官。

先是經略大臣、大將軍、將軍，簡王、貝勒、貝子、公或都統、親信大臣爲之，大征伐則置，畢迺省。逮建八旗，駐防簡將軍、都統領之。將軍始專爲滿官，西北邊陲大臣及城守尉各官，亦概定滿缺。自畿輔達各省，東則奉、吉、黑，西回、藏，北包內外蒙古，分列將軍、都統及大臣鎭撫之。摭其梗概，誌之左方。

盛京駐防將軍一人。其屬有主事、筆帖式各官。吉林、黑龍江同。初以內大臣一人爲留守。順治三年，改昂邦章京。康熙元年徙遼東，號遼東將軍。乾隆十二年，移駐盛京。光緒三十三年省，歸東三省總督兼攝。副都統四人。舊置梅勒章京二人。康熙元年更名。雍正五年徙一人駐錦州，復增置熊岳一人。道光二十三年徙熊岳一人駐金州。光緒元年增置興京一人。宣統元年省錦州一人。副都統衙總管一人。城守尉八人。盛京四人，興京、鳳凰、遼陽、開原城各一人。協領十有五人。內水師一人。防守尉二人。分駐牛莊、熊岳。佐領百三十有一人。內宗室二人，水師二人。防禦百有二人。內水師四人。驍騎校二百有七人。內水師八人。

吉林駐防將軍一人。順治十年，置寧古塔昂邦章京二人。康熙元年更名。省一人。十五年，徙吉林。光緒三十三年省。副都統七人。順治間置二人。康熙十年徙一人來駐。十五年還駐寧古塔。三十一年置伯都訥一人。五十三年置三姓一人。雍正三年置吉林一人。乾隆元年置阿勒楚喀一人。宣統元年俱省。協領二十有三人。參領一人。佐領百三十有七人。防禦八十有一人。驍騎校百四十有一人。舊置四、五、六品管水手官。咸豐二年置水師營總管一人。光緒十四年增置一人。宣統二年俱省。

黑龍江駐防將軍一人。康熙二十二年，嘉寧古塔副都統薩布素征俄有功，授將軍，駐瑷琿。二十九年，徙墨爾根。三十八年，徙齊齊哈爾。光緒三十三年省。副都統七人。初置二人。康熙四十九年增置墨爾根一人。光緒五年改呼蘭城守尉爲副都統。七年改呼倫貝爾總管爲副都統。二十一年增置布特哈一人。二十五年增置通肯一人。三十一年省齊齊哈爾、呼蘭、布特哈、通肯副都統。三十三年省墨爾根、呼倫貝爾、黑龍江副都統。副都統銜總管一人。總管九人。內水師一人。協領二十人。參領一人。打牲處副總管二十有三人。佐領二百五十人。防禦二十有八人。驍騎校二百五十人。護軍校二人。水師營管水手四品官四人、五品官三人、六品官五人。

江南駐防將軍一人。順治二年，置昂邦章京。十七年，改總管。康熙二年，更名將軍，駐江寧。副都統二人。順治二年置，駐江寧。十六年增置京口二人。乾隆二十八年省京口一人。三十四年省江寧一人。協領十人。佐領四十有六人。防禦、驍騎校各五十有六人。舊置京口將軍。乾隆二十二年省。

福建駐防將軍一人。順治十三年，置固山額眞。十七年，改都統。康熙二年省。十九年，置將軍，駐福州。副都統一人。康熙十九年置。雍正五年增一人。乾隆四十四年省一人。協領九人。內水師一人。佐領、防禦各十人。內水師各二人。驍騎校二十有二人。內水師二人。

浙江駐防將軍一人。順治四年，置固山額眞。十五年，改昂邦章京。十七年，改總管。康熙二年，更名將軍，駐杭州。副都統二人。順治十年置，分左、右翼，駐杭州。康熙十三年增漢軍二人。雍正七年徙杭州右翼一人，駐乍浦。乾隆十六年省漢軍一人。二十八年漢軍俱省。協領十有四人。內水師五人。佐領三十有四人。內水師十一人。防禦二十有八人。內水師八人。驍騎校四十有八人。內水師十六人。

湖北駐防將軍一人。康熙二十二年置，駐荆州。副都統二人。同時置，分左、右翼。協領十人。佐領四十有六人。防禦、驍騎校各五十有六人。

四川駐防將軍一人。乾隆四十一年置，駐成都。副都統一人。康熙六十年置。協領五人。佐領十有九人。防禦、驍騎校各二十有四人。

廣東駐防將軍一人。順治十八年置，康熙五年省，十九年復故，駐廣州。副都統二人。康熙二十年置漢軍二人。乾隆二十一年定滿洲、漢軍各一人。協領九人。佐領十人。防禦三十有四人。驍騎校三十有八人。康熙五年置廣西將軍、都統各一人。十三年省。

綏遠城駐防將軍一人。乾隆三年，置建威將軍，二十六年更名。二十八年，兼司土默特蒙古事務。初置都統一人，管土默特二旗。至是省入。副都統一人。康熙三十三年置歸化二人。乾隆二年置綏遠二人。十三年省二人。二十八年分駐二城。尋省綏遠一人。協領五人。佐領六十有四人。防禦二十人。驍騎校六十有九人。又歸化城初置都統二人，分左、右翼。康熙三十三年省右翼，四十四年復故。乾隆二十六年省左翼。二十八年俱省。

陝西駐防將軍一人。順治二年，置昂邦章京。康熙元年更名，駐西安。副都統二人。順治十八年置西安右翼二人。康熙二十八年增漢軍二人，徙一人駐江寧，以江寧左翼一人來駐。乾隆二十六年省左翼滿洲一人，右翼漢軍一人。二十八年定左、右翼各一人。三十七年徙一人駐涼州。四十九年復增一人。協領八人。佐領二十有三人。防禦、驍騎校各四十人。

甘肅駐防將軍一人。雍正三年置，駐寧夏。乾隆二年別置涼州一人。三十八年省。副都統二人。同時置，分左、右翼，駐寧夏。乾隆二年增涼州、莊浪各一人。二十八年省莊浪一人。三十四年省寧夏右翼一人。三十八年省涼州一人，徙西安一人駐涼州，曰涼莊副都統。城守尉一人。駐莊浪。協領七人。佐領三十有二人。防禦四十有一人。驍騎校三十有九人。

新疆駐防伊犁將軍一人。乾隆二十七年置。參贊大臣一人。副都統二人。光緒十年省參贊大臣，明年置副都統二人。十四年徙一人駐塔爾巴哈臺。領隊大臣四人。分駐索倫、額魯特、察哈爾、錫伯。總管六人。副總管七人。兼司駝場、馬場。協領十有二人。佐領、驍騎校各百有八人。防禦五十有六人。

熱河駐防都統一人。雍正二年置總管，嘉慶十五年改置。道光八年，命管承德刑名、度支。圍場總管一人。翼長二人。協領五人。佐領十有五人。防禦三十人。圍場八人。驍騎校二十有八人。圍場八人。前鋒校十人。

游牧察哈爾駐防都統一人。康熙十四年，置八旗總管各一人。乾隆二十六年，改置都統，駐張家口。副都統一人。初置二人。乾隆三十一年省一人。總管十人。副總管一人。參領、副參領各八人。佐領、驍騎校各百二十人。護軍校百十有五人。親軍、捕盜六品官各四人。

直隸駐防副都統二人。康熙二十七年，置山海關總管。乾隆七年，改置副都統。四十五年，增置密雲一人。城守尉二人。分駐保定、滄州，隸駐京稽察九處旗務大臣。協領四人。防守尉十有六人。駐東安、固安、采育里、雄縣、寶坻、霸州、良鄉者，所隸與城守尉同。駐古北、昌平州者，隸密雲副都統。駐永平、三河、喜峰口、玉田、順義、冷口者，隸山海關副都統。駐獨石口者，隸察哈爾都統。佐領二十有五人。防禦七十有三人。乾隆間，置天津水師營副都統、獨石口副都統各一人。後俱省。

山東駐防副都統一人。雍正十年置，駐青州。舊有將軍。乾隆二十六年省。城守尉一人。駐德州。協領四人。佐領、防禦、驍騎校各二十人。

山西駐防城守尉二人。順治六年置太原一人。康熙三十三年，右衞置將軍一人，護軍統領二人，副都統四人。三十七年省護軍統領、副都統各二人。乾隆二年省將軍、副都統。三十三年置右衞城守尉一人，隸巡撫。防禦、驍騎校各八人。

河南駐防城守尉一人。康熙五十七年置，駐開封，隸巡撫。佐領、防禦、驍騎校各十人。

提督等官 提督軍務總兵官，從一品。掌鞏護疆陲，典領甲卒，節制鎮、協、營、汛，課第殿最，以聽於總督。鎮守總兵官，正二品。掌一鎮軍政，統轄本標官兵，分防將弁，以聽於提督。副將，從二品。爲提、鎮分守險汛曰提標，爲總督綜理軍務曰督標中軍，將軍標、河標、漕標亦如之。參將，正三品。游擊，初制正三品。順治十年改從。掌防汛軍政，充各鎮中軍官。都司，初制正三品。順治十年改從。十八年改正四品。康熙九年復故。二十四年定正四品。所掌視參、游，充副將中軍官。守備，初制正四品。康熙三十四年定正五品。掌營務糧饟，充參、游中軍官。千總，初制正六品。康熙三十四年，營千總改從六品。五十八年復故。把總，正七品。外委把總，正九品。額外外委，從九品。各掌營、哨汛地。

初制，提督、總兵無定品，繫左右都督、都督、同知、僉事各銜。乾隆十八年停。始定品秩。提督典兵，自畿輔海甸迄雪山炎徼，星羅棊布。腹地兼以巡撫，承以總兵。副將以下，品目粲然，有事隨提、鎮爲員，如隨征、營援、勦營之類。事畢迺省。自三藩之亂，提、鎮效用者衆。咸、同間，戡定髮、捻，湘、淮、楚營士卒，徒步起家，多擢提、鎮，參、游以下官，益纍纍然，保舉冗濫，往往記名提、鎮，降充末弁，候補千、把，驟膺統將，官職懸殊，至斯已極。光緒間，創設海軍，亦置提、鎮，無績罷之。厥後更定陸軍官制，河、漕標營，以次併廢。綠營歲有汰革，厲行者浙江，次廣東、廣西、湖南、湖北，謹就可考者著於篇。

直隸提督一人。順治十八年置，駐大名。康熙二十七年省。三十年復故，徙古北口。總兵七人。天津、眞定二鎮俱順治元年置。其眞定，康熙二十七年省，雍正四年再置。宣化鎮，康熙七年改鎮朔將軍置。馬蘭鎮，雍正二年改副將置。泰寧鎮，乾隆元年置，兼內務府大臣。大名鎮，道光元年改副將置。通永鎮，二十三年改陝西西安鎮置。副將八人。山永協，順治六年置。通州協，八年改鎮置。河間協，康熙八年移眞定協改置。開州協，雍正十年改參將置。督標中軍，十一年置。河屯協，乾隆元年改營置。大沽協，二十三年改營置。多倫諾爾協，光緒七年改都司置。參將八人。提標、紫荆關、務關路及保定城守、涿州、八溝、昌平、固關諸營。游擊二十有七人。都司五十有九人。河標一人。守備七十有二人。河營二人，河營協辦一人。千總百五十有七人。所千總二人。把總三百四十有六人。奉天捕盜營把總十有四人。

四川提督一人。初置勦撫提督。順治五年省。十七年復置，駐省。總兵四人。建昌鎮，順治四年置。川北鎮，十五年改保寧鎮置。重慶鎮，康熙八年移永寧鎮改置。松潘鎮，十年改副將置。副將八人。夔州協，康熙十年改鎮置。督標中軍，十九年置。維州協，乾隆十八年改威茂協置。阜和協，四十三年改都司僉書置。將軍標中軍，四十六年置。懋功協，四十七年改營置。綏寧協，嘉慶二年改營置。馬邊協，九年改綏定協置。參將七人。提標及峩邊、普安、永寧、漳臘、越嶲、會川諸營。游擊二十有三人。都司三十有二人。守備五十有一人。千總百十有四人。把總二百有七人。

廣東提督一人。順治八年置。十八年，徙惠州。康熙三年，置水師一人，駐順德。七年省。嘉慶十四年，改陸路提督，復置水師一人，駐虎門。光緒三十三年，併爲一。尋以海盜警復故。宣統三年，仍省水師提督。總兵七人。潮州鎮、瓊州水師鎮，俱順治八年置。高州鎮，十二年置。碣石水師鎮，十一年置。康熙三年省，八年復故。南澳水師鎮，二十四年改海防參將置。南韶連鎮，嘉慶十五年改左翼鎮置。北海鎮，光緒十二年改平陽水師鎮置。其瓊州、南澳、碣石俱宣統三年省。副將十有三人。南雄協，順治八年置。龍門水師協、督標中軍，俱康熙四年置。中軍初分左、右翼，後併爲一。廣州、惠州、黃崗、肇慶諸協，俱八年置。羅定協，十二年置。三江口協，四十一年置。順德水師協，四十三年改虎門協置。大鵬水師協，道光二十年改澄海協置。崖州水師協，二十二年改參將置。赤溪水師協，同治七年改廣海寨游擊置。宣統三年止留中軍及廣州協，餘俱省。參將十有二人。督標中軍左營、增城營。其督標右營、前營、提標中軍、肇慶海口水師、欽州、新會、平海、海門、澄海諸營，俱宣統三年省。游擊二十有七人。內、外海水師八人。內河水師三人。宣統三年止留瓊州鎮中軍、南韶連鎮中軍、靖遠營，各一人。都司三十有四人。外海水師二十人。內河水師八人。宣統三年止留廣州協左營兼中軍右營、佛山、饒平營、黃岡，各一人。守備八十有二人。外海水師二十人。內河水師八人。宣統三年止留增城營、從化、肇慶協、那扶，各一人。千總百六十有八人。宣統三年止留陸路提標中營北城一人。把總三百二十有七人。宣統三年止留廣州協右營纜路尾一人。

廣西提督一人。順治八年置，十七年省，尋復故，駐柳州。光緒十一年徙龍州。宣統三年徙南寧。總兵三人。左江鎮，康熙元年改右翼總兵置。右江鎮，雍正二年改泗城副將置。柳慶鎮，嘉慶十二年置。光緒三十年省，移右江鎮駐柳州，左江鎮駐百色。宣統三年復移百色駐龍州。副將七人。樂平協，順治十二年置。梧州協、潯州協，康熙二十一年改梧潯協分置。慶遠協，雍正七年置。新太協，八年置。鎮安協，十三年置。義寧協，乾隆六年置。宣統三年俱省。參將四人。宣統三年省融懷、全州二營，止留提標中軍左、增城二營。游擊十人。都司十有一人。守備二十有九人。千總六十有五人。把總百二十有一人。光緒二十九年後，止留撫標都、守各一人，提標守、千、把各一人，兩鎮游、千各一人。宣統三年俱議省。

雲南提督一人。順治十八年置，駐永昌。康熙元年徙大理。總兵六人。臨元鎮，順治十年置。開化鎮，康熙六年置。鶴麗鎮，七年置。昭通鎮，雍正九年改東蒙鎮置。普洱鎮，十年改元普鎮置。騰越鎮，乾隆四十一年改副將置。副將六人。督標中軍，順治十六年置。維西協，乾隆十二年置。曲尋協、楚雄協，俱三十五年改鎮置。永昌協，四十年改永順鎮置。順雲協，道光二十九年改營置。參將十有一人。提標及尋霑、武定、元新、鎮雄、東川、永北、威遠、廣南、龍陵、鎮邊諸營。游擊二十有一人。都司十有六人。守備五十有一人。千總百有三人。把總二百十有四人。

貴州提督一人。順治十六年置，駐省。康熙六年徙安順。總兵四人。鎮遠鎮，康熙元年置，七年省。乾隆二年改台拱鎮置。咸寧鎮，康熙三年置，六年省。乾隆元年復故。古州鎮，雍正七年置。安義鎮，嘉慶二年置。副將十人。銅仁協，順治十六年置。乾隆三年省，五年復故。定廣協，康熙三年置。平遠協，八年改鎮置。大定協，雍正三年改鎮置。遵義、清江、都匀三協，俱七年置。上江協，十三年置。松桃協，乾隆三年置。永安協，六年置。其都匀、上江，宣統三年俱省。參將七人。撫標、提標及羅斛、丹江、台拱、黎平、朗洞諸營。游擊二十有五人。都司二十有三人。守備五十有二人。千總百二十有二人。把總二百有五人。

江南提督兼水師一人。順治二年，置江南提督，駐江寧。四年，置蘇松提督，駐松江，專轄蘇、松、常、鎮四府。康熙元年，省江寧一人，以蘇松一人轄全省。十四年，更名江寧提督，轄下江七府一州。增置安徽提督，分轄上江七府三州。十七年，省安徽一人，仍轄全省。總兵四人。蘇松鎮兼水師，順治二年置。狼山鎮，十八年改副將置。徐州鎮，嘉慶十四年改河標左營協置。崇明鎮兼水師，道光二十三年置。副將五人。督標中軍，順治五年置。江寧城守協，康熙七年改鎮置。太湖水師協兼轄浙江太湖游擊，乾隆十一年改參將置。裏河淞北水師協，海門水師協，俱同治七年置。參將七人。撫標、提標、水師右營，又蘇州城守、鎮江、吳淞、川沙諸營。游擊二十有五人。水師十人。都司三十有四人。水師九人。守備五十有五人。水師十有五人。千總百十有六人。把總百八十有九人。衛守備一人。

安徽巡撫兼提督一人。康熙十四年置提督，十七年省。嘉慶八年，巡撫始兼銜。總兵二人。壽春鎮，乾隆二年改副將置。皖南鎮，咸豐五年置。副將一人。安慶協，順治四年改鎮置。參將五人。撫標及徽州、蕪采、寧國、六安諸營。游擊六人。都司八人。守備十有七人。千總二十有五人。把總五十有六人。衞守備九人。

江北提督一人。咸豐十年，置淮揚鎮總兵。光緒三十一年改置。副將一人。提標中軍左營。參將三人。提標右營，淮安城守、海州諸營。游擊五人。都司六人。守備十有二人。千總二十有八人。把總六十有一人。

長江水師提督一人。同治元年置。太平、岳州互駐，江南、湖廣兩總督轄之。總兵四人。江南瓜州鎮，江西湖口鎮，湖北漢陽鎮，湖南岳州鎮，俱同治五年置。副將五人。提標中軍，安慶營，江陰營，田鎮營，荊州營，俱同治五年置。參將六人。裕溪、金陵、吳城、饒州、簰州、沅州諸營。游擊十人。都司四十有二人。守備四十有三人。千總百五十有八人。把總百九十有五人。

山東巡撫兼提督一人。康熙元年置提督，駐青州。四年徙濟南，二十一年省。乾隆八年，巡撫始兼銜。總兵三人。登州鎮，順治十八年改臨清鎮置，轄陸路，康熙六年兼水師，道光三十年改轄水師兼陸路。兗州鎮，雍正三年改參將置。曹州鎮，嘉慶二十二年改參將置。副將三人。膠州協，順治十年置。沂州協，康熙二十二年改鎮置。臨清協，道光二十三年改文登協置。參將十人。撫標及萊州、卽墨、青州、泰安、臺莊、德州、東昌、單縣、濟南城守諸營。游擊九人。水師二人。都司十有二人。守備二十有六人。水師三人。

千總五十有六人。把總百十有二人。東河營副將、參將各一人。都司三人。守備十有一人。協辦五人。千總十有三人。把總二十人。衞守備三人。領運千總二十有四人。

山西巡撫兼提督一人。順治十八年置提督。康熙元年徙平陽，四年改徙太原，七年省，十三年復故，二十年又省。雍正十二年，巡撫始兼銜。總兵二人。大同鎮，順治元年置，六年省，十一年復故。太原鎮，康熙十一年改副將置。雍正六年陞提督，九年復故。副將三人。殺虎口協，康熙三十年改寧武協置。蒲州協，雍正二年改游擊置。潞安協，咸豐十一年改潞澤營參將置。參將九人。撫標及太原城守、平陽、汾州、澤州、新平路、助馬路、東路諸營。游擊八人。都司十有七人。守備二十有九人。千總五十有一人。把總百十有二人。

河南巡撫兼提督一人。順治十八年置提督，駐河南府。康熙三年徙開封，七年省。乾隆五年，巡撫始兼銜。總兵三人。南陽鎮、河北鎮，俱順治元年置。歸德鎮，咸豐八年置，舊有參將隸之。副將二人。荆子關協，嘉慶六年置。信陽協，咸豐八年改營置。參將五人。撫標中軍及河南城守、汝寧、永城、彰德諸營。游擊七人。都司十人。守備二十有三人。千總四十有六人。把總八十有二人。領運千總四人。

陝西提督一人。順治二年置西安提督兼烏金超哈。康熙三年改固原提督。乾隆二十九年復故。嘉慶六年徙漢中，七年還駐固原。總兵三人。延綏鎮，順治元年置。漢中鎮，嘉慶三年改漢羌協置。陝安鎮，五年改興漢鎮置。副將五人。西安城守協、洮岷協、靖遠協，俱順治二年置。其洮岷，六年改參將，十四年復故。西安協，康熙四十年改參將，道光二十三年復移神木協改置。定邊協，順治六年移延綏鎮西協改置。潼關協，咸豐十年移靖寧協改置。參將十人。撫標、提標及西鳳、宜君、靜寧、神木、延安、寧陝、循化、蘭城城守諸營。游擊二十有七人。都司三十有八人。守備四十有四人。千總七十有二人。把總百七十有四人。

甘肅提督一人，舊爲總鎮。康熙二年改置，二十二年省，三十年復故，駐甘州。二十四年徙涼州。二十九年徙張掖。總兵五人。寧夏鎮，順治元年置，康熙十五年陞提督，二十年復故。西寧鎮，順治十五年置。涼州鎮，康熙二年改副將置，二十六年省，三十年復置，乾隆二十四年又省，越五年又置。肅州鎮，康熙三十年置。河州鎮，乾隆四十七年置。參將九人。督標左、右營，提標中營，及靜寧、甘州城守、靈州、花馬池、平羅、靈武諸營。游擊三十有六人。都司三十有七人。守備五十有六人。千總百有五人。把總二百四十有六人。

新疆提督一人。雍正十三年置哈密提督。乾隆二十四年省，移安西提督駐巴里坤，更名巴里坤提督。二十三年徙烏魯木齊。光緒十一年徙喀什噶爾，更名喀什噶爾提督。總兵三人。巴里坤鎮，乾隆二十九年移烏魯木齊鎮改置。伊犁鎮，四十四年置。阿克蘇鎮，光緒十年移喀什噶爾換防總兵置。副將七人。哈密協，乾隆二十四年置。瑪納斯協，四十二年置。烏什協，道光二十六年置。伊犁軍標塔城協，光緒九年置。烏魯木齊城守協，十三年置。回城協、莎車協，俱十四年置。參將八人。撫標、提標及濟木薩、精河、英吉沙爾、和闐、喀喇沙爾、霍爾果斯諸營。游擊二十人。都司十有七人。伊犂軍標四人。守備六十有一人。伊犂軍標六人。千總七十有五人。伊犂軍標八人。把總二百二十有八人。伊犂軍標二十人。

福建提督二人。轄陸路者，順治四年置，駐泉州。轄水師者，康熙元年置，駐海澄，七年省。十六年，以海澄公領之。十七年復故，駐廈門。總兵四人。汀州鎮，順治六年改左路總兵置，七年省，康熙三十六年改興化鎮復置。福寧鎮，順治十四年改參將置。漳州鎮，康熙二十七年改漳浦鎮置。建寧鎮，雍正十一年改副將置。副將八人。福州、興化、延平三城守協，俱順治七年置。督標中軍，十五年置。閩安水師協，康熙二十七年改鎮置。順昌協，咸豐八年置。金門水師協，同治五年改鎮置。海壇水師協，光緒十三年移澎湖協改置。參將九人。水師、陸路提標及督標左、右，泉州、邵武二城守、水師，閩安烽火門水師諸營。游擊三十人。都司二十有五人。內、外海水師八人。守備六十人。水師十有七人。千總八十有四人。把總百七十有九人。舊置臺灣總兵一人，副將三人，參將、游擊各四人，都司九人，守備十人，千總十有七人，把總十有一人。光緒二十一年棄省，革。

浙江提督兼水師一人。順治三年置，駐寧波。康熙元年置水師提督，七年省，十四年復故，十八年又省。總兵五人。衢州鎮，順治四年置。溫州鎮兼水師，十二年置。處州鎮，康熙四十九年改平陽鎮置。定海鎮兼水師，雍正八年改左路總兵置。海門鎮兼水師，同治十一年置。副將十有一人。杭州城守兼水師，嘉興、湖州、紹興、金華、嚴州六協，俱順治五年置。樂清協，康熙元年置。象山協兼水師，八年改寧波協置。台州協，九年置。瑞安水師協，雍正二年置。乍浦水師協，道光二十三年改參將置。參將六人。撫標、提標及鎮海水師、玉環兼水師，寧海、太平諸營。游擊二十人。外海水師十人。內河一人。都司二十有三人。外海水師三人。內河二人。守備五十有二人。外海水師十有七人。內河一人。千總百有九人。把總二百十有三人。自提督以次各官，俱宣統二年省。

江西巡撫兼提督一人。舊爲總兵，駐南昌。順治三年改置提督。十八年徙贛州。康熙元年徙建昌，五年還駐南昌，七年省。十三年復故，徙九江，二十一年復省。乾隆十八年，巡撫始兼銜。總兵二人。九江鎮，順治二年置，康熙七年改南瑞鎮，十三年省，二十一年復置，嘉慶九年還駐九江。南贛鎮，順治三年省。副將二人。袁州協，順治三年置，康熙十三年陞總兵，二十一年復故。南昌城守協，嘉慶五年改九江協置。參將、撫標及廣信、饒州、寧都、南安、吉安諸營。游擊各六人。都司二十有三人。水師二人。守備十有五人。水師一人。千總三十有一人。把總八十人。衞守備三人。領運千總二十有五人。

湖北提督一人。嘉慶六年置，駐襄陽。總兵二人。宜昌鎮，雍正十三年改彝陵鎮置。鄖陽鎮，嘉慶六年改襄陽鎮置。副將五人。黃州協，順治三年置，宣統元年省。施南協，乾隆元年置。督標中軍、竹山協，俱嘉慶六年置。漢陽協，同治四年置，宣統三年省。參將七人。提標，荆州、武昌二城守，均光、德安諸營。其興國營、撫標中軍，俱宣統三年省。游擊十有二人。都司八人。守備二十有九人。千總七十有二人。把總百四十有三人。衛守備十人。

湖南提督一人。舊爲湖廣提督，駐辰州。嘉慶六年改置，徙常德。道光十八年還駐辰州。宣統三年省。總兵三人。永州鎮，康熙九年改副將置。鎮筸鎮，三十八年移沅州鎮改置。綏靖鎮，嘉慶二年置。副將九人。沅州協，順治元年置，八年改鎮，後復如故。寶慶協，十一年改都司置。靖州協，十五年置。長沙協、衡州協，俱康熙五年置。永順協，雍正七年置。永綏協，八年置。乾州協、常德協，俱嘉慶二年置。其寶慶、永順、常德，宣統元年俱省。參將七人。撫標及澧州、宜章、桂陽三營。其岳州城守、臨武二營，俱宣統元年省。提標中軍，三年省。游擊十有五人。都司十有七人。守備三十有四人。千總七十有七人。把總百五十有四人。屯守備、千總各六人。把總十人。衛守備一人。水師二人。

各處駐劄大臣　烏里雅蘇台定邊左副將軍一人。參贊大臣二人。雍正九年，設阿爾泰營置，轄唐努烏梁海五旗三佐領，兼轄土謝圖汗部汗阿林盟一部二十旗，賽音諾顏部齊齊爾里克盟一部二十四旗，並所附額魯特旗烏梁海十二佐領，車臣汗部喀魯倫巴爾和屯盟一部二十四旗，扎薩克圖汗部畢都里淖爾盟一部十九旗，並所附輝特一旗，烏梁海五佐領。內參贊一人，以蒙古王、公、台吉兼任。科布多參贊大臣，辦事大臣，各一人。乾隆二十六年置，轄札哈沁、明阿特、額魯特各一旗，阿爾泰烏梁海七旗又二旗，兼轄布爾干河新土爾扈特青色啓勒盟一部二旗，哈弼察克新和碩特部一旗、杜爾伯特烏蘭固木賽音濟雅哈圖盟左翼十一旗，右翼三旗，及所附輝特二旗。同治七年，增置布倫托海辦事大臣、幫辦大臣各一人，八年省，仍隸科布多。庫倫辦事大臣，幫辦大臣，各一人。雍正九年設互市處，駐司員經理。後改置辦事大臣，監督恰克圖俄羅斯通商事宜。乾隆四十九年增一人。尋定爲額缺。內一人以蒙古王、公、台吉兼任。所屬有印房章京，理刑司員，管理商民事務司員，筆帖式等官。分駐恰克圖辦事司員一人。塔爾巴哈台副都統，乾隆二十九年置參贊大臣一人。光緒十四年省，移伊犂副都統來駐。領隊大臣，乾隆四十一年置，轄額魯特。所屬有印房章京，管理糧餉司員，筆帖式等官。西寧辦事大臣，乾隆元年置，轄青海三十六旗會盟。所屬有司員，筆帖式。各一人。西藏辦事大臣一人。雍正五年置。光緒三十四年增一人。宣統二年省一人。兼轄達木蒙古八旗。所屬有辦事司員，筆帖式。左、右參贊各一人。初置幫辦大臣，宣統二年改置。左參贊駐前藏，右參贊監督三埠通商事宜。所屬有繙譯、書記等官。川滇邊務大臣一人。光緒三十二年置，專司移殖。所屬有書記等官。總管十有六人，塔爾巴哈台屬一人，科布多屬十人，唐努烏梁海五人，並歸定邊左副將軍兼轄。副總管一人，塔爾巴哈台屬。參領三人。科布多屬。佐領、驍騎校各三十有三人。塔爾巴哈台屬各三人，科布多屬各十七人，唐努烏梁海、蒙古達木俱各八人。守卡倫侍衞，自京調遣，三歲一更。邊鎮無額兵者，旗營、綠營官兵番戍，兼治屯焉。

烏魯木齊都統，副都統，各一人。初設安西提標綠旗五營。乾隆三十六年改滿兵駐防，置參贊大臣二人。三十八年復置領隊大臣二人，四十八年改置。協領六人。佐領、防禦、驍騎校各二十有四人。吐魯番領隊大臣一人。乾隆二十四年，建城闢展，置辦事大臣一人，以廣安城爲回城。四十二年改置。協領二人。佐領、防禦、驍騎校各四人。所轄：回子四牛彔、佐領、驍騎校各四人。巴里坤、古城領隊大臣各一人。乾隆三十七年置參贊大臣、領隊大臣各一人。後俱改領隊大臣，徙一人駐古城。協領各二人。佐領、防禦、驍騎校各八人。庫爾喀喇烏蘇領隊大臣一人。初置侍衞，隸烏魯木齊。乾隆三十七年改置。所屬有管理糧饟官。又臺站、屯政文武各員，由陝甘、伊犂、烏魯木齊調充。哈密辦事大臣，幫辦大臣，各一人。乾隆二十九年置。所屬有印房章京，筆帖式。同治初，遭回亂，各地相繼淪陷，唯巴爾庫勒旗營僅留孑遺。光緒八年，議改新疆行省，烏魯木齊暨吐魯番各官並奏裁之。十年，省庫爾喀喇烏蘇各官，改直隸廳、州。明年，復省巴爾庫勒領隊大臣各官，遷旗營入古城，改置城守尉。

喀什噶爾參贊大臣，綜理八城事務。幫辦大臣，各一人。協理喀什噶爾、英吉沙爾事務。俱乾隆二十四年置。三十年徙參贊大臣駐烏什，改置辦事大臣，其幫辦大臣如故。五十三年復舊制。所屬有印房、回務處、經牧處、糧饟局各司員，及筆帖式。英吉沙爾領隊大臣一人。兼管卡倫。乾隆二十四年置總兵，三十一年改置。所屬有筆帖式。葉爾羌辦事大臣，幫辦兼理糧饟事，各一人。乾隆二十四年置。二十六年置領隊大臣二人，後省。所屬有印房章京，回務章京，筆帖式。和闐辦事大臣兼領隊事一人。乾隆三十年置副都統一人。

四十二年改置。所屬有章京，筆帖式。阿克蘇辦事大臣一人。乾隆二十四年置。三十二年併隸烏什。四十四年復移烏什領隊大臣駐。嘉慶二年，分爲專城改置。所屬有章京，筆帖式。烏什辦事大臣一人。初置副都統。乾隆二十四年改置，三十年省，移喀什噶爾參贊、幫辦各大臣來駐，並置領隊大臣一人。四十四年移領隊大臣駐阿克蘇。五十二年，參贊、幫辦各大臣還駐喀什噶爾，復舊制。所屬有印房章京，管理糧餉官，筆帖式。庫車辦事大臣一人。乾隆二十四年置。所屬有印房章京，糧餉章京，筆帖式。喀喇沙爾辦事大臣一人。乾隆二十四年置。所屬有印房章京，糧餉章京，回務章京，筆帖式。高宗底定回疆，分建八城，置辦事、領隊各大臣。時英吉沙爾隸喀什噶爾，和闐隸葉爾羌，阿克蘇隸烏什。嘉慶二年始分立，以喀什噶爾參贊大臣綜之。光緒十年，新疆建行省，俱改直隸廳、州。

回部各官　總理回務扎薩克郡王一人。協理圖撒拉克齊二人。駐哈密、闢展，歸誠著績，封爵世襲。阿奇木伯克。掌綜回務。伊犂，喀什噶爾，葉爾羌，和闐，伊里齊城，庫車及所屬沙雅爾，喀喇沙爾，庫爾勒及所屬布古爾，阿克蘇及所屬賽里木，各一人，俱三品。喀什噶爾屬牌素巴特，英吉沙爾，和闐屬哈拉哈什城、玉隴哈什村、策勒村、克里雅城、塔克弩喇村，阿克蘇屬拜城，各一人，俱四品。喀什噶爾屬阿斯圖阿爾圖什、伯什克勒木、塔什密里克，葉爾羌屬英額齊盤、哈爾哈里克、和什喇普、托果斯鉛、牌斯鉛、桑珠、色勒庫爾、烏什，各一人，俱五品。喀什噶爾屬玉斯圖阿爾圖什三人，內兼管回兵藍翎玉資巴什二人，阿爾瑚、烏帕爾、葉爾羌屬巴爾楚克，阿克蘇屬柯爾坪，各一人，俱六品。伊什罕伯克。掌贊理回務。伊犂，喀什噶爾兼回兵總管，英吉沙爾，葉爾羌，和闐，伊里齊城，阿克蘇及所屬賽里木，庫車及所屬沙雅爾，喀喇沙爾，庫爾勒，布古爾，各一人，俱四品。阿克蘇屬拜城一人，五品。葉爾羌屬色勒庫爾一人，六品。噶雜拉齊伯克。掌地畝糧賦。喀什噶爾兼回兵副總管，葉爾羌，各一人，俱四品。伊犂二人。和闐，阿克蘇及所屬賽里木，庫車及所屬沙雅爾，各一人，俱五品。阿克蘇屬拜城一人，七品。商伯克。掌徵輸糧賦。喀什噶爾二人，內一人兼回兵副總管，葉爾羌一人，俱四品。和闐，伊里齊城二人。所屬哈拉哈什，阿克蘇及所屬沙雅爾，喀喇沙爾，庫爾勒，布古爾，各一人，俱五品。葉爾羌屬色勒庫爾一人，六品。哈資伯克。掌平決諍訟。喀什噶爾一人，五品。伊犂喀什噶爾一人，五品。伊犂喀什噶爾屬阿斯圖阿爾圖什、伯什克勒木、玉斯圖阿爾圖什、察拉根、阿爾瑚、罕愛里克，葉爾羌屬哈爾哈里克、托果斯鉛、坡斯坎木，和闐，伊里齊城及所屬哈拉哈什城、玉隴哈什村、策勒村、克里雅城、塔克弩喇村，阿克蘇及所屬賽里木，烏什，庫車及所屬沙雅爾，喀喇沙爾，庫爾勒，布古爾，各一人，俱六品。葉爾羌屬色勒庫爾一人，七品。斯帕哈資伯克。掌理頭目諍訟。拉雅哈資伯克。掌理細民諍訟。以上二員俱五品，葉爾羌置。密喇布伯克。掌水利。喀什噶爾屬塔斯渾，葉爾羌及所屬牌斯鉛，各一人，俱五品。伊犂喀什噶爾屬伯什克勒木、罕愛里克、霍爾罕、和色爾布依、賽爾璊、托古薩克、阿爾巴特，英吉沙爾，葉爾羌屬英額齊盤、哈爾哈里克、喇普齊、鄂通、楚魯克，各一人，俱六品。喀什噶爾屬木什素魯克，英吉沙爾屬賽里克，和闐，伊里齊城及所屬圖薩拉莊、伯爾臧莊、哈拉哈什城、巴拉木斯雅莊、瑪庫雅莊、雜瓦莊、玉隴哈什村、三普拉莊、洛普莊、策勒村、克里雅城、哈爾魯克莊，各一人；阿克蘇六人，所屬賽里木、拜城各一人；烏什，庫車各二人；庫車屬沙雅爾一人；喀喇沙爾，庫爾勒，布古爾，各一人，俱七品。訥克布伯克。掌匠役營建。喀什噶爾，葉爾羌，各一人，俱五品。和闐，伊里齊城，阿克蘇，庫車，喀喇沙爾及所屬布古爾，各一人，俱七品。帕提沙布伯克。掌巡緝獄囚。葉爾羌一人，五品。又葉爾羌，喀什噶爾，各一人，六品。和闐，伊里齊城及所屬哈拉哈什城，庫車，各一人，俱七品。莫提色布依伯克。掌回族教法。喀什噶爾一人，五品。葉爾羌一人，六品。和闐，伊里齊城，阿克蘇，庫車，各一人，俱七品。密圖瓦利伯克。掌田產稅務。喀什噶爾，葉爾羌，各一人，俱五品。和闐，伊里齊城，阿克蘇，各一人，俱七品。柯勒克牙拉克伯克。掌商賈貿易。葉爾羌一人，五品。巴濟吉爾伯克。掌理稅務。伊犂，喀什噶爾，阿克蘇，各一人，俱六品。烏什一人，七品。色迪爾伯克。掌襄理稅務。伊犂，喀什噶爾，葉爾羌，各一人，俱七品。阿爾巴布伯克。掌差役。喀什噶爾，葉爾羌，各一人，俱六品。葉爾羌屬色勒庫爾，阿克蘇，烏什，庫車，各一人，俱七品。巴克瑪塔爾伯克。掌果園。喀什噶爾，葉爾羌，各一人，俱六品。都管伯克。掌兵馬糧餉，官物文移。伊犂，喀什噶爾，葉爾羌，各一人，俱六品。和闐，伊里齊城，二人；所屬哈拉哈什城一人，阿克蘇，庫車，各三人；俱七品。哈喇都管伯克。掌臺站兵械。葉爾羌一人，五品。和闐，伊里齊城及所屬哈拉哈什城，各一人，俱七品。明伯克。掌千戶征輸。喀什噶爾及所屬伯什克勒木、阿爾瑚、霍爾罕，葉爾羌及所屬英額齊盤、哈爾哈里克、鄂普爾，各一人，俱六品。又喀什噶爾三人，及所屬牌素巴特一人，阿斯圖阿爾圖什三人，塔斯渾二人，塔什密里克、玉斯圖阿爾圖什、烏帕爾、罕愛里克、和色爾布伊、賽爾璊、托古薩克、阿爾巴特、木什素魯克、英吉沙爾，葉爾羌屬巴爾楚克、密特西林，和闐，伊里齊城、圖薩拉莊、伯爾臧莊、素巴爾莊、哈拉哈什村、三普拉莊、濟普莊、克里雅城、哈爾魯克莊、策勒村，各一人，阿克蘇十六人，所屬賽里木、拜城，各一人，烏什一人，庫車三人，所屬沙雅爾二人，喀喇沙爾屬布古爾一人，俱七品。玉資伯克。掌百戶征輸。伊犂七十人，喀喇沙爾，庫爾勒四人，布古爾二人，俱七品。鄂爾沁伯克。掌數十人征輸。葉爾羌屬鄂普爾一人，六品。雜布提墨克塔布伯克。掌教習經館。哲伯伯克。掌修造甲械。色依得爾伯克。掌巡察道路、園林果木。以上三員俱六品，葉爾羌置。什和勒伯克。掌驛館米芻。喀什噶爾，葉爾羌，各一人，俱六品。烏什，和闐，葉爾羌屬色勒庫爾，各一人，俱七品。六品伯克。掌修壩管臺。喀什噶爾二十一人，內兼管回兵藍翎玉資巴什三人。阿克蘇及所屬木蘇爾、達巴罕多蘭，葉爾羌屬喀爾楚、玉喇里克、塔爾塔克，各一人。七品伯克。掌司臺站。英吉沙爾，葉爾羌屬色勒庫爾、塔噶喇木，各一人。採鉛伯克。和闐屬克里雅城一人，五品。挖銅伯克。喀喇沙爾，庫爾勒及所屬布古爾，各一人。採銅伯克。阿克蘇三人。管銅伯克。庫車及所屬沙雅爾，各一人。自挖銅以下，俱七品。並隨事爲員。由辦事大臣疏請。乾隆十九年，封吐魯番伯克莽里克扎薩克公，綜理回務，後獲罪，改封額敏和卓。置圖撒拉克齊佐之。三十四年，撫定西陲，因其舊名，置伯克等官。時隨征効力者，並封三品阿奇木，以葉爾羌授鄂對，喀什噶爾授色提巴爾第，庫車授鄂斯璊，和闐授漢咱爾巴，阿克蘇授達墨特，烏什授阿布都拉，是爲六大城伯克，自三品至七品，各以授地爲差。三品給二百帕籽特瑪帕地畝，種地人百名。四品百五十畝，人五十名。五品百畝，人三十名。六品五十畝，人十五名。七品三十畝，人八名。密喇布各員專司灌溉，例分地畝不再給，種地人各五名。徙阿克蘇回族駐伊犂，授茂薩額敏和卓次子。阿奇木。二十七年，伊犂建寧遠城，復移烏什、葉爾羌、和闐、哈密、吐魯番番回族來駐，置大小各伯克。二十八年，定陞補制。三十一年，移喀喇沙爾、庫爾勒回族駐庫轍瑪，省六品哈資一人，增四品阿奇木一人，與五品噶雜拉齊、七品玉資各伯克，並駐其地。三十八年，還駐庫爾勒，復舊制。嘉慶九年，依喀什噶爾、葉爾羌例，增伊犂六品巴濟吉爾、七品色迪爾各一人。道光八年，定三品至五品伯克由本城大臣塡註履行，咨送喀什噶爾參贊大臣覆覈上聞，六、七品伯克咨送驗放。故事，大伯克迴避本城，小伯克迴避本莊，至申嚴禁令，葉爾羌屬色勒庫爾距卡倫遠，不在是例。並徙喀什噶爾五品訥克布、密圖瓦利、莫提色布依各三人駐罕愛里克，給五品阿奇木職銜，以六品哈資駐察拉根，主治農田，省阿斯圖阿爾圖什七品明伯克二人，徙一人佐之，別移一人駐阿爾瑚、抵補哈資。是歲以英吉沙爾事劇，賞六品哈資伊什罕銜，佐阿奇木治事。光緒十年，改建郡縣，俱省。以阿奇木、伊什罕職秩較峻，仍留原銜，俾別齊民。

藩屬各官　外藩蒙古扎薩克，旗各一人，大漠內科爾沁等二十四部，旗四十有九。大漠外喀爾喀四部，旗八十有六。青海五部，旗二十有九。西套額魯特，額濟訥土爾扈特，杜爾伯特、土爾扈特、和碩特凡十部，旗三十有四。以王、貝勒、貝子、公、台吉、塔布囊爲之。不置扎薩克者，隸將軍、都統及大臣。掌一旗政令，協理台吉二人或四人，唯土默特左翼旗、喀喇沁三旗稱塔布囊，與台吉同。贊襄旗務。管旗章京各一人，副章京各二人，十佐領以下置一人。參領、六佐領置一人。佐領、百五十丁一人，或二百丁、或二百五十丁置一人。驍騎校，如佐領數。並佐扎薩克董理民事。回部哈密一旗扎薩克、協理台吉、管旗章京、副章京各一人，參領二人，佐領十有三人。吐魯番一旗扎薩克一人，協理台吉二人，管旗章京一人，副章京、參領各二人，佐領十有五人，伯克十人。所掌如蒙古制。

初定扎薩克綜理旗務，依內八旗編制，置管旗章京以次各官。順治十六年，置佐領、驍騎校百五十丁一人。嗣有所增益。十八年，定管旗章京、副章京員限。如前所列。雍正初，平青海，編旗置官如故事。

西藏達賴喇嘛一人，駐拉薩。掌全藏政令；班禪喇嘛一人，駐扎什倫布。掌後藏寺院與其教民：並受成於駐藏大臣。其屬：輔國公，一等台吉，各一人。前藏唐古特三品噶布倫四人。掌綜理藏務。內一人喇嘛充補，不給頂戴。四品仔琫三人。掌稽商上事務。凡喇嘛庫藏出納之所曰商上。四品商卓特巴三人。掌庫務。五品葉爾倉巴、掌糧務。朗仔轄、掌治拉撒番民。協爾幫、掌刑名。碩第巴、掌治布達拉番民。六品達琫、掌馬廠。大中譯，各二人。六品卓尼爾、七品小中譯，各三人。以上三員，並掌噶廈事務。凡噶布倫議事之所曰噶廈。四品戴琫六人。五品如琫十有二人。六品甲琫二十有四人。七品定琫百二十人。第巴十有三人。管草一人，糌粑、柴、帳房各二人，門、牛羊廠各三人。五品邊營官二十有三人。江卡、喀喇烏蘇、官覺、補人、工布碩卡、絨轄爾營各一人。堆噶爾本、錯拉、拍克里、定結、聶拉木、濟嚨、博窩、達巴喀爾營各二人。喇嘛營一人，無頂戴。下同。大營官十有九人。桑昂曲宗、工布則崗、昔孜、協噶爾、納倉營各一人。乃東、瓊結、貢噶爾、嵛孜、江孜營各二人。喇嘛營四人。六品中營官五十有九人。角木宗、打孜、作崗、江達、古浪、沃卡、曲水、突宗、僧宗、雜仁、鎖莊子、奪營，直谷、朗營，墨竹宮、卡爾孜、文扎卡、達爾瑪、聶母、拉噶孜、嶺營，嶺喀爾營各一人。洛隆宗、巴浪、仁本、仁孜、朗嶺、宗喀、撒噶、達爾宗、碩般多營各二人。桑葉、冷竹宗、茹拖、結登、拉里、沃隆、轄魯、策堆得、納布、錯朗、羊八井、麻爾江喇嘛營各一人，喇嘛營七人。七品小營官二十有五人。雅爾堆、拉歲、頗章、扎溪、色營，堆冲、汪墊、甲錯，瓊科爾結、蔡里、扎稱、折布嶺、扎什、洛美、嘉爾布營各一人。金東、撒拉、浪蕩、拉康、曲隆、朗茹、里烏、降、業黨、工布塘喇嘛營各一人。後藏唐古特三品大營官四人。拉孜喇嘛營二人。練金龍喇嘛營各一人。六品中營官十有七人。昂忍喇嘛營二人。仁侵孜、結侵孜寺、帕克仲、翁貢寺、千殿熱布結寺、托布甲、里卜、德慶熱布結寺、絨錯、央、葱堆喇嘛營各一人。脅、千壩營各一人。喇嘛營二人。七品小營官十有六人。彭錯嶺喇嘛營二人。倫珠子、拉耳塘寺、達爾結、甲冲、哲宗、擦耳、晤欲、磙洞、科朗、扎喜孜、波多、達木牛廠喇嘛營各一人。凍噶爾、扎苦營各一人。僧官有國師、禪師、扎薩克大喇嘛、扎薩克喇嘛、大喇嘛、副喇嘛，並堪布監督之。藏地分衞、藏、喀木、阿里四部，各置噶布倫治其地，職任綦重。仔琫以降，爲佐理國事官。戴琫以降，爲各城典兵官。邊營官以降，爲各城治民官。自國師至喇嘛，專司教事。置駐藏大臣轄之。昉自雍正三年，然猶未與達賴、班禪抗衡也。至乾隆五十七年，噶布倫以下始歸約束，大臣職權迺與埒。並增戴琫一人，原置五人，至是始定。如琫十有二人，定琫百二十人，陞補各按其等差。其噶廈、小中譯、卓尼爾，擇東科譯言世家子弟。優秀者爲之。

土司各官　明代土司，淫昏暴戾，播州、水西、藺州、麓川，邊患如櫛。清鑒前轍，迭議歸流。曩昔土司隸外藩二，隸行省七。康、雍之盛，湖北散毛、舊爲宣撫司，轄大旺安撫司，東流，臘壁二長官司。雍正十三年改來鳳縣。施南、舊爲施州衞，轄忠建、忠孝二宣撫司，忠路、忠峒、東鄉五路、高羅、龍潭、金峒各安撫司，木册、上愛茶峒、下愛茶峒、鎮南、搖把峒、鎮遠蠻彝、隆泰蠻彝、西萍蠻彝、劍南、思南、唐崖各長官司。雍正十三年改置恩施、宣恩、咸豐、利川四縣。容美，舊爲宣慰司，轄盤順水、盡源、通塔坪各安撫司，椒山、瑪瑙、石梁、下峒、下岡、平茶、五峰、石寶各長官司。雍正十三年改置鶴峰州長樂縣。湖南永順、舊爲宣慰司，轄施溶安撫司，下峒、田家峒、驢遲峒、臘惹峒、麥著黃峒、白崖峒各長官司，南渭、上溪二土官。雍正七年改置永順、龍山二縣。保靖、舊爲宣慰司，轄五砦、算子坪二長官司。雍正七年改縣。桑植舊爲安撫司。轄美坪、朝南、那步、人士、黃河、魚龍、夾石、苦南、桿坪、蠶寮、金藏、拓山、爛洞、黃家、板山、龍潭、書洛十七峒，安福所上、下二峒。雍正七年改縣。及永綏、六里紅苗地。雍正八年改流官。乾州、鳳凰營，算邊紅苗地。康熙四十三年改流官。並以生苗內附，列爲郡縣。四川建昌、舊爲指揮司。順治初改衞。雍正四年置寧遠府。松藩、舊爲衞。雍正九年改流。天全、舊爲六番招討司。雍正七年改流。打箭爐，舊爲長河西魚通安遠宣撫司。雍正七年改流。廣西鎮安、舊爲土府。康熙二年改流。泗城，舊爲州。順治十五年陞府。尋爲土府。雍正五年改流。雲南開化、舊爲教化、王弄、安南三長官司。康熙六年改流。昭通、舊爲蒙地。雍正五年自四川來隸。明年改流。麗江、舊爲土府。雍正初改流。鎮沅、舊爲土州。雍正三年改流。四年自四川來隸。蒙化、舊爲土府。康熙四年改流。威遠，舊爲土州。雍正三年改流。明年自四川來隸。貴州威寧、舊爲水西宣慰司。康熙元年置黔西府，改比喇塔爲平遠府，大方城爲大定府，四川馬撒爲威寧。來隸後，改黔西諸府爲州，幷隸威寧。郎岱、雍正九年改流。歸化、康佐及仲苗地。雍正十二年改流。永豐，舊爲安籠長官司地。雍正五年改流。因時損益，徧置流官。乾隆以降，大小金川重煩兵力。酉陽、舊爲宣慰司。乾隆元年改流。石硅，舊爲宣撫司。二十七年改流。猓猓全革，猛緬炎荒，翕然內向。十三年改置緬寧廳。滇南邊徼，聞風震讋。三十一年討平莽匪，諸部內附，分置整賣、景線諸司。詳後。嘉、道之世，貴州守備、嘉慶二十五年省歸化廳屬一人。道光元年省安順府屬一人。四年省普安廳屬一人。十二年省普定縣屬一人。千總、道光元年省安順府屬二人。四年省歸化廳屬生苗枝、册亨州同屬上分亭各一人。十年省普安縣屬上五苑枝一人。把總，道光元年省普定縣屬五人，郎岱廳屬六枝一人。四年省洛何枝、册亨州同屬下分亭各一人。六年省平遠縣屬一人。八年省貞豐州羅浪亭一人。二十年省長塞廳一人。裁損尤多。光、宣之際，雲南富州、鎮康，四川巴塘、裏塘、德爾格忒、高日、春科、瞻對、察木多，置吏一依古事。改巴塘曰巴安直隸廳經歷，駐鹽井。裏塘曰順化縣巡檢，駐中渡河。鄉城曰定鄉縣縣丞，駐稻壩。並隸邊務大臣。兼轄明正、霍耳、五家、道塢、冷磧諸蠻部。廣西忠州、南丹、萬承、茗盈、全茗、結安、鎮遠、江州、下石西、上下凍、下雷、那地各州，羅白一縣，古零、定羅、安定、下旺諸巡司，永定長官司，永順副司，遷隆峒土官，停其襲職。向武、都康、安平、憑祥、思州諸州，上林、忻城、羅陽諸縣，東蘭、鳳山州同，上龍、白山、興隆諸巡司，代以漢官。覈衡厥實，隴沿舊制，湘、楚廓淸，滇、蜀改流，十之三四。黔、桂長官州、縣，以今況往，弱半僅存，詳稽志乘，尚百數十。敍其世繫，與其土地，凡武職非世襲，及番部僧官，附輯於後，庶有所考焉。

甘肅指揮使司：指揮使八人。正三品。平番縣屬三人：連城，順治元年魯宏襲；大營灣，九年魯之鼎襲；古城，十八年授魯大誥指揮同知，歲餘改襲。西寧府屬三人：南川，順治三年授納元按指揮僉事，雍正八年改襲；寄彥才溝，順治五年祁廷諫襲；北川，八年陳師文襲。河州屬一人：韓家集，舊爲外委，乾隆六年韓世改襲。狄道州屬一人：臨洮衞，順治十六年趙樞勷襲。指揮同知七人。從三品。碾伯縣屬四人：趙家灣，順治元年趙瑜襲；上川口，五年李天俞襲；老鴉堡，六年阿世慈襲；勝番溝，祁國屏襲。平番縣屬一人：西大通峽口，魯培襲。俱九年授。西寧縣屬一人：起塔鎮，十年李珍品襲。河州衞沙馬族一人：順治二年何永吉襲。指揮僉事八人。正四品。洮州府屬一人：資卜，順治元年昝承福襲。平番縣屬一人：紅山堡，二年魯典襲。西寧縣屬二人：乩迭溝，十五年吉天錫襲；西川舊爲外委，康熙四十年汪陞龍改襲。碾伯縣屬三人：米拉溝，康熙十四年冶鼎襲；美都溝，三十七年甘廷建襲；朱家堡舊爲外委，四十一年朱廷珍改襲。又洮州卓泥堡一人：舊爲外委，四十五年楊朝樑改襲。千戶七人。正五品。河州保安撒喇四房、保安撒喇五族，平番，武威，永昌，古浪，碾伯各一人。副千戶二人。從五品。平番、洮州各一人。百戶九人。正六品。循化亂藏一人。平番、碾伯各二人。岷州四人。西寧千戶一人。巴彥南稱族。百戶二十有三人。蒙果爾津族、邕希葉布族、蘇魯克族、尼牙木錯族、庫固察族、稱多族、下扎武族、下阿拉克沙族、上隆壩族、下隆壩族、蘇爾莽族、多倫尼托克安都族各一人。阿里克族、扎武族各二人。格爾吉族三人。玉樹族四人。百長二十有六人。在黃河、大江、鴉礱江、瀾滄江、怒江各地。西藏百戶十有五人。納克書貢巴族、納克書色爾查族、納克書畢魯族、納克書奔頻族、納克書拉克什族、納克書達格魯克族、卭布納克魯族、依式夥爾族、勒納夥爾族、夥爾遜提麻爾族、上岡噶魯族各一人。卭布噶魯族、卭布色爾查族各二人。百長五十有二人。喀喇烏蘇河南岸各地。

四川宣慰使司：宣慰使七人。從三品。天全州屬一人：穆坪董卜韓胡，順治元年，堅參喃哈襲。茂州廳屬一人：瓦寺，九年授曲翊伸安撫司，康熙五十年論隨征西藏功，加桑朗溫愷宣慰司銜，嘉慶元年即眞。雜谷廳屬一人：梭磨，雍正元年授長官司，乾隆十五年陞安撫司，三十六年論隨征金川功，斯丹巴改襲。打箭爐廳屬四人：明正，康熙五年蛇蜡喳吧襲；布拉克底，四十年授綽布木淩安撫司，乾隆三十九年其孫阿多爾改襲；巴旺，乾隆二十九年綽布木淩長子囊索襲；德爾格忒，雍正六年授丹巴七立安撫司，十一年改襲：宣撫使司：宣撫使五人。從四品。越嶲廳屬一人：卭部，康熙四十二年嶺南柱襲。西昌縣屬一人：沙麻，四十九年安鞏威襲。打箭爐廳屬三人：綽斯甲布，康熙四十一年授資立安撫司，乾隆四十年論隨征金川功改襲；裏塘，康熙五十七年江擺襲；巴塘，五十八年羅布阿旺襲。安撫使司：安撫使十有六人。從五品。茂州廳屬一人：長寧，順治九年蘇廷輔襲。懋功廳屬一人：鄂克什，舊名沃日，十五年授巴碧太灌頂淨慈妙智國師，乾隆二十年色達拉改襲。鹽源縣屬二人：瓜別，康熙四十九年玉珠迫襲；木里，雍正八年六藏塗都襲。打箭爐廳屬十二人：單東革什咱，康熙三十九年魏珠布策淩襲；喇嚷，四十九年阿倭塔爾襲；其雍正六年授者，霍爾竹綏，索諾木袞卜襲；霍耳章谷，羅卜策旺襲；瓦述餘科，沙克嘉諾爾布襲；霍耳甘孜孔撒，麻蘇爾特親襲；霍耳甘孜麻書，那木卡索諾木襲；霍耳咱，阿克旺錯爾恥木襲；春科，桑卜旺扎爾襲；林葱，袞卜林親襲；上納奪，索諾木旺扎爾襲；下瞻對，策淩卜襲。副使二人。從六品。喇嚷、春科各一人。長官司長官三十有七人。正六品。敍州府屬蠻夷、泥溪、平夷、沐川。龍安府屬陽地隘口。寧遠府屬威龍州、普濟州、河東、阿都、昌州、馬喇、邛部。雅州府屬沈邊、冷邊。瀘州廳屬九姓。打箭爐廳屬瓦述色地、上瞻對、茹，後隸西藏。瓦述毛丫、瓦述崇善、瓦述曲登、瓦述嗰嚨、納林沖、瓦述更平、霍耳白利、霍爾東科、春科高日、蒙葛使結。理番廳屬從噶克、卓克采、丹壩各一人。副長官一人。正七品。阿部。千戶四十有一人。咱理松坪、雙則紅凹寨、班佑寨、川柘寨、佘灣寨、祈命寨、寒盼寨、商巴寨、谷爾壩、那浪寨、竹當寨、包子寺寨、甲多寨、墨蒼寨、阿强寨、呷竹寺、丟谷寨、雲昌寺、沙壩、阿里洞寨、峨眉喜寨、七布寨、毛革阿按寨、麥雜蛇灣寨、酥州、黎溪州、迷易所、鹽井衞中所、左所、右所、古柏樹、瓦述寫達、瞻對峪納、上納奪、中郭羅克、押落寨、中阿樹、上瞻對、撒墩木期、古土拖車、阿朵阿與各一人。百戶百五十有九人。打箭爐廳屬八十有三人。松潘廳屬四十有一人。冕寧縣屬十有三人。馬邊廳屬六人。茂州屬四人。鹽源縣屬、會理州屬各二人。清溪縣屬、峨邊廳屬各一人。

廣西長官司：長官二人。慶遠府屬永定、永順各一人。副長官司：二人。永順。

雲南指揮使司：指揮使二人，普洱府屬孟艮，古孟揹，召丙襲；整欠，叭光捧襲。俱乾隆三十一年授。指揮同知一人。廣西州屬猛龍，乾隆三十一年叭護猛襲。宣慰使司：宣慰使一人。普洱府屬車里，古產里，順治十八年刀穆禱襲。乾隆三十八年省，四十二年復故。土地十三版納：寧洱縣五，思茅廳八。宣撫使司：宣撫使七人，直隸耿馬一人：罕悶搖襲。騰越廳屬三人：南甸，古南宋，刁呈祥襲；隴川，古平緬，多安靖襲；干崖亦曰平賴睒，渠瀾睒，刁建勳襲。俱平滇後授。永昌府屬一人：孟連亦曰哈瓦，舊爲長官司，康熙四十八年刁派鼎改襲。普洱府屬二人：整賣，召納提襲；景線，呐賽襲。俱乾隆三十一年授。古八百媳婦國地。副使三人。騰越廳屬猛卯、盞達，龍陵廳屬遮放，各一人。安撫使司：安撫使二人。龍陵廳屬潞江，古怒江，甸線有功襲。芒市，唐書「芒施蠻」，放愛衆襲。俱平滇後授。長官司：長官三人，騰越廳屬戶撒臘撒，臨安府屬納樓，茶甸，各一人。副長官司二人。大理府屬十二關，臨安府屬虧容甸，各一人。土千戶一人。虧容甸。

貴州長官司：長官六十有五人。貴陽府屬中曹、養龍、白納、虎墜，定番州屬程番、小程番、上馬橋、盧番、方番、韋番、臥龍番、小龍番、金石番、大龍番、木瓜、麻嚮，開州屬乖西，龍里縣屬大谷龍、小谷龍、羊腸，貴定縣屬平伐、大平伐、小平伐、新添，修文縣屬底寨，永寧州屬頂營、慕役、沙營，平越府屬楊義，黃平州屬巖門，都勻府屬都勻、邦水、麻哈州屬樂平、平定，獨山州屬豐寧上、豐寧下、爛土，鎮遠府屬偏橋，鎮遠縣屬邛水，思南府屬隨府辦事、蠻夷、沿河、祐溪、朗溪，思州府屬施溪，銅仁府屬省溪、提溪、烏羅、平頭，黎平府屬潭溪、八舟、龍里、中林、古州、新化、歐陽、亮寨、湖耳、洪州，各一人。思州府屬都平、都素、黃道，各二人。副長官司：十有九人。白納、木瓜、乖西、底寨、都勻、蠻夷、都素、沿河、祐溪、朗溪、省溪、提溪、烏羅、平頭、歐陽、湖耳、洪州、鎮寧縣屬康佐，石阡府屬石阡，各一人。偏橋左、偏橋右，各二人。邛水一人，後改七品土官。

四川土通判二人。石砫廳屬一人：順治元年授馬祥麟宣慰司，乾隆間，孔昭緣事降。雜谷廳屬一人：陽地隘口，順治六年王啓睿襲。土知事一人。龍安府屬龍溪堡，順治六年薛兆選襲。土巡檢二人。茂州屬牟托水、草坪，各一人。副巡檢一人。茂州竹木坎置。

廣西土知州二十有五人。歸順直隸州屬一人：上映，順治元年許國泰襲。慶遠府屬二人：南丹，是歲莫自乾襲；那地，九年羅德壽襲。並古蠻地。南寧府屬三人：歸德，莫道襲；果化，趙國鼎襲；忠州，黃光聖襲。鎮安府屬三人：下雷，許文明襲；向武，黃嘉正襲。俱元年授。都康，馮太乙襲，九年授。太平府屬十有六人：下石西，閉承恩襲；田州，岑廷鐸襲。俱元年授。萬承，許嘉鎮襲；思陵，韋懋選襲；憑祥，李維藩襲；太平，唐波州地，李開錦襲；茗盈，李應芳襲，全茗，許家麟襲；結安，張邦興襲；佶倫，馮家猷襲；龍英，趙廷耀襲；都結，農廷封襲；江州，黃廷傑襲；上下凍，趙應錩襲；鎮遠，趙秉業襲。俱十六年授。其田州，光緒元年改流，置恩隆縣。土州同一人。東蘭州，順治九年韋光祚襲知州。雍正七年，朝輔緣事降普安州。康熙四十一年廢。土知縣四人。百色廳屬一人：上林，順治元年黃國安襲。慶遠府屬一人：忻城，九年莫猛襲。太平府屬二人：羅陽，黃啓祚襲；羅白，梁徵鼐襲。俱十六年授。土州判一人。舊土田州地。乾隆七年析置陽萬，一人。光緒五年改流。置恩陽分州。土巡檢九人。太平府屬上龍司，思恩府屬白山司、興隆司、定羅司、舊城司、安定司、都陽司、古零司，百色廳屬下旺司，各一人。從九品土官一人。思恩府轄。其不管理土峝者，正六品土官二人，從六品、正八品、正九品土官各一人，從九品土官一人，未入流土官二人。

雲南土知府二人。永昌府屬孟定，古景麻甸，罕朱襲；永寧，阿鎮麟襲。俱順治元年授。後永寧改隸永北。其景東、蒙化二人，俱康熙四年改流。土同知一人。隸廣南府，順治十六年儂鵬襲。土知州四人。永北廳屬一人：蒗蕖，康熙間改土舍，道光十七年阿爲柱改襲。永昌府屬一人：灣甸，古細睒，景文智襲。明史誤「刀」姓。鎮康州一人：古石睒，刀悶達襲。明史誤「刀孟」。俱順治十六年授。土州同三人。永北廳屬順州，于祿祥襲。鎮南州，段光贊襲。姚州，高顯爵襲。俱順治十六年授。州同職銜一人。隸武定州。順治十六年授那天寵暮連鄉土目。雍正八年陞那德洪千戶。同治元年那康保改襲。土州判二人。鎮南州，順治十六年陳昌虞襲。新興州，康熙二十二年王鳳襲。土知事一人。景東廳，順治十六年陶啓濱襲。土縣丞五人。楚雄、平彝、新平、蒙化廳、南澗各一人。土主簿二人。雲南、孟遠縣各一人。土典史一人。浪穹縣置。土巡檢十有九人。羅次縣練象關，祿豐縣南平關、湯郎馬，趙州定西嶺，浪穹縣蒲陀崆、鳳羽鄉、上江嘴、下江嘴，鄧川州青索鼻，雲龍州箭桿場，臨安府納更山，廣通縣回磴關、沙矣，舊景東廳保甸、三岔河，順寧府猛猛、大猛麻，鶴慶州觀音山，鎮南州阿雄關、鎮南關，各一人。土驛丞三人。鶴慶州在城驛、板橋驛、觀音山，各一人。其不管理苗裔村寨者，土通判二人，麗江府、鶴慶州，各一人。正八品土官一人。嘉慶三年省經歷置。

貴州土同知二人。鎮遠府屬一人：何大昆襲。獨山州屬一人：蒙一龍襲。俱順治十五年授。土通判、鎮遠府，順治十五年楊世基襲。土推官，鎮遠府，順治十五年楊秀璋襲。各一人。土縣丞五人。安化、印江、餘慶縣，各一人。甕安縣屬甕水司、草塘司，各一人。土主簿二人。安化、餘慶縣，各一人。土吏目一人。黄平州重安司。土巡檢二人。永寧州盤江、安化，各一人。其不管理土峝者，正六品、正七品土官各一人，正八品土官三人，正九品、從九品土官各二人。右文秩凡七階。承襲、革除、陞遷、降調隸吏部。

四川土游擊，駐越嶲廳煖帶密。康熙四十九年授嶺安泰千戶。同治二年改襲。土都司，駐越嶲廳松林地。康熙四十九年授王德洽千戶。同治二年改襲。各一人。屯守備十有二人。撫邊屯屬一人：攢拉別思滿阿忠本襲。章谷屯屬一人：攢拉宅龔阿安本襲。崇化屯屬一人，促浸河西固拉約爾瓦襲。懋功屯屬二人：攢拉八角碉木塔爾襲，攢拉漢牛工噶襲。松潘廳屬四人，雜谷腦沙加豆日襲，上孟董美諾更噶豆日襲，下孟董沙馬班馬襲，九子寨楊阿太襲。乾保寨二人：阿忠暨阿忠保襲。俱乾隆間授。土千總七人。西昌縣屬河西，雷波廳屬千萬貫，峩邊廳屬瞻巴家、哈納家、蛩瓜家、魁西家，各一人。屯千總十有九人。促浸河西三人。雜谷腦、乾保寨、上下孟董、九子寨、促浸河東各二人。攢拉八角碉、攢拉漢牛、攢拉別思滿、攢拉宅龔，各一人。土把總七人。河西、千萬貫、瞻巴、納哈、魁西，各一人。蛩瓜二人。屯把總三十有四人。促浸河西六人。雜谷腦、乾保寨、上下孟董、九子寨，各四人。攢拉漢牛、攢拉別思滿、促浸河東，各二人。攢拉八角碉、攢拉宅龔，各一人。

雲南土都司一人。駐鎮邊府大雅口。光緒十三年錄李芝龍隨征倮黑功授職。土守備五人。思茅廳屬二人：六本猛齋襲，景海猛彪襲。俱乾隆十三年授。騰越廳屬一人：茨竹寨，是歲授左正邦把總。道光二十一年，錄大雄隨征雲州烏土各寨功改襲，加明光宣慰司銜。鎭邊廳屬二人：鑾海，咸豐十年授石朝龍把總，光緒十三年，錄大余隨征倮黑功改襲。大山，咸豐九年授石麟千總，光緒十三年，錄朝鳳平東王倮匪功改襲。土千總十有八人。雲龍州老窩六庫，維西廳奔子欄、阿墩子，思茅廳猛遮，寧洱府普籐、猛勇，威遠廳猛戞，騰越廳杉木籠隘，保山縣登梗、魯掌，永北廳羊坪，鎭邊廳猛角 猛董、圈糯、黃草嶺，新平縣斗門、磨沙補哈，順寧府猛撒，各一人。土把總三十有六人、雲龍州漕澗，臨安府稿吾卡，維西廳奔子欄，臨城瀾滄江、其宗喇普，思茅廳倚邦、猛遮、易武、猛臘、六順、猛阿、猛籠、橄欖壩，寧洱縣猛旺、整董，他郎廳儒林等里、定南等里，威遠廳猛戞、猛班，騰越廳大塘隘、明光隘、古勇隘，保山縣卯照，鎭邊廳下猛、引賢官寨、兼募迺寨、東河，元江州永豐里、茄革里，新平縣喇博、他旦、老是達巖、旺瓦遮宗、哈正掌寨，各一人。又寧洱縣猛烏、烏得，各一人，光緒二十一年，割隸法蘭西。

甘肅土守備一人。洮州廳資卜族，世繫無考。土千總十有六人。寄彥才溝、西川、起塔鎭、趙家灣、美都溝、米拉溝，西寧縣陳家臺、納家莊，各一人，資卜、勝番溝，各二人，上川口四人。土把總二十人。寄彥才溝、陳家臺、納家莊、起塔鎭、西川、趙家灣、美都溝、米拉溝，各一人，資卜二人，勝番溝四人，上川口六人。

貴州土千總十人。貴陽府屬青巖、吉羊枝，龍里縣屬大谷龍、羊腸，麻哈州屬養鵝，都江廳屬順德、歸仁，丹江廳屬雞講、黃茅、烏叠，各一人。土把總一人。小谷龍。其不管理村寨者，湖北世襲千總銜十人。江夏縣屬四人。漢陽縣屬、孝感縣屬各三人。把總銜五人。漢陽一人。孝感四人。湖南千總銜十有三人。石門縣屬、慈利縣屬各六人。永定縣屬一人。把總銜五十有二人。石門縣屬二十有二人。慈利縣屬二十有六人。桑植縣屬二人。龍山縣屬、永定縣屬各一人。貴州六品武土官二人。貴陽府屬、思南府屬各一人。七品武土官四人。鎮遠府屬三人。石阡府屬一人。右武秩凡五階。承襲、革除、陞遷、降調，隸兵部。

武職非世襲者，雲南土守備三人。麗江府一人。中甸、迭巴二人。土千總七人。麗江府二人。大中甸神翁、小中甸神翁、中甸江邊神翁、中甸格咱神翁、中甸泥西神翁，各一人。土把總十有五人、中甸迭賓五人。小中甸迭賓、中甸江邊迭賓，各二人。中甸格咱迭賓、中甸泥西迭賓，各三人。土官二十有六人。中甸廳轄二十三人。麗江府木氏轄三人。初皆世襲。雍正二年改拔補。

番部僧官　甘肅珍珠族國師、禪師，化族國師，靈藏族禪師，各一人。初隸河州。後珍珠、靈藏屬循化，餘雜處二十四關。禪定寺禪師，嘉慶十九年無人襲。由土司兼轄，隸洮州。番寺禪師，同治間回變後，不修職貢。各一人。垂巴寺、轄番人十族。著洛寺、轄番人二十三族。麻儞寺轄番人二十一族。僧綱，圓成寺、轄番人四族。閻家寺後無人襲。僧正，各一人。

清史稿卷一百十八

志九十三

職官五 內務府

內務府 行宮園囿 御船處等 官學 武英殿修書處 上駟院 武備院 奉宸苑 盛京內務府 宦官

內務府 總管大臣，無員限。滿洲大臣內特簡。初制從二品。乾隆十四年定正二品。其屬：堂郎中，主事，各一人。筆帖式三十有六人。廣儲司總管六庫郎中四人。內二人由各部員司兼攝。銀、皮、磁、緞、衣、茶六庫郎中四人。銀庫二人，兼司皮、磁二庫。緞庫二人，兼司衣、茶二庫。員外郎十有八人。庫各二人，兼攝各一人。六品司庫六人，庫各一人。八品司匠六人，銀、磁、衣三庫各二人。副司庫十有二人，庫使八十人。俱無品級。織造，蘇州、杭州各一人，司員內奏簡。六品司庫各一人，庫使、筆帖式各二人。會稽、掌禮、都虞、愼刑、營造、慶豐六司，郎中十有二人，司各二人。員外郎三十有二人。會稽、都虞、慶豐各五人，掌禮、營造各六人，愼刑四人。主事各一人。催長二十有三人，廣儲八人，會稽五人，都虞四人，掌禮、愼刑、營造各二人。自八品至無品級不等。副催長十有三人，廣儲、都虞各四人，會稽三人，掌禮、愼刑，營造各二人。自九品至無品級不等。委署催長一人，司匠二人。俱無品級。營造司置。錢糧衙門亦曰管理三旗銀兩處。郎中一人，員外郎四人，催長、副催長各三人。俱九品。司組官四人，正六品。讀祝官四人，學習三人。贊禮郎十有三人，學習四人。俱六品銜食七品俸。八品催長一人，果房掌果、副掌果各二人，果上人十有二人，催長一人。俱九品。自司組以下隸掌禮司。木、鐵、房、器、薪、炭六庫庫掌，副庫掌，各三人。庫守五十有五人。木、房二庫各十有一人，炭庫八人，鐵庫四人，器、薪二庫，圓明園薪炭庫各七人。無品級。鐵作、漆作司匠，八品銜。委署司匠，俱各一人。爆作庫掌、副庫掌各一人。俱未入流。隸營造司。牛羊羣牧值年委署主事一人。六品銜食筆帖式原俸。隸慶豐司。官房租庫庫掌一人，庫守三人。內管領掌關防一人，郎中充。協理二人。員外郎充。內管領、初制正五品。道光二十五年改從五品。副內管領正六品。各三十人。庫掌十有五人，菜庫六人，車庫五人，酒、醋、房、器庫各二人。倉長十有三人。官三倉六人，外餑餑房三人，內餑餑房、器倉、糖倉、米倉各一人。俱無品級。養心殿造辦處郎中、員外郎各二人，主事一人，六品庫掌六人，副庫掌十人，八品催長十有四人。其兼轄者：圓明園活計處副庫掌四人，副司匠九人。俱無品級。中正殿員外郎、副內管領三十額內題補。各二人，無品級催長一人。寧壽宮郎中、員外郎各二人；主事、委署主事各一人。武英殿修書處正監造員外郎、副監造副內管領、六品庫掌、委署主事各一人，七品銜庫掌二人。御書處正監造司庫六品銜食七品俸。一人，副監造庫掌六品銜食八品俸。二人，七品銜副庫掌六人。茶膳房一、二、三等侍衛，一等三品，二等四品，三等五品。尚膳正各三人，四品。尚茶正各二人，四品。尚膳副、尚茶副、俱五品。主事俱各一人。膳上侍衛十有三人，茶上侍衛八人，俱六品。主事、委署主事各一人，承應長十有三人，庖長八人，庫掌五人，庫守十有六人。承應長以下，給虛銜金頂。御藥房初以總管首領太監管理。康熙三十年始來隸。主事一人，七品銜庫掌二人，委署主事、催長各一人。火藥庫庫掌二人。各處筆帖式二百有七人。自養心殿以下，並簡大臣領之，與內府大臣同爲內廷右職。其兼攝者：昇平署、官房租庫、犧牲所司員各二人。保和、太和、中和三殿司員、內管領各一人。壽康宮、慈寧宮花園司員各二人。御藥房內管領一人，副內管領二人。總理工程處司員無恆額。查覈房、督催房、彙稿處，並遴司員分涖其事。

總管大臣掌內府政令，供御諸職，靡所不綜。堂郎中、主事掌文職銓選，章奏文移。廣儲掌六庫出納，織造、織染局隸之。會稽掌本府出納，凡果園地畝、戶口徭役，歲終會覈以聞。掌禮掌本府祭祀與其禮儀樂舞，兼稽太監品級，果園賦稅。都虞掌武職銓選，稽覈俸讓恩卹，珠軒歲納，佃漁歲輸，並定其額以供。愼刑掌本府刑名，依律擬罪，重讞移三法司會訊題結；番役處隸之。營造掌本府繕修，庀材飭工，帥六庫三作以供令。慶豐掌牛羊羣牧，嘉薦犧牲。錢糧衙門掌三旗莊賦，治其賞罰與其優卹。內管領處掌承應中宮差務，並稽官三倉物用、恩豐倉餼米。官房租庫掌收房稅。養心殿造辦處掌製造器用。中正殿各司員掌喇嘛唪經。武英殿修書處掌監刊書籍。雍和、寧壽兩宮司員掌陳設汜埽，兼稽宮監勤惰。御書處掌鐫摹御書。御茶膳房掌供飲食。御藥房掌合丸散。犧牲所掌牧養黝牛。總理工程處掌行營工作。凡遇工程，簡勘估大臣、承修大臣，事畢簡查驗大臣。

初制，設內務府，以舊屬司其事。入關後，明三十二衙人附之，設內管領處，置內管領八人。順治三年增四人，十一年增八人，分隸三旗。康熙二十四年增四人，三十年增三人，三十四年增三人。設茶飯處，置總領各三人，飯上人三十有五人，茶上人十有七人，康熙二十年置飯上人委署總領一人。雍正元年定總領授二等侍衛；飯上人授三等侍衛六人，藍翎侍衛七人；茶上人三等侍衛三人，藍翎侍衛四人；復置茶房侍衛內委署總領一人。乾隆八年定三等侍衛內各授一等侍衛一人。十五年改飯房爲外膳房。二十四年改總領爲尙膳正、尙茶正，副總領爲尙膳副、尙茶副。承應長十人，康熙六十一年增一人。雍正元年增一人。庖長三人，康熙五十六年增六人，六十一年增一人。雍正元年增二人。及蘇州、江寧、杭州織造官。光緒三十年省江寧一人。順治十一年，命工部立十三衙門，設司禮、御用、御馬、內官、尙衣、尙膳、尙寶、司設八監，尙方、惜薪、鐘鼓三司，兵仗、織染二局；幷三旗牛羊羣牧處，置員外郎六人。管理牛隻、羊隻各三人。康熙二十三年各增二人。乾隆十四年省入寧壽宮一人。咸豐三年省入愼刑司二人。光緒三十年省一人。明年，改尚方司爲院，置郎中三人，康熙三十一年省一人。員外郎六人，康熙三十八年省一人，六十一年省一人。光緒三十年省四人。催總一人。雍正二年增一人。乾隆二十四年更名催長。下同。十三年，改鐘鼓司爲禮儀監，尚寶監爲司。時猶舊臣、寺臣兼用也。十七年，改禮儀監爲院，置郎中三人，康熙三十八年省一人。員外郎八人，光緒三十年省一人。贊禮郎十有二人，雍正五年增五人。司胙官四人，康熙三十七年增一人。乾隆二十四年改「胙」爲「俎」。光緒三十年省一人。喇嘛唪經處催總一人。乾隆三十三年省。改內官監爲宣徽院，置郎中三人，康熙二十八年省一人。雍正元年增一人。乾隆四十年改隸寧壽宮一人。員外郎六人，光緒三十年省一人。催總八人。康熙間屢有增損。嘉慶十一年定留頂戴催長五人。十八年，御用監設銀、皮、緞、衣四庫，置郎中三人，員外郎八人，庫使四十人。康熙九年增二十人，十四年增二十有四人，明年省四人，二十八年增十有二人。乾隆十二年陞十二人爲副司庫。

康熙元年，誅內監吳良輔輩，復以三旗包衣設內務府，改尚膳監爲採捕衙門，置郎中三人，三十八年省一人。員外郎六人，六十一年省一人。催總四人。幷改惜薪司爲內工部，置郎中三人，三十八年省一人。員外郎六人，十六年增二人。光緒三十年省二人。無品級庫掌十有二人，三十五年增二人。雍正三年增三人，明年增一人。復增置庫守、內副庫掌八人。尋又改爲庫掌、副庫掌各十有二人，礮作庫掌、副庫掌各一人。八品催總一人，雍正四年增。無品級。催總一人，復於領催內增委署三人。乾隆二十四年改委署催總爲委署司匠。庫守五十有九人。三十五年增八人。並置總管大臣，兼以公卿，無專員。三年，置錢糧衙門員外郎六人。咸豐二年省入愼刑司四人。九年，四庫各置六品司庫二人。十二年，置御藥房庫掌二人。明年，總管大臣兼轄內三院。十六年，置堂主事一人。改御用監爲廣儲司，宣徽院爲會稽司，禮儀院爲掌儀司，省牛羊羣牧處入之。置掌果二人，果上人十有二人。尙方院爲愼刑司，採捕衙門爲都虞司，內工部爲營造司。二十三年，又分掌儀司立慶豐司，置郎中二人。乾隆四十年省入寧壽宮一人。五十七年復增一人。是爲七司。至是奄宦之權悉歸於府矣。是歲置內副管領二十人。二十四年增四人，三十年增三人，三十四年增三人。二十五年，茶飯房設乾肉庫，置庫掌一人。三十年增一人，五十八年增二人。雍正五年增一人，十二年增一人。二十八年，廣儲司設瓷、茶二庫，各置員外郞二人，司庫二人，六庫通舊十有二人。光緒三十年省六人。匠役催總六人，乾隆二年增買辦催總二人，二十四年改買辦催總爲催長，匠役催總爲司匠。無品級催總四人，乾隆二十四年改副催長。是爲六庫。明年，改文書館爲武英殿修書處，置監造官六人。雍正二年省，四年復故。乾隆四十七年定正監造爲員外郎，副監造爲副內管領。御書處監造官四人。四十六年增二人。雍正二年省。八年置一人。乾隆四十七年定監造爲司庫。二十五年，暢春園設柴炭庫，置無品級庫掌二人，庫守八人。四十二年，置堂郎中一人。授永定河分司齊蘇勒，陞後未補。四十五年，置掌儀司副掌果二人。六十年，設官房租庫，置庫掌一人。

雍正元年，設錢糧衙門，置郎中一人，堂司委署主事十人。十二年省。乾隆二十二年復故。嘉慶四年增堂上一人。光緒三十年省。留慶豐司一人。明年，設養心殿造辦處，置六品庫掌四人，乾隆三十年增二人。嘉慶四年增四人。光緒三十年省四人。御書處庫掌一人，乾隆四年增二人。四十七年改一人爲副監造。稽查御史一人。十一年省。乾隆三年改由都察院派員稽查。三年，置錢糧衙門無品級催總一人。七年增一人。乾隆四年增一人。復於領催內增副催總三人。二十四年改副催長。嘉慶三年留頂戴催長、副催長各三人。四年，置茶飯房主事一人。改都虞司承辦鮮魚歸掌儀司，增催總一人。八年增一人。乾隆八年增置承辦薑蒜領催、內副催總二人。二十四年更名副催長。十三年，復置坐辦堂郎中，省督催所入之。乾隆元年，置錢糧衙門主事一人。四十年改隸寧壽宮。五年，置造辦處專管庫務官、造辦事務官各一人，御藥房主事一人。七年，置御書處庫掌二人，八年增一人，十五年增一人，四十四年增二人。官房租庫委署主事一人。尋省。十二年，六庫置委署司庫各二人，尋改爲副司庫。二十三年，改造辦處庫務事務官爲郎中，各置一人，員外郎二人，主事、委署主事各一人，御藥房委署主事一人。二十六年，置總理工程處委署主事一人。後改司員兼管。四十年，置寧壽宮郎中、員外郎各二人，主事一人。咸豐六年，增置讀祝官四人。故事，內府讀祝官咨取太常寺贊禮郎爲之，至是始定員缺。宣統元年，避上諱改掌儀司曰掌禮。

初制，司吏、宣徽、禮儀、尙方諸院，置總理，左、右協理各一人。御用、御馬、尙衣、尙膳諸監，置都管，左、右副管各一人。尙寶、惜薪二司，置都知，左、右參知各一人。司設、兵仗二局，置總轄，左、右佐轄各一人。文書館，置承制，左、右僉承各一人。後俱省。

東陵所屬盤山總管一人。從五品。乾隆二十九年置。內圍千總、六品。委署千總七、八品兼用。各七人。外營千總一人，把總七人。分駐盤山、燕郊、白澗、桃花寺、隆福寺、大興莊、嚳髻山。

西陵所屬黃新莊總管一人。乾隆二十九年置。內圍千總、委署千總、外營把總各四人。分駐黃新莊、半壁店、秋蘭村、梁格莊。

湯泉所屬總管一人。康熙五十四年置八品總領。乾隆六年改置。苑丞、六品銜食八品俸。嘉慶十七年置。苑副未入流。各一人。內圍千總、委署千總各六人，外營把總九人。分駐石槽、三家店、密雲縣、要亭、羅家橋、懷柔縣。自盤山以下各千總，俱乾隆間置。

熱河所屬總管、康熙四十二年置。乾隆十六年定爲本府額外郎中。二十一年改佐領職銜。三十五年給四品職銜。光緒三十年省歸都統管。副總管乾隆二十一年置，定爲郎中職銜。三十五年增三人，秩定五品，後改苑副。光緒三十年省。各一人。苑丞、乾隆五十四年改苑副置。苑副乾隆三十五年後置三人，四十五年增一人。五十四年改苑丞。嘉慶十八年後，復以千總十人改置。二十年增一人。二十四年定與千總互爲轉補。自是員額無恆制。道光十八年省四人，二十八年又省四人。各四人。內圍千總十有八人，乾隆九年置。道光十二年省二人，十八年又省二人。委署千總二十有八人。道光九年省七品一人。十八年省七品、八品各十有二人。千總、委署千總分駐兩間房、巴克什營、長山峪、王家營、喀喇河屯、釣魚臺、黃土坎、中關、十八里臺、汰波洛河屯、張三營、吉爾哈郎園。

總管以下掌翊衞行宮，稽察陳設。千總以下掌典守器物，稽察內圍，董帥氾埽。

圓明園總管事務大臣，無員限。特簡。其屬：郎中、主事各一人，員外郎二人，苑丞六人，六、七品兼用。苑副十有六人，七、八品兼用。委署苑副十有三人。九品銜。銀庫、器皿庫委署庫掌一人，庫守十有六人，筆帖式十有四人。雍正元年，置總管大臣。有協理事務官，或奏派，或簡授，無恆額。明年，置總領六人，乾隆十六年，長春園建成，置六品一人。二十四年改苑丞。三十二年增熙春園六品一人。四十六年增春熙院七品一人。嘉慶七年省春熙院一人入熙春園。十六年改暢春園七品一人爲本園苑副。咸豐十年省六品二人。光緒三十年省六品一人。副總領十有二人。乾隆八年增七品、八品各一人。十六年增長春園七品、八品各一人。二十四年改苑副。三十九年增綺春園七品一人。四十五年增春熙院八品一人。嘉慶七年省春熙院一人，改爲本園額缺。十六年復省暢春園八品一人，改爲本園額缺。道光二年省暢春園四人入綺春園。咸豐十年省七品二人、八品三人。光緒三十年省七品一人、八品二人。七年，定總領爲六品戴藍翎，後六、七品兼用。副總領七、八品半之。乾隆六年，置委署副總領二人。十六年增五人。三十二年改委署苑副，復增九人。嘉慶十六年增二人。咸豐十年省二人。光緒三十年省三人。八年，置主事一人。十四年，置庫掌一人，三十八年定爲六品，增七品一人。光緒三十年俱省。委署庫掌一人，三十二年增一人，三十八年省一人。庫守六人。四十六年增十有二人。咸豐十年省二人。二十二年，增置委署主事一人。光緒三十年省。明年，定協理事務郎中、員外郎各一人。道光二年，改暢春園郎中爲綺春園郎中，咸豐十年省。並省其員外郎一人，令專司長春園事。

暢春園總管大臣，無員限。特簡。其屬：苑丞三人，六、七品兼用。苑副五人，八品。委署苑副六人，九品銜。筆帖式三人。康熙間，置郎中一人，道光二年省入綺春園。八品總領三人，四十三年增西花園二人。乾隆五年省一人入靜明園。二十四年改苑丞。三十二年改授六品一人，七品三人。嘉慶十六年省七品一人。無品級總領十人。四十三年增西花園一人。乾隆五年省一人入靜明園。三十二年改委署苑副，額定十有六人。嘉慶十二年省二人入圓明園。道光二年省四人入綺春園。二十九年，置總管大臣。乾隆三十一年，置八品苑副六人。嘉慶十六年省一人入圓明園。

頤和園、靜明園、靜宜園總管大臣，無員限。特簡。其屬：郎中一人，員外郎三人，苑丞十有七人，頤和園十有一人，靜明園、靜宜園各三人，並六、七品兼用。苑副二十有三人，頤和園十有三人，靜明園六人，靜宜園四人，並六、七品兼用。委署苑副七人，靜明園三人，靜宜園四人，俱九品銜。筆帖式十有四人。乾隆十五年，甕山命名萬壽山，建行宮，改金海爲昆明湖。明年更名清漪園。光緒十四年更名頤和園。置八品銜委署總催一人。四十八年陞六品苑丞。十六年，置總理大臣兼領靜明園、靜宜園事，並六品總領一人，十九年增六品二人。二十四年改苑丞。嘉慶五年省一人入靜明園。十年增六品二人。光緒十四年後，移靜明園六品四人、七品六人，賡續置爲本園員額。三十年省六品、七品各二人。七品、八品副總領各二人，十八年增七品六人。二十四年改苑副。咸豐十年省八品一人。光緒十四年後，移靜明園八品八人，賡續置爲本園員額。三十年省八品四人。八品催總一人。二十四年改催長。四十六年陞六品銜苑丞。四十八年定六品秩。十八年，置委署副總領十有二人。尋省六人。咸豐十年省二人。光緒三十年省四人。二十二年，置員外郎一人，兼司靜明園事。二十六年增一人。嘉慶四年，置郎中一人，協理三園事務。明善堂、觀妙堂、西爽村並隸之。其園外鑑遠堂、藻鑑堂、暢觀堂、景明樓、鳳凰墩、治鏡閣、耕織圖，又功德寺，並由大臣遴本處官承其事。玉泉山靜明園初爲澄心園，康熙三十一年更名。置無品級總領一人，乾隆五年增一人，八年定秩七品。二十四年改苑丞。三十四年增六品一人。嘉慶四年增六品一人，明年又增六品一人。道光二十三年省七品一人。光緒十三年增六品四人，七品六人。後省入頤和園。副總領二人。康熙三十年增一人。乾隆五年增一人。九年省入靜宜園一人。十八年定秩八品。二十四年增八品一人，改爲苑副。三十四年增八品二人。嘉慶五年增置七品二人。道光二十三年省八品一人。咸豐十年省八品一人。光緒十三年增八品八人。後省入頤和園。乾隆二十四年，置委署副總領二人。三十四年增二人。嘉慶五年增一人。道光二十三年省二人。靜宜園初爲香山行宮。乾隆十二年更名。乾隆九年，置員外郎一人，道光二十三年省。副總領二人。二十四年改苑副。十年，置八品總領一人，十二年增一人。十六年定秩七品，復增一人。二十四年改苑丞。三十四年增七品一人。四十六年增宗鏡大昭廟六品一人。嘉慶四年增七品二人；尋又增一人。道光二十三年省六品一人，七品二人。無品級副總領一人。十二年增一人。十六年定秩八品，復增一人。二十四年改苑副。三十四年增八品一人。四十六年增宗鏡大昭廟七品一人。四十八年增普覺寺七品一人。道光二十三年省八品三人。咸豐十年省八品一人。二十六年，置委署苑副六人。三十四年增二人。四十年增二人。道光二十三年省四人。咸豐十年省二人。

御船處統領大臣，無員限。兼管司員一人，筆帖式二人，八品司匠一人，八品水手催長四人，八品網戶催長二人。乾隆十六年，改圓明園清漪園御舟事務設御舟處，置統領大臣以次各官。明年，置八品水手催總三人，三十一年增一人。八品網戶催總一人。嘉慶四年增一人。二十四年，改催總爲催長。

管理養鷹狗處大臣，無員限。養鷹鷂處統領二人。侍衞內揀補。藍翎侍衞頭領、副頭領各五人。六品冠戴。養狗處統領二人。藍翎侍衞頭領五人，副頭領十人，六品冠戴九人。七品一人。筆帖式六人。初設養狗處及鷹房、鴉鶻房。乾隆十一年改房爲處。三十一年裁養鴉鶻處。其員額併入鷹上。

咸安宮官學管理事務大臣，本府大臣內特簡。協理大臣，各部院滿尚書內特簡。各一人。總裁，滿洲二人，漢四人。翰林院讀講學士、詹事府少詹以下兼充。繙譯教習六人。八旗滿、蒙、漢軍舉貢生監考充。清語教習，滿洲三人。弓箭教習，滿洲四人。本府內挑補。漢書教習，漢九人。進士、舉人考補。筆帖式一人。雍正七年，置蒙古官學管理事務大臣一人。理藩院尚書簡充。總裁三人。理藩院司員充。教習，蒙古二人，額外一人。乾隆十三年，置景山官學總管四人。本府司員兼充。繙譯教習，滿洲九人。本府內考補。漢書教習，漢十有二人。舉貢內考補。康熙二十四年置以上三學，俱光緒三十年後省。又，初制有回、緬官學總管二人，本府司員兼充。教習回子、回子佐領下派充。緬子緬甸人派充。各二人。長房官學教習，滿洲二人，本府筆帖式內揀補。蒙古一人。理藩院筆帖式內咨補。先後俱省。

武英殿總裁，滿、漢各一人。尙書侍郎內簡。提調二人，纂修內奏充。纂修十有二人，協修十人，翰林官充。筆帖式四人。

上駟院　兼管大臣，無員限。卿二人。正三品。其屬：堂主事二人，委署主事一人，左、右二司郎中一人，掌左司印。右司，員外郎管。員外郎各二人。主事、委署主事各一人，內張家口值年一人。筆帖式十有一人。阿敦侍衞十有五人。司鞍長三人，正六品。副長二人。六品銜。蒙古醫師長三人，正六品。副長二人。八品。牧長二人，初無品級。雍正元年定正七品。副長五人。八品。廐長、署主事各一人。雍正元年各增一人，十二年省，乾隆二十二年復故。光緒三十年省。雍正六年，卿秩定三品。乾隆十一年，置蒙古醫生頭目二人。四十三年額定三人。十四年，定卿額二人，一用侍衞，一用內府官。二十三年，置八品頂戴司鞍長二人。三十九年定拜唐阿補放者給六品銜，戴藍翎。四十五年額定三人。嘉慶六年，依左、右司例，堂上令侍衞兼司。

武備院　兼管大臣，無員限。卿二人。正三品。郎中一人，主事二人。南鞍、北鞍、甲、氈四庫員外郎，六品庫掌，各二人；委署六品庫掌各一人。織房掌蓋、正六品。乾隆四十四年賞戴藍翎。副掌蓋，八品。帳房處司幄、三等侍衞銜食六品俸。副司幄，六品職銜食七品俸。各三人。備弓處司弓、六品職銜食七品俸。乾隆四十四年賞戴藍翎。副司弓，八品職銜。備箭處司矢、副司矢，各二人。職銜同備弓處。箭匠、骲頭、韡皮、熟皮、鞍板、染氈、沙河氈作諸司匠，及穿甲官頭目，各一人。鏇作司匠二人。俱八品。無品級庫掌六人，庫守三十有二人。筆帖式二十有四人。

卿掌四庫工作，修造器械，陳設兵仗。凡車駕出入，官屬服櫜鞬以從。郎中、主事掌庫帑出納，章奏文移。北鞍庫掌御用鞍轡、織蓋、幄幕，傘房、帳房、鞍板作隸之。南鞍庫掌官用鞍轡、皮張、雨纓、絛帶，熟皮作隸之。甲庫掌盔甲、刀仗、旗纛、器械，鏇作隸之。氈庫掌弓箭、韡鞋、氈片，骲頭作、韡皮作、氈作、沙河氈作、帽作、雜活作帽作以下置領催各一人。隸之。

初名鞍樓，置三旗侍衞三人綜其事。所屬：員外郎四人，康熙十五年、四十五年俱增三人。庫掌三人，順治十一年定六品。康熙十五年增三人，四十五年增二人。庫守二十有四人。康熙十五年增十有八人。三十六年增四人。四十五年增十人。氈庫、弓匠固山達，委署固山達，各三人。亦曰弓箭協領。康熙十一年增置備箭固山達一人，亦曰備箭協領。二十一年定弓匠固山達七品，三十八年定備箭固山達八品。乾隆二十九年，更名司弓、司矢，委署者曰副司弓、副司矢。四十四年定司弓、司矢六品職銜，副司弓、司矢八品職銜。光緒三十年各省一人。掌繖總領二人。康熙三十三年增一人。乾隆二十四年更名掌蓋。帳房頭目，委署帳房頭目，各三人。康熙二十七年定頭目爲七品。乾隆三年定委署頭目八品職銜。二十四年改頭目爲司幄，委署者爲副司幄。三十六年定司幄六品職銜，副司幄七品職銜。順治十一年，更名兵仗局。十八年，更名武備院。康熙九年，沙河氈作置催總一人。乾隆二十四年改司匠。下同。十五年，分設鞍、甲、氈三庫，置無品級庫掌三人。四十三年增二人，四十五年增四人。明年，以職掌事務侍衞一人掌印。二十一年，置郎中一人，並定鏤作、亮鐵作、原置鏤作、亮鐵作催總六人。二十七年省鏤作三人。光緒三十年省亮鐵作一人。氈作催總秩八品。三十七年，分鞍庫爲南、北，增置骲頭作催總一人。亦曰鳴鏑長。三十九年，置鞾皮作催總。明年，置熟皮作催總，並定其品秩。復置穿甲官頭目一人。由拜唐阿內委放。乾隆八年定八品職銜。六十一年，置委署主事一人。雍正十二年省。乾隆二十二年復故。雍正六年，以職掌事務侍衞爲三品卿。乾隆十四年，定卿額二人，仍管以大臣。

奉宸苑　兼管大臣，無員限。卿二人。正三品。郎中一人，員外郎四人，主事一人，苑丞十人，六品。苑副十有九人，九品。委署苑副十人，筆帖式十有五人。天壇齋宮苑丞、六品一人。六品銜一人。苑副各二人。稻田廠庫掌，六品。無品級催長，委署催長，各一人。筆帖式三人。南苑郎中一人，員外郎二人，主事一人，苑丞七人，六品銜。苑副十有三人，八品銜。委署苑副六人，九品銜。委署催長三人，筆帖式五人。

卿掌苑囿禁令，以時修葺備臨幸。郎中以下各官掌分理苑囿河道。齋宮掌陳設氾埽。稻田廠掌供內庭米粟，兼徵田地賦稅。南苑各官掌徵南苑地賦，並治園庭事務。其兼攝者：齋宮兼理郎中，值年員外郎，稻田廠值年員外郎，各一人。

初紫禁城後山、西華門外臺，隸尚膳監管理，置八品催總二人。雍正二年增二人。順治十二年，更名景山、瀛臺。明年，改令內監管理，玉泉山、南苑並隸之。十八年，改南苑隸採捕衙門，置員外郎二人。雍正元年增一人。康熙八年，省南苑員外郎一人，改授郎中。十年，命內務府總管海喇孫、侍衞布喇兼司景山、瀛臺事。十六年，改歸都虞司管理。二十三年，始設奉宸苑，置郎中一人，乾隆十六年增一人，輪管長河行宮事。員外郎四人，主事一人。三十年，置南苑八品催總二人，乾隆四年增一人，十八年復增一人，分隸三旗。無品級總領一人，三十六年增南紅門行宮一人。副總領二人。三十六年增南紅門行宮二人。五十二年增南紅門新行宮一人。雍正元年，置奉宸苑、南苑委署主事各一人。十二年省。乾隆二十二年復故。光緒三十年又省。別命大臣領稻田廠，舊派司官二人兼理。三年始來隸。乾隆二十年，命會同清漪園大臣管理。置玉泉山六品庫掌一人兼司之。三年，增置稻田廠無品級催總一人。明年，兼轄下清河以上牐口。置牐官司之。六年，定卿秩三品。乾隆元年，置南苑主事一人。十一年，增置闡福寺八品催總一人。十四年，依上駟院例，定卿額二人，仍簡大臣領苑事。十六年，增置樂善園、永安寺八品催總各一人，十七年增樂善園一人。樂善園無品級副總領二人，明年增一人。南苑委署催總一人。原置一人。明年復增一人。分隸三旗。是歲依各行宮園囿例，改瀛臺、永安寺等處催總爲總領，副催總爲副總領。二十四年，復改總領曰苑丞，副總領曰苑副，催總曰催長。二十六年，兼轄正覺寺，置苑副一人，令萬壽寺、倚虹堂苑丞分司之。並令闡福寺苑丞兼管宏仁、仁壽二寺，置委署苑副二人。積水潭置苑副、委署苑副各二人。是歲省各處委署苑副，酌留南苑三處行宮二人。析置瀛臺、永安寺、樂善園及河道四人，並給八品職銜。三十五年，極樂世界、萬佛樓建成，置委署苑副一人。明年，定奉宸苑苑丞品秩。先是苑丞秩八品，與各園庭體制不一，至是俱給六品虛銜。仍食八品原俸。三十八年，復定南苑苑丞品秩，食俸同上。改三旗八品催長三人爲苑丞，副催長爲苑副。四十一年，置釣魚臺苑丞、苑副各一人，新宮旱河、牐座、蓮花池、河泡、岔河並隸之。四十二年，南苑、團河新行宮告成，省新舊各行宮苑丞一人、苑副二人、委署苑副一人，置爲本園額缺。新舊各行宮原置苑丞二人，苑副、委署苑副各四人，南苑行宮苑副三人。四十六年，省樂善園苑丞一人入團河行宮。嘉慶六年，定奉宸苑苑丞食六品俸、苑副食九品俸，各二人，餘悉如故。九年，復省樂善園苑丞、苑副額缺，析置中海苑丞、苑副，倚虹堂苑丞，釣魚臺苑副，北海及長河委署苑副各一人。十二年，復析三海等處苑丞、苑副各二人，令司天壇齋宮。故事，齋宮隸太常寺，歸奉祀壇戶典守。雍正間，置八品催總治其事。至是，額置苑丞各官，定苑丞食六品俸一人。以郎中、員外郎兼領之。

盛京內務府　總管大臣一人。盛京將軍兼。後改東三省總督。佐領，驍騎校，各三人。堂主事，委署主事，各一人。廣儲司司庫三人，庫使十有六人。會稽、掌禮、都虞、營造四司，及文溯閣九品催長，無品級催長，各一人。織造庫催長，內管領處內管領，六品虛銜。倉領長，無品級。各一人。牧掌，隸都虞司。倉長，隸內管領處。各三人。俱無品級。筆帖式十有五人。順治元年，盛京包衣三旗置佐領三人，簡一人掌關防，並置司庫三人，乾隆十九年省一人。四十二年增一人。及催總、筆帖式各官。尋置庫使十人。乾隆九年增一人。康熙十七年，置領催下驍騎校一人。乾隆十七年，置總管。明年，置堂主事一人。司庫內改置。二十四年，改催總爲催長。二十九年，定各催長員數。如前所列。增置內管領、委署主事筆帖式內改置。各一人。四十八年，文溯閣建成，置九品催長，無品級催長，各一人。光緒三十年，省主事各官。

宦官　四品總管太監銜曰宮殿監督領侍。五品總管銜曰宮殿監正侍。亦有以七品執守侍充者。六品副總管銜曰宮殿監副侍。亦有繫執守侍銜者。首領太監銜二：七品曰執守侍，八品曰侍監。又有副首領，八品侍監充。亦有無品級者。筆帖式。八品侍監充。敬事房置。自四品至八品凡五等。陞遷降調，由內府移咨吏部。

敬事房。兼讀清字書房，漢字、蒙字書房，總管三人。宮殿監督領侍一人。宮殿監正侍二人。宮殿監副侍總管六人。委署總管無定額，執守侍充。專司遵奉諭旨，承應宮內事務與其禮節，收覈外庫錢糧，甄別調補內監，並巡察各門啓閉、火燭關防。執守侍、首領、侍監、筆帖式各二人，專司掌案辦事，承行內府文移，並司巡防坐更。乾清宮。首領四人，執守侍、侍監各二人。專司供奉實錄、聖訓，江山社稷殿香燭，收貯賞用器物，並司陳設氾埽，御前坐更。後省二人。正首領，執守侍充。副首領，侍監充。乾清門。侍監首領二人。專司御門聽政，寶座黼扆，晨昏啓閉，稽察臣工出入，登載南書房翰林入直、侍衞番宿。昭仁殿，兼龍光門。弘德殿。兼鳳彩門。侍監首領各二人。專司陳設氾埽，御前坐更。故事內廷重坐更，御前更尤重。更頭、更二惟首領及執事內監方充是差。以下同。端凝殿。兼自鳴鐘執守侍首領一人。專司近御隨侍賞用銀兩，並驗鐘鳴時刻。懋勤殿。兼本房首領二人，執守侍、侍監各一人。專司承直御筆，收掌文房書籍，並登載內起居注。四執事。執守侍首領一人。專司上用冠袍帶履，隨侍執傘執爐，承應上用武備，收貯備賞衣服。後增置首領一人，以侍監充之。四執事庫。侍監首領一人。專司上用冠袍帶履，鋪設寢宮帷幔。奏事處。初制隸四執事。後置侍監首領一人，專司傳宣綸綍，引帶召對人員，承接題奏事件。乾隆三十九年，太監高雲從洩漏硃批記載，自後惟軍機奏事由此進呈。各部院奏摺及內府奏家事，並由奏事處官轉上。日精門。兼上書房侍監首領一人。專司啓閉關防，及至聖先師位前香燭。月華門。兼南書房侍監首領一人。專司啓閉關防，承應內廷翰林出入。尚乘轎。侍監首領二人。專司承應請轎隨侍。御藥房。兼太妃、太嬪以次各位下藥房，侍監首領二人。專司帶領御醫各宮請脈，及煎製藥餌。交泰殿。侍監首領二人。專司尊藏御寶，收貯勳臣黃册，並驗鐘鳴時刻。坤寧宮。兼坤寧門侍監首領二人。專司祭神香燭，啓閉關防，後改置執守侍首領、侍監副首領各一人。東暖殿。兼永祥門。西暖殿。兼增瑞門。執守侍首領、侍監副首領俱各一人。專司陳設氾埽，關防坐更。後省副首領各一人，首領改侍監爲之。景和門，隆福門，基化門，端則門。侍監首領各二人。後基化、端則二門各省一人。內左門，內右門。侍監首領俱各二人。內右門兼稽膳房衆太監出入，每晚具單報無事送敬事房。景仁，兼近光左門及御書房收貯書畫。御書房初置侍監首領一人，後始改隸。永壽，兼近光右門。承乾，翊坤，鍾粹，儲秀，延禧，啓祥，永和，長春，景陽，兼大寶殿。景陽初置侍監首領一人。後省，始來隸。咸福十二宮。侍監首領俱各二人。專司承應傳取，餘同各處。養心殿，重華宮，建福宮。首領四人。執守侍、侍監各二人。專司收貯賞用物品。後省執守侍首領一人。養心殿內，兼吉祥門宮殿監副侍副總管一人。執守侍首領、侍監副首領各二人。專司近御隨侍，收掌內庫錢糧及古玩書畫。古董房，侍監首領一人。專司收貯古玩器皿。御茶房，執守侍首領三人。侍監副首領四人。專司上用茗飲果品，及各處供獻，節令宴席。後省總管一人。御膳房，執守侍總管三人。侍監首領十人。專司上用膳羞，各宮饌品，及各處供獻，節令宴席。後省總管一人、首領二人。鳥槍處，執守侍首領一人。專司隨侍上用鳥槍。弓箭處、按摩處隸之。

後改爲侍監。南果房。侍監首領一人。專司收貯乾鮮果品。毓慶宮，侍監首領二人。嘉慶元年，青宮臨御始置。蒼震門，遵義門。侍監首領、副首領各二人。專司啓閉關防。蒼震門首領兼稽祭神房衆人出入。後省首領，增副首領一人。齋宮。侍監首領一人。御花園。侍監首領、副首領各二人。專司園內斗壇四神祠香燭，培灌花木，飼養仙鶴池魚。後改置執守侍首領、侍監副首領各一人。祭神房。侍監首領二人。無品級副首領一人。專司祭神省牲。後省首領一人。中正殿，英華殿。無品級首領各一人。專司香燭。欽安殿。兼城隍廟侍監首領三人。專司唪誦經懺，焚修香火。後省二人。壽皇殿。兼永思殿侍監首領一人。專司御容前香燭。後增置無品級副首領一人。雍和宮。執守侍首領、侍監副首領各一人。後俱省，改置無品級首領一人。兆祥所。兼遇喜處無品級首領一人。打掃處。侍監首領一人。專司運水添缸，並承應雜務。後省柴炭、燒坑二處侍監各二人隸之。熟火處。侍監首領三人。專司各處安設熟火，擡運柴炭，並承應雜務。造辦處。侍監首領一人。專司帶領外匠製造物件。做鐘處。侍監首領一人。所司同造辦處。北小花園。無品級首領一人。專司培灌花木。皇太后宮。執守侍副總管二人。侍監首領五人。茶房、膳房、藥房首領各一人。後省宮首領一人，增置茶、膳、藥三房首領一人。太妃，太嬪，侍監首領各一人。膳房執守侍首領一人。侍監首領二人。太妃以次位下膳房。統設執守侍首領一人，侍監首領二人。慈寧宮佛堂。無品級首領十人，內充喇嘛者二人。後改爲首領五人，充喇嘛者三人。副首領二人。壽康宮。無品級首領四人。後改置執守侍首領、侍監副首領各二人。皇子，侍監首領一人。公主，皇孫，皇曾孫。無品級首領各一人。瀛臺。兼武成殿侍監首領、無品級副首領各一人。後增副首領一人。畫舫齋。兼蠶壇侍監首領一人，無品級副首領二人。初未置，後增。

永安寺。兼承先殿侍監首領、無品級副首領各一人。後增置副首領一人。景山。執守侍總管一人，侍監首領二人。委署首領無品級，無恆額。南府。執守侍總管一人，侍監首領四人。委署首領與景山同。圓明園。兼長春園靜寄山莊宮殿監副侍總管一人，執守侍總管二人，執守侍首領十人，無品級首領四十有二人。後增置執守侍總管一人，首領四人，無品級首領九人，內恩賞侍監首領二人。頤和園，靜明園，靜宜園，盤山，暢春園，泉宗廟，聖化寺。俱圓明園總管首領等承應差務。內務府所屬掌禮司，侍監首領五人，無品級副首領八人。後省首領二人、副首領四人。司樂，無品級副首領二人。初未置，後增。營造司。侍監首領二人，無品級副首領四人。後省首領一人，副首領三人。陵寢及妃園寢。無品級首領二人。後省一人。南花園。無品級首領一人。永安寺、大西天。無品級首領各一人。兼充喇嘛。簾子庫。兼門神庫無品級首領一人。後增一人。太廟。無品級首領一人。後改置執守侍首領一人，侍監副首領二人。鑾輿衞。無品級首領四人。後省二人。又傳心殿、萬善殿、番經廠、漢經廠、奉宸苑、武備院、尙衣監、酒醋局各首領太監，後俱省。親王、郡王、固倫公主、和碩公主並有定制。首領俱各一人。親王七品，郡王、公主俱八品。

順治元年，按十三衙門給太監品級。十八年省，以內務府大臣總管。康熙十六年，設敬事房，置總管、副總管。定太和、中和、保和、文華四殿三作首領太監員數，給八品職銜。乾隆二十六年，省文華殿員額。四十七年，三大殿直殿太監俱省。六十一年，定五品總管一人，五品太監三人，六品太監二人。太監授職官自此始。雍正元年，定總管秩四品，副總管六品，隨侍首領七品，宮殿首領八品。四年，定敬事房正四品總管爲宮殿監督領侍衘，從四品副總管爲宮殿監正侍衘，尋改五品。六品副總管爲宮殿監副侍衘，七品首領爲執守侍衘，八品首領爲侍監衘。八年，復定四品至八品，不分正、從。乾隆七年，定內監受爵制不使踰越。故事，寺人不過四品，至是纂爲令甲。五十一年，定親王、郡王、公主太監首領員數，並給八品衘。嘉慶間增親王首領秩七品。嘉慶六年，賞慶郡王七品太監三人，儀親王、成親王、定親王增置八品太監一人，不爲恆制。

太祖、太宗鑒往易軌，不置宦官。世祖入關，依明宮寢舊制，裁定員額，數止千餘。諭曰：「朕稽考官制，唐、虞、夏、商未用寺人。周始具其職。秦、漢以後，典兵干政，流禍無窮。」勑官員毋與內官交結。復於交泰殿鑄鐵碑，文曰：「以後有犯法干政，竊權納賄，屬託內外衙門，交結滿、漢官員，越分擅奏外事，上言官吏賢否者，淩遲處死。」未幾，吳良輔輩煽立十三衙門，擅竊威福，世祖遺詔發姦。聖祖嗣統，殲厥大憝。時明季內監猶有在宮服役者，綱紀肅然。雍正間，防範內監家屬，勑內官約束，直督具題。高宗立法峻厲，太監高雲從稍豫外事，張鳳盜燬金册，並正刑書。車駕幸灤陽時，巡檢張若瀛杖責不法內監，特擢七階，並頒則例，俾永遵守。又諭：「明代內監多至數萬人，蟒玉濫加。今制宮中苑囿，綜計不越三千。」爾時並隸內府，蓋猶有冢宰統攝奄人之義。然其員數視世祖時已倍之。至敎字停派漢員，報充弗由禮部，奏事改易王姓，屢加裁抑，以清風軌。故終高宗六十餘年，宦官不敢爲惡。嘉慶初年，以內外交結，降吳天成七品總管，復以常永貴驕縱無法，革去六品總管，蕭得祿坐濫保罪，並革去督領侍。洎劉得財、劉金輩崇信邪教，謀納叛人，釀成林清巨變，凶悖滋甚。其後曹進喜向吏兵曹長索道府職名冊，馬長喜冒濫名器，曹得英私放鳥槍，張府且私藏軍械。同治元年，御史賈鐸疏聞內監演劇，裁貢緞爲戲衣，迺未聞糾厥罰。八年，遂有安得海冒名欽差，織辦龍衣，船颺旗幟，居民惶駭。他如蓄養優伶，馳馬衝仗，累蠹法度，不可殫紀。光緒十二年，御史朱一新疏陳李蓮英隨醇親王巡閱海口，易蹈唐代覆轍，詔降主事。二十七年，總督陶模疏陳近日宦官事徵患烈，弊政宜除，書上不報。宦官遂與國相終云。

清史稿卷一百十九

志九十四

職官六 新官制

內閣　外務部出使大臣　稅務處　民政部內外巡警總廳　度支部清理財政處　大清銀行

造幣總廠　學部國子監　大學堂　陸軍部　海軍部　法部修訂法律館　大理院

京師各級審檢廳　農工商部　郵傳部　軍諮府　弼德院　資政院　鹽政院

典禮院禮學館　提學使　提法使外省各級審檢廳　東三省各司　禁衞軍

督練公所　軍制　鎮制陸軍鎮監　巡防隊　海軍艦制

清初釐定官制，職儀粗具。中更六七作，存改洄沿，世不同矣。延及德宗，外患躡迹，譯署始立。繼改專部，商、警、學部接踵而設，並省府、寺，迺分十部。嗣議立憲，理藩改部，軍諮設處，復更巡警爲民政，戶爲度支，商爲農工商，兵爲陸軍，附立海軍處，刑爲法，別立大理院，又取工部所司輪路郵電專設郵傳部。以今況往，洵稱多制。宣統紹述，合樞於閣，增海軍部，省吏部，改禮部爲典禮院，鹽政處爲鹽政院。猶慮閣權過重，設弼德院以相維繫，資政院以爲監督。增埤前事，取臬殊方，因事創名，官冗職雜，階資官品，肇域未區。簡奏咨補，故實斯在，輯而存之，具載後簡，亦得失之林也。

內閣　總理大臣，協理大臣，各一人。特簡。國務大臣十人。各部大臣兼充。丞一人。承宣廳廳長，副廳長，各一人。制誥、敍官、統計、印鑄四局，局長各一人。丞以下俱請簡。其屬有：僉事，印鑄藝師，俱奏補。藝士，錄事俱咨補。各員。所轄法制院，院長，副院長，各一人。參議四人。俱請簡。參事，奏補。僉事，錄事，視事繁簡酌置。

總理掌參畫機要，綿綸時務。法律詔令，會國務大臣尾署名銜。事涉一部或數部，會所司大臣署之。會議時充議長，協理佐之。丞掌主閣務，綜領衆局，方軌諸長。承宣掌布絲綸，守法典，司文書圖籍。制誥掌詔旨制敕，璽書册命，起草進畫，稽頒寶星勳章，典領藩封勳級。敍官掌考功定課，彙覈履行。統計掌統一計表，刊行年鑑。印鑄掌編輯官報。餘依往制。詳禮部。法制院掌編纂法規，修明法令，擬上候裁。

光緒三十二年，改組內閣，設會議政務處，以各部尚書爲內閣政務大臣。宣統三年，改責任內閣，以軍機大臣爲總、協理大臣，並定內閣屬官制。如前所列。

外務部　外務大臣，副大臣，各一人。特簡。承政廳左、右丞，參議廳左、右參議，各一人。俱請簡。參事四人。奏補。其屬：司務廳司務二人。咨補。和會、考工、榷算、庶務四司，郎中、員外郎、主事各二人。俱奏補。以上各部同。

大臣掌主交涉，昭布德信，保護僑人傭客，以愼邦交。副大臣貳之。丞掌機密文移，綜領衆務。參議掌審議法令，參事佐之。各部同。和會掌使臣覲見，盟約賞賚，兼司領事更替，司員敍遷。考工掌司鐵軌、礦產、電線、船政，凡製造軍火，聘用客卿，招工、遊學諸事，各擅其職。榷算掌蓄貨海舶征榷貿易，綜典國債、郵政，勾檢本部暨出使度支。庶務掌江海防務，疆域界址，凡傳教、遊歷，賞卹、禁令，裁判獄訟，並按約以待。有丞、參上行走，額外司員，七品小京官。民政、郵傳、法部小京官定額缺。所轄：儲材館，提調、幫提調各一人。本部司員內遴派。文案、支應、庶務，俱派員分治其事。

雍正五年，定恰克圖市約，置辦理俄事大臣，見第五款。不爲恆職。咸豐元年，改歸理藩院。十年，文宗北狩，特置專官辦理撫局。其冬，設總理各國事務衙門，命恭親王奕訢領之。司員統稱章京，置滿、漢各八人。時行分署治事制。戶部司員覈關稅，理藩部司員典文移，兵部司員治臺站驛遞，內閣人員主機密，俱隸總辦、幫辦。三年，改爲英、法、俄、美四股。九年，增設海防股。後改俄、德、英、法、日本五股。宣統元年，合俄、德爲一，增設秘書、機要二股。明年，置總辦四人，曰總辦章京。同治元年，增置額外章京，滿、漢各二人。二年各增六人。光緒九年各增四人。十年各減四人。二十三年各增二人。三年，設司務廳，置司務二人。光緒二十七年，辛丑和約成，更名外務部，班列各部上。置總理親王，會辦尚書，兼會辦左、右侍郎，各一人；改總辦爲左、右丞，左、右參議各一人。並置郎中以次各官，不分滿、漢。三十二年改訂官制，意合滿、漢，而翰林、都察兩院仍依往制。是歲增置繙譯官十有五人。七、八、九品各五人，分股治事。宣統三年，新內閣成，省總理、會辦兼職，改尚書爲大臣，侍郎爲副大臣。省侍郎一缺，各部同。管部之制，至是遂廢。

頭等出使大臣，正一品。特簡。參贊，正三品。通譯官，正五品。俱奏補。無定員。有事權置，畢迺省。

二等出使大臣，正二品。特簡。參贊官，初制四品，後改從四品。奏補。各一人。英、俄、德、日本、奧、義、和、比各一人。法、日、葡各一人。美、墨、秘、古各一人。分館代使二等參贊官二人。日斯巴尼亞一人。葡萄牙一人。二等參贊兼總領事三人。墨西哥一人。秘魯一人。古巴一人。三等參贊八人。初制五品，後改正五品。奏補。英、法、德、俄各一人。美、日本各二人。二、三等通譯官。二等從五品。三等從六品。奏補。

一、二等書記官。一等從五品。二等從六品。奏補。商務委員，正五品。奏補。武隨員，各使館俱一人。唯奧、義、和、比不置三等通譯官、武隨員。分館二等通譯官、書記官俱一人。總領事從四品。奏補。十有三人。新嘉坡、澳洲、南斐洲、坎拿大各一人，隸英使。海參崴一人，隸俄使。墨西哥、古巴、金山、小呂宋、美利濱、巴拿馬各一人，隸美使。橫濱、朝鮮各一人，隸日本使。爪哇一人，隸和使。領事正五品。奏補。十有四人。檳榔嶼、紐絲綸、仰光、溫哥埠各一人，隸英使。檀香山、嘉里約各一人，隸美使。薩摩島一人，隸德使。神戶、長崎、仁川、釜山、新義州各一人，隸日本使。泗水、巴東各一人，隸和使。副領事從五品。奏補。二人。元山、甑南浦各一人，隸日本使。又有外國人兼代領事者。法，馬賽；義，米朗、納婆爾士；美，波士頓、費城諸處。

使臣掌國際交涉。參贊佐之。領事掌保護華僑。

康熙初，俄國通使，未垂爲制。同治六年，始遣使辦理交涉，以道員志剛等及美使蒲安臣膺其選。光緒元年，定出使制，命侍郎郭嵩燾使英，翰林院侍講何如璋使日本，京卿陳蘭彬使美日秘國，俱置副使。別設秘、日分館，置金山、嘉里約、古巴各總領事。後爲自主國，改遣公使。二年，定使館參贊二人，繙譯四人。十四年，復定繙譯、隨員二人或三人。分館參贊兼領事一人，繙譯、隨員各一人，參贊如故。三十二年，定參贊以次各員額，如前所列。厥後聯翩四出，英使兼領義、比，俄使兼駐德，以奧、和隸之。四年，置新嘉坡領事，後改總領事。日本各口岸理事官。後改領事。明年，省副使，置檀香山領事。八年，置紐約領事。十三年，置小呂宋總領事，仰光領事，檳榔嶼副領事。後改領事。十七年，置南洋各島領事。二十一年，簡法國專使。二十三年，簡德國專使，和改隸之。並增置韓使。三十三年撤回，改總領事。二十六年，置韓國各口岸領事，及海參葳商務委員。後改總領事。二十八年，改駐法使臣兼使日國，駐美使臣兼使古巴，別設分館，並簡奧、義、比三國專使。明年，設墨分館。三十年，置南斐洲總領事。三十一年，簡和國專使兼理保和會事，並以法日使臣兼領葡使，尋設葡分館。三十四年，定使臣爲二品專官，並參贊等官品秩。宣統元年，置美利濱、坎拿大、巴拿馬總領事。嗣是澳洲、溫哥埠、薩摩島、紐絲綸諸領事踵相躡。三年，置爪哇總領事，泗水、巴東領事。其秋置朝鮮新義州領事。

三等出使大臣，正三品。特簡。參贊官，通譯官，無定員，不恆置。

保和會專使大臣一人。正二品。特簡。陸軍議員一人。武官諳西文者充之。光緒三十三年，罷和使兼職改置。

督辦稅務大臣，幫辦大臣，各一人。以大學士、尚書、侍郎充。後改大臣、副大臣充。掌主關稅，督率關吏。提調，幫提調，分股總辦，幫辦，俱各一人。外務部、度支部丞、參兼充。所轄：總稅務司，副總稅務司，各一人。稅務司四人，副稅務司六人，各關稅務司五十有九人，潮海五人。粵海、岳州、北海各三人。膠海、鎮江、東海、閩海、津海、金陵、蘇州、吉林各二人。江海、梧州、拱北、哈爾濱、山海、浙海、厦門、九龍、蕪湖、九江、亞東、長沙、大連、甌海、福海、三水、龍州、杭州、安東、沙市、重慶、江門、南寧、瓊海、宜昌、奉天、騰越、思茅、蒙自各一人。副稅務司三十有七人。江漢、粵海、江海、三水、津海、琿春各三人。大連、潮海、瓊海、九龍各二人。蘇州、南寧、龍州、重慶、奉天、杭州、廈門、閩海、哈爾濱、蕪湖、大通釐局各一人。以上俱外國人爲之。初，海關置監督。各部俸深司員充之。旋改歸督、撫監督，名焉耳。自道光以來，海疆日闢，於是始置北洋、南洋通商大臣，關道及監督隸之。亦有將軍兼理者。津海歸直隸津海道管理，山海歸奉天奉錦山海道管理，東海歸山東登萊青道管理，俱隸北洋。鎮江歸江蘇常鎮通海道管理，江海歸江蘇蘇松太道管理，蕪湖歸安徽皖南道管理，浙海歸浙江寧紹台道管理，甌海歸浙江溫處道管理，江漢歸湖北漢黃德道管理，宜昌歸湖北荊宜施道管理，重慶歸四川川東道管理，俱隸南洋。閩海歸福州將軍管理。粵海、潮海、北海、瓊海、九龍、拱北，監督各一人。嘉峪歸甘肅安肅道管理，龍州歸廣西太平思順道管理，蒙自歸雲南臨安開廣道管理，隸本省督、撫。咸豐以後，聘用英人威妥瑪、美人斯密斯氏襄辦稅務，李泰國繼之，派爲總稅務司；凡海關俱置稅務司、副稅務司，後沿江各埠，及內地陸路增開口岸，並屬海關。是爲海關募用客卿之始。時管轄之權屬總理衙門。光緒二十三年，始設稅務處，總稅務司以次各官並受其節度。先是戶關、工關分隸戶、工兩部，至是始以常關標名。嗣外部與本處定常關分設稅局，五十里外者歸監督，五十里內者歸稅務司，此內、外常關名稱所由昉也。

民政部　民政大臣，副大臣，左、右丞，左、右參議，各一人。承政廳員外郎，主事，小京官，各四人。參議廳參事二人。民治、警政、疆里、營繕、衞生五司，郎中八人，民治、警政、疆里各二人，餘各一人。員外郎十有六人，民治、警政、營繕各四人，餘各二人。主事十有八人，民治、警政各五人，營繕四人，餘各二人。小京官各一人。習藝所員外郎一人，兼充消防隊總理。主事二人，五品警官五人，消防隊三人。習藝所二人。六、七品警官各九人，消防隊各六人。習藝所各三人。八、九品警官各十有二人。消防隊各八人。習藝所各四人。以上俱隸警政司。六、七品藝師各一人。隸營繕司。六、七品醫官各一人。隸衞生司。自警官以下俱奏補。八品錄事二十人，九品錄事三十有二人。俱咨補。

大臣掌主版籍，整飭風教，綏靖黎物，以奠邦治。副大臣貳之。民治掌編審戶口，兼司保息鄉政。警政掌巡察禁令，分稽行政司法。疆里掌經界圖志，審驗官民土地。營繕掌陵寢工程，修治道路，並保守古蹟祠廟。衞生掌檢醫防疫，建置病院。所轄：豫審所，後隸大理院。路工局，教養局，俱遴員分治之。

光緒三十年，設巡警部，置尚書，左、右侍郎，左、右丞，參議，各一人。警政、警法、警保、警學、警務五司，郎中五人，三十二年增二人。員外郎、主事各十有六人，三十二年增員外郎二人，主事四人。三十四年增營繕司一人。小京官四人，三十二年增五人。一、二、三等書記官各十人。仿七、八、九品筆帖式舊制。三十二年改爲八、九品錄事。習藝所員外郎一人，主事二人。三十二年，更名民政部。設承政、參議兩廳，置參事二人。改設民治、疆里、營繕、衞生諸司，警政如故。宣統元年，定習藝所及消防隊員額。如前所列。三年，改尚書爲大臣，侍郎爲副大臣。

內、外城巡警總廳，廳丞各一人。初制正四品。光緒三十三年陞從三品。請簡。掌徼循坊境，並典蹕路警衞。總務處總僉事各一人。從四品。奏補。行政、司法、衞生三處各僉事三人。正五品。俱奏補。五品警官各四人。六品警官十有九人。內城十人。外城九人。七品警官二十人。內城十有一人。外城九人。八品警官二十有七人。內城十有四人。外城十有三人。九品警官二十有八人。內城十有五人。外城十有三人。七品以上奏補。八品以下咨補。八、九品錄事各四人。委用。

光緒三十年，設京師內、外城巡警總廳，置廳丞各一人。設總務、警務、衞生三處，置參事各一人。正五品。三十二年改僉事。內城五分廳，外城四分廳，知事九人。正五品。三十二年，增司法處。改警務曰行政。陞總務處僉事品秩爲屬官首領。置五品以下各警官，無定員。八、九品錄事各四人。併內五分廳爲中、左、右三廳，外四分廳爲左、右二廳，省知事四人。設內城二十六區，外城二十區，置區官、六、七品警官充。尋改區長。區副八、九品警官充。尋改區員。各一人。三十四年，省內、外城區半之。宣統元年，裁分廳，省知事。

度支部　度支大臣，副大臣，各一人。左、右丞，左、右參議，各一人。承政、參議兩廳，俱郎中三人，員外郎四人，主事三人。田賦、漕倉、稅課、筦榷、通阜、庫藏、廉俸、軍饟、制用、會計十司，郎中三十有一人，制用四人。餘各三人。員外郎四十有四人，制用六人。田賦、庫藏各五人。餘各四人。主事三十有五人。田賦、筦榷、通阜、廉俸、會計各四人，餘各三人。金銀庫，郎中一人，員外郎四人，主事二人。收發稽察處，督催所改。員外郎一人，主事二人。

大臣掌主計算，勾會銀行幣廠，土藥統稅，以經國用。副大臣貳之。田賦掌土田財賦，稽覈八旗內府莊田地畝。漕倉掌漕運覈銷，倉穀委積，各省兵米穀數，合其籍帳以聞。稅課掌商貨統稅，校比海關、常關贏絀。筦榷掌鹽法雜課，凡盤查道運，各庫賑斂，土藥統稅，並校其實。通阜掌礦政幣制，稽檢銀行幣廠文移。庫藏掌國庫儲藏，典守顏料、緞疋兩庫。廉俸掌覈給官祿，審計百司職錢餐錢。軍饟掌覈給軍糈，勾稽各省報解協饟。制用掌覈工銀，經畫京協各饟，兼司雜支例支。會計掌國用出納，審計公債外欵，編列出入表式。金銀庫掌金帛期會。收發稽察處掌各司受事付事。所轄：幣制局，提調一人，幫提調二人。本部丞、參兼充。庶務處，調查、籌辦、稽覈、編譯各股，俱派員分治其事。

光緒三十二年，改戶部設，省財政處入之，置尚書，左、右侍郎，左、右丞，參議，各一人。併十四司爲十司，改置郎中以次各官。如前所列。宣統三年，改尚書爲大臣，侍郎爲副大臣。清理財政處，提調，幫提調，各二人。本部丞、參兼充。總辦，幫總辦，各一人。總覈坐辦科員無恆額。各省清理財政正監理官二十人，給三、四品卿銜，奉天、直隸、江蘇、安徽、山東、山西、河南、陝西、甘肅、新疆、福建、浙江、江西、湖北、湖南、四川、廣東、廣西、雲南、貴州各一人。副監理官二十有四人。奏派吉林、黑龍江、江寧、兩淮各一人，餘同正監理官。宣統元年置。

大清銀行，正監督，正三品。請簡。副監督，各一人。儲蓄銀行總辦一人。分行總辦二十人。津、滬、漢、濟、奉、營、庫、重、廣、贛、晉、汴、浙、閩、吉、秦、皖、湘、滇、寧各一人。以上由大臣奏派。光緒三十三年，設戶部銀行，置總監督，秩視左、右丞。尋更名正監督。明年改爲大清銀行。

造幣總廠，正監督一人，正三品。請簡。副監督二人。分廠，總辦、奉天、江寧、廣州、四川、雲南，由清理財政正監理官兼充。幫辦江寧、武昌、廣州、四川、雲南，由副監理官兼充。各五人。光緒三十三年置。

學部 學務大臣，副大臣，各一人。左、右丞，左、右參議，各一人。參事廳參事四人。司務廳司務二人。總務、專門、普通、實業、會計五司，郎中各二人，員外郎十有五人。總務五人，普通四人，餘各二人。主事十有八人。總務、普通各六人，餘各二人。一等書記官正七品。奏補。十有一人，二等正八品。十有七人，三等正九品。十有五人。二、三等俱咨補。

大臣掌勸學育材，稽頒各學校政令，以迪民智。副大臣貳之。總務掌機要文移，審覈圖書典籍。專門掌大學及高等學校，政藝專業，咸綜領之。普通掌師範、中、小學校，各以其法定規程稽督課業。實業掌農工商學校，並審覈各省實業，爲民興利。會計掌支計出入，典領器物，及教育恩給。其兼轄者：八旗學務處總理，協理，督學，調查圖書各局長，局員，編訂名詞館總纂，圖書館正副監督以次各員，俱擇人任使，不設專官。

光緒二十二年，置管理官書局大臣。先是京師設強學書局，詳練時務。至是改歸官辦。二十七年，更命尚書張百熙充管學大臣，管理大學堂事。二十九年，改學務大臣。三十二年，始設學部，置尚書，侍郎，左、右丞，參議，各一人；五司郎中各一人，員外郎十有二人，主事十有五人，視學官無恆額。定正五品。派司員暫充。明年，命大學士張之洞領部事，非永制。宣統元年，改視學官爲差，增郎中五人、員外郎四人、主事三人。三年，改尚書爲大臣，侍郎爲副大臣。

國子監，丞一人。正四品。請簡。掌文廟辟雍典禮。典簿正七品。奏補。四人，掌祀典廟戶。典籍正八品。咨補。四人，掌祭器、樂器。文廟七、八、九品奉祀官各二人。咨補。正通贊官、從六品。奏補。副通贊官從八品。咨補。各二人。二、三等書記官各三人。光緒三十二年置。

大學堂，總監督一人。正三品。請簡。經、法、文、工、商五科監督各一人。奏派。教務、庶務、齋務各提調，俱延聘通曉學務者爲之。光緒二十五年，創設京師大學堂，命大學士孫家鼐領之。三十二年，定總監督爲專官。

陸軍部　陸軍大臣，正都統。特簡。副大臣，副都統。特簡。各一人。參事四人。檢察官八人。部副官四人。各省調查員無恆額。俱正參領以次軍官充之。副參領以上請簡，協參領以下奏補，額外軍官、軍佐咨補。錄事二人。額外軍官及中、下士充之。下同。承政、軍制、軍衡、軍需、軍醫、軍法六司，各司長一人，副協都統、正參領充。處長同。副官一人。正、副軍校及相當文官充。科長十有六人，承政科四：曰秘書，曰典章，曰庶務，曰收支。軍制科七：曰蒐簡，曰步兵，曰馬兵，曰礮兵，曰工兵，曰輜重，曰臺壘。軍衡科四：曰考績，曰任官，曰賞賚，曰旗務。軍需科三：曰統計，曰糧服，曰建築。軍醫科二：曰衞生，曰醫務。軍實科二：曰製造，曰保儲。科各一人。正、副參領充。一、二、三等科員百六十有二人。承政二十八人。軍制四十有一人。軍衡四十有七人。軍需三十人。軍醫十有四人。一等副協參領充。二等協參領、正軍校充。三等正、副軍校充。譯員四人，司電員三人，遞事官十有七人。隸承政司。繪圖員、藝師、藝士各一人。隸軍制司。以上陸軍官佐或學生充之。法規總編纂員二人，編纂員三人。隸軍需司。以文武相當人員充之。監長、協參領、正軍校充。監副正、副軍校充。各一人。司法官十有四人，看守官三人。隸軍法司。以學律軍官充之。審計處處長，副官，各一人。科長二人，綜察、核銷科各一人。科員二十有八人。各十四人。各司處錄事百三十有六人。其暫設者：軍實司司長，副官，各一人。科長二人，製造、保儲科各一人。科員十人。製造四人。保儲六人。軍牧司司長，副官，各一人。科長二人，均調、蕃殖科各一人。科員十有二人。科各六人。軍學處處長，副官，各一人。科長六人，教育，步、馬、礮，工程，輜重隊，科各一人。科員三十有四人。教育十二人，步隊八人，馬隊、礮兵、工程隊各四人。輜重隊二人。普通編輯員三人。兵事編輯員六人。繪圖員一人。屬輜重隊。

大臣掌主陸軍，稽頒營制餉章，以鞏陸防。副大臣貳之。參事掌法律章制。檢察官掌察軍隊、學校、局廠。部副官掌傳宣命令。承政掌出納文移，旌別員司功過。軍制掌編制徵調，凡軍械製造，交通建築，並審驗法式。軍衡掌班秩、階品、大將軍、將軍正一品，以正都統有積勞者充之。正都統從一品，副都統正二品，協都統從二品，正參領正三品，副參領從三品，協參領正四品，正軍校正五品，副軍校正六品，協軍校正七品，司務長、技士長正八品，上士從八品，中士正九品，下士從九品。階十有四。等級、共三等九級：上等一級正都統職，任總統官，秩視提督。二級副都統職，任統制官，秩視總兵。三級協都統職，任統領官，秩視副將。中等一級正參領職，任統制官，正參謀官，工隊參領官，總軍械官，護軍官；同正參領職，任總軍需官，總理醫官，總執法官，秩視參將。二級副參領職，任教練官，一等參謀官，正軍械官，中軍官；同副參領職，任正軍需官，正軍醫官，正執法官，總馬醫官，一等書記官，秩視游擊。三級協參領職，任管帶官，二等參謀官，副軍械官，參軍官；同協參領職，任副軍需官，副軍醫官，正馬醫官，二等書記官，秩視都司。次等一級正軍校職，任督隊官，隊官，三等參謀官，查馬長，軍械長，執事官；同正軍校職，任軍需長，軍醫長，稽查官，軍樂隊官，副馬醫官，三等書記官，秩視守備。二級副軍校職，任排長，掌旗官；同副軍校職，任司事生，醫生，司號官，軍樂排長，馬醫長，書記長，秩視千總；同協軍校職，任司號長，醫生，司書生，秩視把總。封贈、襲廕，凡軍官、軍佐並領其籍。軍需掌糧餉廩餼，兼司軍需人員教育。

軍醫掌防疫、治療，兼司軍醫陞遷教育。軍法掌審判、監獄，勾檢軍事條約。軍實所掌，視舊武庫司。軍牧所掌，視舊太僕寺。軍學掌學校教育，隊伍操演。審計掌預算、決算，審覈支銷。所轄：憲政籌備處，銀庫，捷報處，馬館，俱派員分治其事。

光緒三十二年改兵部設，省併練兵處入之。舊置總理親王一人，會辦、襄辦、提調各一人。軍政、軍令、軍學三司正、副使各一人。自親王以下俱請簡。考功蒐討糧餉，醫務、法律、器械隸軍政，運籌、嚮導、測繪、儲材隸軍令，繙譯、訓練、教育、水師隸軍學。十四科監督各一人，俱由總理遴委。置尚書，左、右侍郎，各一人。設承政、參議兩廳，置左、右丞，參議，各一人。一、二、三等諮議官、檢察官，簡文武官賢能者充之。正、副從事官，副協參領充。無定員。設軍衡、軍乘、軍計、軍實、軍制、軍需、軍學、軍醫、軍法、軍牧十司，職置司長各一人，科長三十有三人，一、二、三等科員二百有五人，承發官十有二人，承政二人。餘各一人。軍法未置。譯員五人，繪圖員、藝師、藝士各二人，錄事百十有六人。官置郎中十有六人，員外郎十有八人，主事二十有二人，筆帖式百有十人。以上統為部額，不繫以司。正參領八人，同正參領四人。副參領十有二人，同副參領六人。協參領十有八人，同協參領八人。額視郎中、員外郎、主事。正軍校十有八人，同正軍校八人。副軍校二十有四人，同副軍校十有二人，協軍校三十有二人，同協軍校十有六人。額視七、八、九品筆帖式。以官分任各職。三十三年，命慶親王奕劻領部事，非恆制。宣統元年，修正陸軍官制，軍官自正參領以下，軍佐自副都統以下，並就所習科目，冠以各隊如馬、步、礮、工、輜、警察各隊，正、副協參領，正、副協軍校，司務長，及上士、中士、下士之類。專門如軍需、軍醫、製械副協都統，正、副協參領，正、副協軍校，馬醫、測繪正、副協參領，正、副協軍校，軍樂協軍校，測繪、軍樂司務長，上、中、下各士，會計、調護上、中、下各士。名稱削同字。

二年，改尚書爲大臣，侍郎爲副大臣。省左、右丞，參議，諮議，承發各官。併兩廳十司爲八司。增承政一司，省軍乘、軍計、軍學三司。設軍學、審計二處。明年，定陸軍官佐補充制，置部副官調查員，以軍實司省入軍制，改軍牧司、軍學處爲暫設，冀樹軍馬總監、軍學院基礎也。

三年，復定陸軍官佐充任制，如前所列。仍與舊司員參錯互用。

海軍部　海軍大臣，正都統。副大臣，副都統。各一人。一等參謀官二人，二等四人。海軍學生充。參事官二人。秘書官六人。資格相當軍官，文官充。司電員，藝師，藝士，酌用海軍官佐或文官學生。錄事，酌用文官學生及額外軍官、軍佐。無恆額。軍制、軍政、軍學、軍樞、軍儲、軍法、軍醫七司，各司長一人。協都統、正參領充。科長二十有一人，軍制科五：曰制度，曰考覈，曰銓衡，曰駕駛，曰輪機。軍政科三：曰製造，曰建築，曰器械。軍學科五：曰教育，曰訓練，曰謀略，曰偵測，曰編譯。軍樞科三：曰奏咨，曰典章，曰承發。軍儲科三：曰收支，曰儲備，曰庶務。軍醫科二：曰醫務，曰衞生。科各一人。正、副參領充。下同。一、二、三等科員六十人。軍制、軍學各十有四人。軍樞、軍儲各十人。軍政八人。軍醫四人。充任視陸軍部。一等司法官二人，一、二、三等司法官，學習司法官八人。學律軍官充。主計處計長一人。正參領充。科長二人。會計、統計科各一人。各司處錄事四十有八人。

大臣掌主海軍，稽覈水師及司令部，以固海疆。副大臣貳之。參謀掌參訂改革。參事掌法律章制。秘書掌機密文移。軍制掌規制銓法，旌別水師人員，功過、封廕、賞卹並典領之。軍政掌營造船艦，檢校器械，兼司軍港工程。軍學掌學校教育，艦隊訓練。軍樞掌文牘典章，彙紀員司集課文簿。軍儲掌經營費用，稽覈糧廩服裝與其物用。軍法、軍醫、主計職掌視陸軍部。

光緒十一年，詔設海軍衙門，依軍機總署例，命醇親王奕譞綜之，大學士李鴻章專司籌辦。十三年，北洋海軍成，置提督、總兵等官。甲午師熸。至三十三年，始議恢復，設海軍處，暫隸陸軍部。置正使，視協都統。副使，視正參領。各一人。承發官二人，錄事四人。設機要、船政、運籌三司，置司長、副官各一人。科長七人，機要科四：曰制度，曰籌械，曰駕馭，曰輪機。運籌科三：曰謀略，曰教務，曰測海。科各一人。船政不分科。承發官三人，司各一人。一、二、三等科員十有八人。機要十二人，運籌六人。考工官五人，船政司置。藝師三人，船政一人，運籌二人。藝士四人。船政運籌各二人。股長、股員，視事閑劇酌置。錄事十有八人。明年，改設海政、船政、籌備、儲蓄、醫務、法務六司。尋設主計處，置計長、副長各一人。宣統元年，命肅親王善耆等籌備海軍，設參贊廳，分秘書、庶務兩司，置一、二、三等參謀官，並設第一、第二、第三、第四四司，置司長以下各職。其夏，更命貝勒載濤等充籌辦海軍大臣，增設醫務司。二年，訂海軍暫行官制，改第一司曰軍制，第二司曰軍政，第三司曰軍學，第四司曰軍防，醫務司曰軍醫，秘書司曰軍樞，庶務司曰軍儲；別設軍法一司，是爲八司。省參贊廳各職。尋改處爲部，省軍防司，置大臣、副大臣各一人。

法部　司法大臣，副大臣，各一人。左、右丞，參議，各一人。參事四人。審錄、制勘、編置、宥恤、舉敍、典獄、會計、都事八司，郎中二十有五人，審錄四人，內宗室一缺。餘各三人。員外郎三十有四人，制勘、編置各五人，內宗室各一缺。餘俱四人。主事三十有三人。宥恤五人，內宗室一缺。餘俱四人。收發所員外郎、主事各二人。七品小京官二十有六人。內宗室二缺。八品錄事五十有三人，九品三十人。內宗室各二缺。

大臣掌主法職，監督大理院及京、外審判、檢察，以維法治。副大臣貳之。審錄掌朝審錄囚，覆覈大理院、審判廳刑名。兼稽雲南、貴州、廣東、廣西、察哈爾左翼案狀。制勘掌秋錄實緩，定科刑禁。兼稽四川、河南、陝西、甘肅、新疆、烏里雅蘇台、科布多案狀。編置掌盜犯減等，定地編發。兼稽奉天、吉林、黑龍江、山東、山西、察哈爾右翼、綏遠城、歸化城案狀。宥恤掌恩詔赦典，清理庶獄。兼稽江蘇、安徽、江西、福建、浙江、湖北、湖南案狀。舉敍掌陞遷調補，籍紀功罪，徵考法官、律師、書記。典獄掌修葺囹圄，嚴固扃鑰，習藝所俘隸簿錄並典司之。會計掌財用出入，勾稽罰鍰鈞金。都事掌繙譯章奏，收發罪囚文移。所轄：司獄總管守長、正管守長各二人，副管守長六人，監醫正、正八品。監醫副正九品。各一人。

光緒三十二年改刑部設，置尚書，侍郎，左、右丞、參以次各官。併十七司爲八司。設收發所。置員外郎、主事各官。明年，增置宗室郎中、主事各一人；員外郎，小京官，八、九品錄事，各二人。裁司務入都事司，司庫入會計司。司獄一職，改令典獄司小京官兼充，曰正管守長；八、九品錄事兼充，曰副管守長。舊設提牢廳，以典獄司員外郎、主事兼充，曰總管守長。三十四年，依提牢廳司獄往制，仍定爲兼職。尋置監醫正、醫副各一人。宣統三年，改尚書爲大臣，侍郎爲副大臣。

修訂法律館大臣，無定員。特簡兼任。提調二人。總纂四人，纂修、協修各六人。庶務處總辦一人。譯員、委員無恆額。幷以諳法律人員充之。光緒三十三年設。

大理院，正卿，正二品。少卿，正三品。俱特簡。各一人。刑科、民科推丞各一人。正四品。請簡。推事二十有八人。正五品。刑科、民科第一庭俱各四人，第二、三庭俱各五人。典簿廳都典簿一人，從五品。典簿四人。從六品。主簿六人，正七品。以上俱奏補。八、九品錄事三十人。咨補。

正卿掌申枉理讞，解釋法律，監督各級審判，以一法權。少卿佐之。推丞分掌民、刑案欵，參議疑獄。刑科掌被旨推鞫宗室官犯，披詳刑事京控上訴法狀。民科掌宗室諍訟，披詳民事京控上訴法狀。都典簿掌簿籍罪囚。典簿掌出納文移。大理於重罪爲終審。凡法庭審判，推事五人會鞫之，是爲合議制。附設總檢察廳，掌綜司大理民、刑案內檢察事務，監督各級檢察廳，調度司法警察官吏。廳丞一人，從三品。請簡。檢察官六人，正五品。奏補。主簿二人，八、九品錄事四人。看守所所長一人，從五品。奏補。所官四人，正八品。奏補。九品錄事二人。

光緒三十二年，改大理寺設，置正卿、少卿各一人，推丞二人。刑事四庭，推事十有九人。民事二庭，推事九人。並置典簿廳以次各官。又總檢察廳廳丞一人，檢察官六人，主簿一人，錄事四人。設看守所，置所長各官。宣統元年，改刑科四庭爲民科三庭，置推事各十有四人。三年，增置總檢察廳典簿一人，改錄事爲八、九品各二人。

京師高等審判廳，廳丞一人，正四品。請簡。掌治廳務，監督下級審判廳。下同。刑科、民科推事十有二人。從五品。刑科、民科一二庭俱各三人。典簿廳典簿二人，正七品。主簿四人，從七品。以上俱奏補。九品錄事六人。於重罪爲二審，輕罪爲終審。審判會鞫視大理。檢察廳檢察長一人，正四品。請簡。掌糾正同級審判，監督下級檢察廳。下同。檢察官四人，從五品。奏補。典簿、主簿各一人，九品錄事二人。看守所所長、正六品。奏補。所官從八品。咨補。各一人，錄事六人。

光緒三十三年設。宣統三年，增置檢察廳典簿、主簿各一人，並置所長各官。

京師地方審判廳，廳丞一人。從四品。請簡。刑科、民科推事三十人。從五品。民、刑一二庭俱各六人，三庭俱各三人。典簿二人，正七品。主簿二人，正八品。以上俱奏補。錄事十有四人。於重罪爲初審，輕罪爲二審。推事三人會鞫之，亦合議制。檢察廳檢察長一人，正五品。奏補。檢察官五人，正六品。奏補。典簿、從七品。主簿、從八品。錄事各二人。看守所所長一人，從六品。奏補。所官二人。

光緒三十三年設。先是京城內外設豫審廳，掌主諍訟，隸民政部。至是省入，置廳丞一人。設民、刑各二庭，置推事二十有四人。典簿、主簿各二人，錄事十人。檢察廳檢察長一人，檢察官四人，典簿、主簿各一人。宣統元年，以獄訟煩興，增設民、刑各一庭，置推事各三人，錄事四人。檢察廳檢察官一人。三年，增檢察廳典簿、主簿各一人。

京師初級審判廳，區爲五處。刑科、民科推事各一人。從六品。奏補。錄事二人。於輕罪爲初審，推事一人訊斷之，是爲單獨制。檢察廳檢察官二人，從六品。奏補。錄事一人。初級俱不置長官，由部揀資深者一人爲監督。

農工商部　農工商大臣，副大臣，各一人。左、右丞，左、右參議，各一人。農務、工務、商務、庶務四司，郎中十有二人，司各三人。員外郎十有六人，司各四人。主事十有八人。庶務六人，餘各四人。一、二等藝師，一等正六品，二等正七品。奏補。藝士，一等正八品，二等正九品。咨補。各二人。

大臣掌主農工商政令，專司推演實業，以厚民生。副大臣貳之。農務掌農桑、屯墾，樹藝、畜牧並隸，通各省水利，彙覈支銷。工務掌綜事訓工，制器尙象，並物占各省礦產，設法利導。商務掌埠市治敎，勵民同貨，修訂專利保險約章，稽頒保護訴訟禁令。庶務掌章奏文移，計會本部收支，籍紀員司遷補。藝師、藝士掌治專門職業。所轄：農事試驗場，工藝局，勸工陳列所，化分礦質所，度量權衡局，商標局，商律館，俱遴顓業者分治其事。

光緒二十四年，設礦務鐵路總局，尋復設農工商總局，令大臣綜之。尋省。二十九年，設商部，省鐵路礦務總局入之。置尙書，左、右侍郎，左、右丞，參議，各一人。司務所司務二人。設保惠、平均、通藝、會計四司，置郎中、員外郎、主事各二人。其冬，復省工部入之。三十二年，更名農工商部，改平均司爲農務，以戶部農桑等事隸之。通藝司爲工務，以鐵道等事劃歸郵傳部。保惠司爲商務。增置郎中各一人，員外郎、主事各二人。併司務廳會計司爲庶務，省司務二人，增郎中一人，員外郎二人，主事四人。宣統三年，改尙書爲大臣，侍郎爲副大臣。

郵傳部　郵傳大臣，副大臣，各一人。左、右丞，左、右參議，各一人。承政、參議兩廳僉事，正五品。奏補。員外郎，主事，小京官，各二人。船政、路政、電政、郵政四司，郎中各二人，員外郎十人，船政、郵政各二人。路政、電政各三人。主事二十人，船政、郵政各四人。路政、電政各六人。小京官各二人。八、九品錄事無定員。

大臣掌主交通政令，瀛行舟車，電達文語，靡所不綜，以利民用。副大臣貳之。船政掌議船律，兼司營闢廠隖，測量沙線。路政掌議路律，兼司釐定軌制，規畫路綫。電政掌議電律，兼司官商局則例，海陸線規程。郵政掌議郵律，兼司郵局匯兌，郵盟條約。所轄：郵政總局局長，副大臣兼充。總辦，法國人充。各一人。鐵路總局提調二人。京漢路局總辦、提調各一人，南局、京局會辦各一人。京奉路局總辦二人，提調一人。京張鐵路總辦、會辦，各一人。滬寧路局總辦一人。吉長路局、廣九路局，總辦、提調各一人。張綏鐵路總辦、會辦各一人。萍株鐵路、正太路局、汴洛路局、道清路局，總辦各一人。電政總局局長一人，提調二人。分局總辦、幫辦、提調各一人。各省分局總辦各一人。電話局總辦、會辦各一人。天津、廣州、太原、煙臺總辦各一人。交通銀行總理、幫理各一人。北京總銀行，上海、漢口、廣州分銀行，總辦各一人。天津、營口管理各一人。差官三十有四人。提塘官十有三人。舊隸兵部。俱遴員分治其事。

光緒三十三年設。先是船政招商局隸北洋大臣，內地商船隸工部，郵政隸總稅務司，路政、電政別簡大臣領其事，至是俱併入。置尚書，左、右侍郎，左、右丞，參議，各一人，及承政、參議兩廳僉事各官。設船政、路政、電政、郵政、庶務五司，置郎中十人，員外郎十有二人，主事二十有四人，小京官十有四人。宣統元年，省庶務司郎中、員外郎、小京官各二人，主事四人。增承政、參議兩廳員外郎、主事各二人。三年，改尚書爲大臣，侍郎爲副大臣。

軍諮府　軍諮大臣二人，特簡。掌秉承詔命，翼贊軍謨。總務廳軍諮使二人，副協都統、正參領充。掌綜領衆務。副官二人。協參領，正、副軍校充。下同。遞事長一人，遞事員五人。陸軍官佐充。第一、第二、第三、第四各廳長，協都統、正參領充。副官，俱一人。條爲四科，科長各一人。正、副參領充。一等科員，副協參領、同副協參領充。二、三等科員，協參領，正、副軍校及同協參領，同正、副軍校充。視事閒劇酌置。所轄：測地局，局長一人，第四廳長兼充。司務三人。三角、地形、製圖三股，各股長一人。第四廳各科長兼充。班長，班員，印刷所科員，藝士，司務，無恆額。軍事官報局，正、副局長各一人。庶務，文牘，收支，編纂，譯述，校對，無恆額。俱隸第四廳。唯第五廳別置編纂官三人，譯述一人。錄事六十有三人。額外軍官及中士、下士充。軍事參議官十有五人。直隸、江寧、江蘇、江北、安徽、江西、河南、湖北、湖南、山東、山西、福建、廣東、浙江、陝西各一人。協都統，正、副協參領充。

光緒三十三年，設軍諮處，置協都統一人充正使，正參領一人充副使，副參領六人，同副參領一人，協參領十人，同協參領二人，正軍校十人，同正軍校二人，副軍校十有二人，同副軍校三人，協軍校十有六人，同協軍校五人，分充各司長、科長，一、二、三等科員。第一、第二兩司，協、副參領充。測地司，同正、副參領充。十八科科長各一人，一、二司副參領充。測地司，同副、協參領充。第一司科員十有六人，第二司四人，正、副協軍校充。測地司六人，同正、副協軍校充。其承發官司各一人，譯員五人，屬第一司。藝師四人，藝士六人，屬測地司。並以陸軍官佐或學生充之。隸陸軍部。宣統元年，以立憲大綱皇帝統率海陸軍，別建軍諮處，命貝勒載濤等領之。設總務廳，置軍諮使二人。分設四廳，各置廳長一人，科長十有六人，科員無恆額。並定文官補充制。如前所列。尋削同字。詳上陸軍部。明年，設軍事會議處。三年，改稱府，令陸軍大臣領其事。

弼德院　院長，副院長，各一人。特簡兼任。顧問大臣三十有二人。特簡兼任。掌參預密勿，朝夕論思，並審議洪疑大政。參議十人，請簡。掌纂擬章制。秘書廳秘書長一人，請簡。

秘書官一、二等各三人，三等六人，俱奏補。分掌庶務。宣統三年設。

資政院　總裁，王、公、大臣內特簡。副總裁，三品以上大臣內簡充。各一人。掌取決公論。凡歲入歲出，法典朝章，公債稅率，及被旨諮議者，經議員議決，會國務大臣上奏取裁。秘書廳秘書長一人，請簡。一、二、三等秘書官各四人，奏補。掌計會文牘。議員，宗室王、公世爵十有六人，滿、漢世爵十有二人，外藩王、公世爵十有四人，宗室、覺羅六人，各部院官三十有二人，碩學通儒納稅多額者各十人，俱欽選。各省諮議局六人。民選。光緒三十三年設，置總裁二人。尋增協理四人。明年，復置幫辦、參議各三人。宣統元年，定秘書廳官制。二年，定總裁、副總裁各一人。

鹽政院　鹽政大臣國務大臣內特簡兼任。一人。丞一人。總務廳廳長，參議，南鹽廳廳長，北鹽廳廳長，各一人。以上俱請簡。參事二人，一、二、三、四等僉事，俱奏補。一、二、三等錄事，咨補。視事閒劇酌置。

大臣掌主鹽政。丞掌佐理鹺綱。總務掌綜理庶務，典守機密。參議掌擬法制，僉事佐之。南鹽廳掌淮、浙、閩、粵鹽務，北鹽廳掌奉、直、潞、東鹽務。初沿明制，差御史巡視鹽課。後改鹽政。特旨兼充。都察院奏差者，亦以鹽政名之。由內務司官充者，仍帶御史銜。各省以督、撫綜理者，並因地制宜，定爲永式。宣統元年，設督辦鹽政處，命鎮國公載澤充督辦大臣，產鹽行鹽各省督、撫俱充會辦。三年，以整理國稅，改處爲院，特置鹽政專官。

典禮院　掌院學士，副掌院學士，各一人。特簡。學士，直學士，各八人。請簡。總務廳廳長一人。簿正、典簿、司庫，俱奏補。無定員。禮制、祠祭、奉常、精膳四署署長各一人。一、二、三等僉事，鳴贊，俱奏補。序班，錄事，咨補。視事閒劇酌置。讀祝官、贊禮郎、陵寢各官如故。

掌院學士掌修明禮樂，典領朝會，虔肅明禋。副掌院學士佐之。學士、直學士掌討論參訂。總務掌綜理衆務。簿正掌庫儲收發，與其陳設，並司監牢事。典簿掌典守庫儲冊籍，兼稽覈出入。司庫掌典守各庫，並督率庫使，點驗庫兵。禮制掌朝會慶典。祠祭掌壇廟陵寢。奉常掌贊引儐導。精膳掌筵燕祭品。宣統三年改禮部設。凡涉行政，俱劃歸各部。

外省官制，變更略少，唯省會、司道別易新名，巡警、勸業兩道詳前。員額愈益。改學政爲提學使。按察使爲提法使，各級審檢廳隸之。故事，凡遇地方要政，藩、臬兩司得與督若撫議，議定稟仰施行，遇吏員陞遷調補，亦會詳焉。至是，改稱爲三司云。

提學使司　提學使一人，正三品。掌教育行政，稽覈學校規程，徵考藝文師範。署設六科：曰總務，曰專門，曰普通，曰實業，曰圖書，曰會計。科長、科員分治之。遴諳學務者充之。別設學務公所，有議長、議紳以討論其事。奏充。光緒三十一年改置。增吉林、黑龍江、江寧、江蘇、舊置江南學政。新疆各一人，餘仍學政額。

提法使司　提法使一人，正三品。掌司法行政，督監各級審判廳，調度檢察事務。署設三科：曰總務，曰民刑，曰典獄。科長各一人，正五品。一等科員各一人，正六品。二等科員正七品。無恆額。惟奉天置僉事科員。別有正司書，正八品；副司書，正九品。光緒三十三年，東三省各置提法使一人。宣統二年，改各省按察使爲提法使，停轄驛傳。

高等審判廳，廳丞一人。從四品。商埠分廳，推事長代之。刑科、民科推事六人。正六品。典簿一人。正七品。主簿二人，正八品。錄事無定員。從九品。檢察廳檢察長一人，從四品。檢察官一人，正六品。錄事二人。

地方審判廳，推事長一人。從五品。刑科、民科推事六人。從六品。典簿、從七品。主簿從八品。事繁或二人，事簡不置。各一人，錄事無定員。檢察廳檢察長一人，從五品。檢察官一人，從六品。錄事二人。看守所所官一人，正九品。錄事無定員。

初級審判廳，推事二人。正七品。事繁或三、四人。錄事無定員。檢察廳檢察官一人，正七品。錄事二人。看守所所官一人。

管獄官一人，從五品。副管獄官一人。從六品。課長三人。正八品。文牘、守衞、庶務各一人。所長二人。正九品。教誨、醫務各一人。府管獄官一人。從七品。州、縣副管獄官一人。從八品。光緒三十四年，奉天設模範監獄，置正管獄官，省府司獄、縣典史。宣統二年，增置副管獄官。厥後各府、廳、州、縣有仿而行之者。時天津、保定、湖北監獄成，未置專官。

東三省地處邊要，自改建行省，變通例章，增置司道。提學、提法，各省通置，無庸贅述。今綜新設諸司詳左。初建行省，督署設承宣、諮議二廳，置左、右參贊各一人，從二品。僉事一人，一、二、三等科員佐之。旋省。

民政使司　民政使一人，從二品。掌主民籍。僉事，從四品。科員，一等從五品，二等正六品，三等正七品。各司同。各有恆任。一、二等醫官無定員。一等正六品，二等正七品。光緒三十三年置，秩正三品。宣統元年，依布政使例，陞從二品，主屬吏陞遷調補。

交涉使司　交涉使一人，正三品。掌主邦交。有僉事，科員，一、二等譯官佐之。一等正六品，二等正七品。光緒三十三年，奉天、吉林各置一人。宣統二年，直隸、江蘇、浙江、福建、湖北、廣東、雲南，並援奉天例續置。

度支使司　度支使一人，正三品。掌主財賦。有僉事，科員，一、二等庫官佐之。一等正六品。二等正七品。光緒三十三年，三省各置一人。宣統元年，省黑龍江一人，隸民政司兼理。又光緒三十三年，奉天置旗務使司一人，僉事、科員如各司。宣統元年省。

甲午不競，當事者鑒於軍政未善，取則強邦，內自禁衞軍，外自督練公所，並遵新定章制，以漸從事。迺三軍、兩協方告成，而巨變作焉。爰就可考者著於篇。

禁衞軍　訓練大臣三人，王大臣兼充。掌全軍政令。軍諮官六人，執事員十人，掌章奏文移，兼稽四科。協、標、營、隊執事佐之。書記員五人，一等一人，二、三等各二人。繪圖員二人，印刷、收支、庶務、遞事各一人。軍械、軍法、軍需、軍醫四科監督各一人，科員十有五人，軍械四人。軍需五人。餘各二人。俱遴員分治其事。協司令處統領官一人，協都統充。掌統帥全協。參軍官協參領充。掌贊畫機宜，副官正軍校充。掌綜理衆務，各一人。司號長一人。協軍校充。司書生二人。同上。標本署統帶官一人，正參領充。掌統轄全標。教練官，副參領充。副官，掌旗官，俱副軍校充。副軍械官，副軍需官，副軍醫官，俱協參領充。副馬醫官，正軍校充。司號長，各一人。司書生二人。步、馬、工程、輜重、交通、陸路礮、機關礮、警察各隊管帶官，協參領充。副官，軍需長，軍醫長，俱正軍校充。俱各一人。隊官正軍校充。俱各四人。排長俱各三人。副軍校一人，協軍校二人。原置步隊、機關礮隊各十有二人，馬隊八人，陸路礮隊九人，工程、輜重、交通、警察隊各六人。宣統三年改定如今制。司務長七十有九人。馬、步、機關礮隊各四人，陸路礮隊三人，工程、輜重、交通隊各二人。初以協軍校充。宣統元年改札補。軍械長四人。正軍校充。工程、交通、陸路礮、機關礮隊各一人。查馬長，正軍校充。馬醫長，副軍校充。各三人。司書生三十有五人。馬、步、機關礮隊各六人，陸路礮隊五人，工程、輜重、交通隊各四人。藝師三人。隸交通隊。軍樂隊官，排長，各一人。

光緒三十四年，設禁衞軍，監國攝政王自領之，以貝勒載濤等司訓練。宣統元年，定訓練大臣三人，及軍諮官以次員額。先是各協、標、營置執事督隊諸官，至是俱改爲副官，省協、標二等書記官及全協書記長。

督練公所　督辦一人，督、撫、將軍、都統領之。掌整飭全省新舊營伍。軍事參議官一人，協都統、正參領充。掌綜領科、局。一等副官一人，協參領充。二等副官二人，正軍校充。分掌文移衆務。一、二、三等書記官五人，五、六、七品文官充。司書生十有六人。八、九品文官充。籌備、糧餉二科，科長各一人，分掌編練新軍，裁汰舊營，會計出納，服裝物品。軍械局局長一人，掌新舊軍槍礮彈藥。以上俱副軍校充。一等科員五人，籌備、糧餉科各二人。軍械一人。協參領充。二等十有一人，籌備四人。糧餉五人。軍械二人。正軍校充。三等十有二人。籌備五人。糧餉四人。軍械三人。協軍校充。測地分局，員闕。

光緒三十年，各省設督練公所，分兵備、參謀、教練三處，置總辦、幫辦、提調諸目。宣統三年，改設科、局，仿陸軍新制，任官授職。如前所列。

軍制　總統一人，正都統充。掌全軍政令。總參謀官，協都統充。一等參謀官，正參領充。二等參謀官，協參領充。掌協贊號令，參畫機宜。一、二等各員佐之。工程隊參領官，掌佐本隊事務。護軍官掌理庶務，轄弁兵。礮隊協領官職掌如工程隊。總軍械官，總執法官，總軍需官，總軍醫官，詳禁衞軍。自工程隊以下，俱正參領充。總馬醫官，副參領充。俱各一人。司書生十有五人。副協軍校充。初，軍、鎮、協、標並置司事，後省。

鎮制　統制官一人，副都統充。掌統帥全鎮。正參謀官，正參領充。二、三等參謀官，所司同軍制。執事官，俱正軍校充。中軍官，副協參領充。掌理庶務。正軍械官，正執法官，正軍需官，正軍醫官，俱副協參領充。正馬醫官，協參領充。司號長，副軍校充。俱各一人。司書生十有五人。其協、標、營制如禁衞軍。

光緒三十年，改練新軍，區爲三十六鎭，定鎭、協、標、營官制。宣統元年，各省先後編混成等協，暫置執法官、司事生各一人，尋省。三年，報成鎭者二十有六，置總統一人。總參謀以下員闕。餘或成二協，或一協一標，鎭數未全。

陸軍鎭監，監長，協參領、正軍校充。監副，正、副軍校充。各一人。司書生二人。光緒三十四年，定監獄人員編制。

巡防隊分路統領官，事簡緩置。幫統官，書記官，會計官，執事官，各一人。馬、步隊管帶官一人。哨官、哨長各三人。書記長一人。以上各員，俱綠營將弁兼充。光緒三十三年，以防練舊營雜項隊伍章制不一，仿新軍成法，置統領以次各職。

海軍艦制　巡洋長江艦隊統制一人。副都統加正都統銜。統領二人。協都統。海圻巡洋艦管帶，總管輪，正參領。一等參謀官，海籌、海琛、海容巡洋艦，南琛、鏡淸、通濟練船，江元、江利、楚同、楚泰、楚有、江貞礮船，保民運船諸管帶，副參領。飛鷹魚雷獵船，建威、建安魚雷礮船，江亨、楚謙、楚豫、聯鯨、楚觀、舞鳳礮船諸管帶，協參領。駐英威克斯阿摩士莊各船廠監造員，正參領。俱各一人。餘皆未補官。

同治十三年，朝議防海，購置兵輪都二十艘。光緒十年，法兵搆釁，盡殲焉。越三年，編海軍經制，分爲四軍，置提督一人爲左翼，總兵二人爲右翼，並置副將五人，參將四人，游擊九人，都司二十有七人，守備六十人，千總六十有五人，把總九十有九人，至是又復成軍。甲午一役又殲焉。宣統元年，設籌備處，復置海軍提督，仿陸軍等級，訂海軍官制。三年部成，先後除授如上制。